AF602535

BIBLIOTHÈQUE INTERNATIONALE D'ÉCONOMIE POLITIQUE

Publiée sous la direction de Alfred BONNET

XI

HISTOIRE CRITIQUE

DES

THÉORIES DE L'INTÉRÊT DU CAPITAL

PAR

Eugen von BÖHM-BAWERK

Ministre des finances d'Autriche

Professeur honoraire à l'Université de Vienne

TRADUIT SUR LA DEUXIÈME ÉDITION

PAR

JOSEPH BERNARD

Ancien élève de l'École normale supérieure

TOME SECOND

PARIS (5ᵉ)

V. GIARD & E. BRIÈRE

LIBRAIRES-ÉDITEURS

16, rue Soufflot, 16

1903

HISTOIRE CRITIQUE

DES

THÉORIES DE L'INTÉRÊT DU CAPITAL

BIBLIOTHÈQUE INTERNATIONALE D'ÉCONOMIE POLITIQUE

(SÉRIE IN-8)

COSSA (Luigi), professeur à l'Université de Pavie. — **Histoire des doctrines économiques**, traduit par Alfred Bonnet, avec une préface de A. Deschamps, 1899. 1 volume in-8, avec reliure de la Bibliothèque : 11 francs. Broché . . . . 10 fr. »

ASHLEY (W. J.), professeur d'histoire économique à Harvard University. — **Histoire et Doctrines économiques de l'Angleterre.** Tome I. *Le Moyen Age*, traduit par P. Bondois. Tome II. *La Fin du Moyen Age*, traduit par S. Bouyssy, 1900. 2 volumes in-8, avec reliure de la Bibliothèque : 17 fr. Broché . . . . 15 fr. »

SÉE (H.), professeur d'histoire à l'Université de Rennes. — **Les classes rurales et le régime domanial au moyen-âge en France**, 1901. 1 vol. in-8, avec reliure de la Bibliothèque : 13 fr. Broché . . . . 12 fr. »

CAIRNES (J. E.), professeur d'économie politique à l'University College de Londres. — **Le caractère et la méthode logique de l'Economie politique.** Traduit sur la 2e édition par G. Valran et L. Brandin, docteurs ès-lettres, 1901, 1 vol. in-8, avec reliure de la bibliothèque : 6 francs. Broché . . . . 5 fr. »

CARROLL D. WRIGHT, commissaire du travail des États-Unis. — **L'Evolution industrielle des Etats-Unis**, traduit par F. Lepelletier, avec une Préface de E. Levasseur, membre de l'Institut, 1901. 1 volume in-8. Relié : 8 fr. Broché . . . . 7 fr. »

SMART (W.), professeur d'économie politique à l'Université de Glascow. — **La Répartition du Revenu national** (distribution of income), traduit par Georges Guéroult. Avec une préface de Paul Leroy-Beaulieu, 1902. 1 vol. in-8, relié : 8 fr. Broché. . . . . 7 fr. »

SCHLOSS (D.). — **Les Modes de rémunération du travail**, traduit sur la 3e édition, précédé d'une introduction et augmenté de notes et d'appendices par Ch. Rist, professeur agrégé à l'Université de Montpellier, 1902. 1 vol. in-8, relié : 8 fr. 50. Broché. . . . . 7 fr. 50

SCHMOLLER (G.), professeur à l'Université de Berlin. — **Questions fondamentales de Politique sociale et d'Economie politique**, 1902. 1 vol. in-8, avec reliure de la Bibliothèque : 8 fr. 50. Broché. . . . 7 fr. 50

BÖHM-BAWERK, ministre des finances d'Autriche. — **Histoire critique des théories du capital et de l'intérêt**, traduit sur la 2e édit. par J. Bernard, 1902. 2 vol. in-8, avec reliure de la Bibliothèque : 14 francs. Broché. . . . . 16 fr. »

PARETO (V.), professeur à l'Université de Lausanne. — **Les systèmes socialistes**, 1902, 2 vol. in-8, avec reliure de la Bibliothèque : 16 fr. Broché . . . . 14 fr.

(SÉRIE IN-18)

MENGER (Anton), professeur de droit à l'Université de Vienne. — **Le droit au produit intégral du travail** (essai historique), traduit par Alfred Bonnet, avec une préface de Charles Andler, 1900. 1 vol. in-18, avec reliure de la Bibliothèque : 4 fr. Broché . . . . 3 fr. 50

PATTEN (S. N.), professeur d'économie politique à l'Université de Pensylvanie. — **Les fondements économiques de la protection**, traduit par F. Lepelletier, avec une préface de Paul Cauwès, 1899. 1 volume in-18, avec reliure de la Bibliothèque : 3 fr. Broché . . . . 2 fr. 50

BASTABLE (C. F.), professeur à l'Université de Dublin. — **La théorie du commerce international**, traduit et précédé d'une introduction par Sauvaire-Jourdan, 1900. 1 vol. in-18, avec reliure de la Bibliothèque : 3 fr. 50. Broché . . . . 3 fr. »

EN PRÉPARATION :

MARSHALL. — Principes d'Économie politique.
WAGNER (Ad.). — Les fondements de l'Économie politique, tome I.
WAGNER (Ad.). — Traité de la science des finances.

BIBLIOTHÈQUE INTERNATIONALE D'ÉCONOMIE POLITIQUE
Publiée sous la direction de Alfred BONNET

HISTOIRE CRITIQUE

DES

THÉORIES DE L'INTÉRÊT DU CAPITAL

PAR

Eugen von BÖHM-BAWERK
Ministre des finances d'Autriche
Professeur honoraire à l'Université de Vienne

TRADUIT SUR LA DEUXIÈME ÉDITION
PAR
JOSEPH BERNARD
Ancien élève de l'École normale supérieure

TOME SECOND

PARIS (5e)
V. GIARD & E. BRIÈRE
LIBRAIRES-ÉDITEURS
16, rue Soufflot, 16
—
1903

HISTOIRE CRITIQUE

DES

THÉORIES DE L'INTÉRÊT DU CAPITAL

CHAPITRE XII

LES THÉORIES DE L'EXPLOITATION

COUP D'ŒIL HISTORIQUE

J'arrive maintenant à la théorie remarquable dont l'apparition n'est évidemment pas l'événement le plus réjouissant de notre siècle mais qui, par ses conséquences, compte certainement au nombre des plus importants. Cette théorie a vu le jour en même temps que le socialisme moderne et a grandi avec lui. Elle forme maintenant la base théorique de la plupart des discussions qui ont pour objet l'attaque ou la défense de l'organisation sociale actuelle.

Cette théorie n'a pas encore reçu une dénomination simple et caractéristique. Si je voulais la désigner par un mot indiquant quels sont ses principaux partisans, je l'appellerais la théorie *socialiste* de l'intérêt. Mais si je veux — et cela me semble plus conforme à notre but — indiquer, en la dénommant, son principe fondamental, rien ne me semble plus convenable que l'expression : *théorie de l'exploitation*. C'est ce nom que j'emploierai donc dans la suite. Le fond de la doctrine peut être, dès maintenant, résumé dans les quelques propositions suivantes :

Tous les biens ayant une valeur sont le produit du travail humain et, au point de vue économique, ils sont le produit *exclusif* de ce travail. Cependant les travailleurs ne reçoivent pas tout le produit que seuls ils ont créé. Les capitalistes profitent de ce que l'institution de la propriété privée leur garantit un droit sur les moyens auxiliaires indispensables à la production pour s'attribuer une part du produit créé par les travailleurs. Ils y arrivent par le contrat de travail. Grâce à celui-ci, ils achètent la force de travail des vrais producteurs — que la faim fait consentir à ce marché — pour une *partie* de ce que ce travail produira. Il est donc possible aux capitalistes de mettre dans leur poche, à titre de facile profit, le reste du produit. *L'intérêt du capital consiste donc en une partie du produit du travail d'autrui acquise en abusant de la situation précaire des ouvriers.*

L'apparition de cette doctrine était préparée depuis longtemps et devenue à peu près inévitable par suite de la tournure particulière que la théorie de la valeur avait prise depuis Smith et surtout depuis Ricardo. On enseignait et on croyait que la valeur de tous les biens économiques, ou du moins de la plupart, se mesure d'après la quantité de travail qu'ils renferment, et que ce travail est la cause et la source de la valeur des biens. Dans ces conditions, on ne pouvait manquer de se demander un jour ou l'autre pourquoi le travailleur ne reçoit pas la valeur totale de ce que son travail a créé. Cette question une fois posée n'admettait qu'une réponse conforme à l'esprit de cette théorie, à savoir qu'une fraction de la société — les capitalistes — s'approprie par la force une portion de la valeur du produit que l'autre fraction de la société — les travailleurs — est seule à créer.

Comme nous l'avons vu, les fondateurs de la théorie du travail, Smith et Ricardo, ne donnent pas encore cette réponse. Leurs successeurs immédiats l'évitèrent également. Ils indiquèrent très nettement, il est vrai, la puissance créatrice de valeur du travail, mais, dans l'ensemble de leurs théories, ils restèrent dans la voie tracée par leurs maîtres. Tels sont les Allemands Soden et Lotz. Cependant la réponse en question était virtuellement contenue dans leur doctrine, et il suffisait d'une occasion favorable et d'un élève épris de logique pour la mettre tôt ou tard en évidence. On peut donc considérer Smith et Ricardo comme les parrains involontaires de la théorie de l'exploitation. Ils sont d'ailleurs considérés comme tels par les partisans de cette théorie. C'est eux et presque eux seuls que les socialistes les plus intransigeants nomment avec le respect dû aux auteurs de la « vraie » loi de la valeur. Le seul reproche que ces socialistes leur font, c'est d'avoir manqué d'esprit de suite et de n'avoir pas fondé sur leur propre théorie de la valeur la théorie de l'exploitation.

Ceux qui aiment à établir des généalogies, non seulement pour les familles, mais aussi pour les théories, pourraient trouver dans les siècles passés de nombreuses propositions appartenant au domaine de la théorie de l'exploitation. Je ferai complètement abstraction des canonistes qui concluaient plutôt par hasard dans le sens des théoriciens de l'exploitation. Locke indique quelque part très nettement le travail comme source de tous les biens (1) et présente ailleurs l'intérêt comme le fruit du

(1) *Civil Governement,* livre II, chap V § 40. Le passage en question, que je reproduis d'après la traduction donnée par Roscher dans sa notice : *Zur Geschichte der englischen Volkswirthschaftslehre,* est ainsi conçu dans son ensemble : « Il n'est pas non plus aussi évident qu'il le semble à première vue que la propriété du travail soit en état de l'emporter sur la communauté du sol. Car c'est en fait le travail qui donne sa valeur particulière à chaque chose. Qu'on imagine seulement la différence existant entre un champ planté de tabac ou de

travail d'autrui (1). James Steuart se meut dans le même cercle, mais en termes moins clairs (2). Sonnenfels désigne en passant les capitalistes comme constituant la classe de « ceux qui ne travaillent pas et se nourrissent de la sueur des classes laborieuses » (3). Büsch considère aussi l'intérêt du capital — il s'agit exclusivement, il est vrai, de l'intérêt stipulé dans le prêt — comme : « le rendement de la propriété dû à l'industrie d'autrui (4) ». Un examen sérieux de l'ancienne littérature économique permettrait très vraisemblablement de multiplier les exemples de ce genre.

Cependant l'apparition de la théorie de l'exploitation en tant que doctrine consciente et cohérente doit être placée à une époque ultérieure. Cette apparition fut précédée de deux événements préparatoires. C'est d'abord, comme je l'ai dit plus haut, la théorie de la valeur de Ricardo, qui fournit la base théorique sur laquelle la théorie de l'exploitation pouvait naturellement s'appuyer. C'est ensuite l'extension victorieuse de la grande production capitaliste qui, en créant un antagonisme de classe entre le capital et le travail, donna naissance au problème de l'intérêt du capital obtenu sans travail et le fit passer au premier rang des grandes questions sociales.

Sous l'influence de ces circonstances, notre époque,

sucre ou ensemencé de froment ou d'orge, et un champ en friche. On verra alors que l'amélioration due au travail forme de beaucoup la plus grande partie de la valeur. Je crois être très modéré dans mon estimation en disant que les 9/10 des produits du sol utiles à la vie humaine sont le résultat du travail. Si nous estimons exactement les choses et si nous calculons ce qu'elles doivent à la nature et au travail, nous verrons que, le plus souvent, 99 pour 100 de leur valeur sont attribuables au travail ».

(1) *Considerations of the consequences of the lowering interest* etc., 1691, p. 24. Voir *supra* chap. III, p. 53.

(2) Voir *supra*, chap III, p. 56.

(3) *Handlungswissenschaft*, 2e édit., p. 430.

(4) *Geldumlauf*, livre III, § 26.

depuis environ 1820, semble être devenue mûre pour le développement systématique de la théorie de l'exploitation. William Thompson, en Angleterre, et Sismondi, en France, sont au nombre des premiers théoriciens qui la fondèrent d'une façon explicite. Je fais naturellement abstraction dans cette histoire des théories des communistes « pratiques », dont les aspirations prirent naturellement racine dans des considérations analogues.

Thompson a développé les propositions principales de la théorie de l'exploitation en peu de mots, mais d'une façon claire et nette (1). Il prend pour point de départ théorique le fait que le travail est la source de toute valeur. Il conclut de cette proposition que les créateurs de la valeur doivent recevoir le montant intégral de ce qu'ils ont créé.

Thompson constate que, malgré ce droit au rendement total du travail, les travailleurs sont réduits, en fait, à un salaire juste suffisant à la conservation de leur existence. Quant à la *plus-value* (additional value, surplus value) qui, par suite de l'emploi des machines et d'autres capitaux, peut être produite avec la même quantité de travail, elle est revendiquée par les capitalistes qui ont réuni les capitaux et les ont avancés aux ouvriers. La rente du sol et l'intérêt du capital se présentent donc comme des retenues effectuées sur le rendement du travail dû en totalité au travailleur (2).

Les avis sont partagés au sujet de l'influence exercée par Thompson sur le développement ultérieur de la littérature. En tous cas, il y a laissé peu de traces visi-

(1) *An inquiry into the principles of the distribution of wealth most conducive to human happiness*, 1824. Au sujet de Thompson et de ses précurseurs immédiats, Godwin et Hall, voir Anton Menger, *Das Recht auf den vollen Arbeitsertrag*, Stuttgart 1886, §§ 3-5 (trad. franç., Paris, 1900), et les deux volumes de Held : *Sociale Geschichte Englands*, Leipzig 1881, pp. 89 et s., 378 et s.

(2) Voir Anton Menger, *op. cit.*, § 5.

bles. La littérature anglaise l'a peu suivi (1), et les socialistes les plus remarquables d'Allemagne et de France ne se rattachent généralement pas à lui. Il est donc difficile de dire si une hypothèse récemment émise et vivement défendue par Anton Menger est fondée. D'après lui, Marx et Rodbertus auraient emprunté leurs théories socialistes les plus importantes à des écrivains antérieurs, anglais et français, en particulier à Thompson (2). Je ne crois pas que cette opinion soit indiscutable. Quand une doctrine « est dans l'air », la conception d'une même idée par deux écrivains ne signifie pas toujours qu'il y a eu emprunt de l'un à l'autre et l'originalité de chacun d'eux n'est ni établie ni détruite du fait qu'il a exprimé, quelques années plus tôt ou quelques années plus tard,

(1) A la même époque et à la même tendance il faut rattacher les écrits d'Hodgskin : tout d'abord une *Popular political Economy* peu connue et ensuite un écrit analogue ayant ce titre caractéristique: *Labour defended against the claims of capital.* Je n'ai pas pu lire moi-même ces écrits et n'en ai eu connaissance que par des citations d'autres auteurs anglais de la même époque. Read et Scrope tout particulièrement citent et combattent souvent Hodgskin. Le titre complet de l'écrit anonyme est *Labour defended against the claims of capital ; or the unproductiveness. of capital proved. By a labourer.* Londres 1825. C'est une remarque de Scrope qui nous apprend que Hodgskin est l'auteur de ce livre. (*Principles of political Economy* Londres, 1833, p. 150). Je vais en reproduire, d'après les citations de Read, quelques passages caractéristiques. « All the benefits attributed to capital arise from co-existing and skilled *labour* » (Preface). Plus loin, Hodgskin explique qu'à l'aide d'outils et de machines on peut obtenir de meilleurs produits que sans eux. A ce sujet, il fait la remarque suivante : « But the question then occurs what produces instruments and machines, and in what degree do they aid production independent of the labourer, so that the owners of them are entitled to by far the greater part of the whole produce of the country ? *Are they or are they not the produce of labour* ? Do they or do they not constitute an efficient means of production separate from labour ? *Are they or are they not so much inert, decaying, and dead matter, of no utility whatever, possessing no productive power whatever,* but as they are guided, directed and applied by skilful hands ? » (p. 14).

(2) Voir Anton Menger, *op. cit.* Préface, p. V, puis pp. 53, 79 et s., 98 et *passim*.

une idée qui devait prendre corps. La puissance créatrice d'un auteur s'affirme bien plutôt par le fait qu'il a réussi à faire de cette idée « en l'air » une doctrine systématique et solide par des contributions originales. Dans le domaine des sciences il arrive très fréquemment — le contraire se présente évidemment aussi — que l'expression hypothétique d'une idée est beaucoup plus aisée et beaucoup moins utile que l'établissement et l'analyse logique de cette idée. Je rappellerai, par exemple, les rapports connus existant entre la théorie de Darwin et la prescience que Gœthe avait de l'évolution. Ou bien, pour rester dans notre science, je rappellerai Adam Smith qui développa son célèbre « système industriel » en partant de cette idée déjà émise par Locke, que le travail est la source de tous les biens. Dans le cas actuel, Rodbertus et Marx me semblent avoir compris et développé l'idée de l'exploitation — laquelle était depuis longtemps en germe dans la théorie qui ramène la valeur au travail — de façon si personnelle que je ne puis, quant à moi, les considérer comme s'étant fait des emprunts mutuels ou comme ayant tous les deux emprunté à des prédécesseurs (1).

Par contre, l'influence de Sismondi a été incontestable et très grande.

Si je le considère comme le représentant de la théorie de l'exploitation, c'est sous certaines réserves. Sismondi a, en effet, construit une théorie qui présente tous les traits importants de celle de l'exploitation, à l'exception d'un seul : il ne condamne pas l'intérêt du capital. C'est l'écrivain d'une époque de transition. Au fond, il se rend à la nouvelle théorie. Mais il n'a cependant pas si complètement rompu avec l'ancienne qu'il ne recule devant certaines conséquences extrêmes de la nouvelle doctrine.

(1) Wagner a émis la même idée dans sa *Grundlegung*, 3e édit., Ire partie, p. 37, note 1, IIe partie, p. 281.

L'important ouvrage de Sismondi qui a le plus trait à ce qui nous occupe, a pour titre : *Nouveaux principes d'économie politique* (1). Sismondi s'y rattache à Adam Smith. Il accepte en l'approuvant fortement cette proposition que le travail est l'unique source de toute richesse (p. 51) (2). Il critique l'opinion courante, d'après laquelle les trois espèces de revenus, la rente, le profit du capital et le salaire, proviendraient de trois sources différentes : la terre, le capital, et le travail. En réalité, ils proviennent tous les trois du travail seul et ne sont que trois façons différentes de participer aux fruits du labeur humain (p. 85). Le travailleur, qui par son travail a produit tous les biens, n'a pas su, « dans l'état actuel de la civilisation », conserver la propriété des moyens de production nécessaires. D'une part, la terre et le sol appartiennent habituellement à quelqu'un qui, à titre d'indemnité pour l'aide apportée par cette « force productive », réclame au travailleur une partie des fruits de son travail. Cette partie constitue la rente du sol. D'autre part, le travailleur productif ne possède généralement pas une provision suffisante de moyens de subsistance pour vivre pendant le temps nécessaire à l'accomplissement de son travail. Il ne possède pas davantage les matériaux nécessaires à la production, ni les outils, ni les machines souvent coûteux qu'elle exige. Le riche qui possède toutes ces choses acquiert ainsi une certaine autorité sur le travail du pauvre. Sans prendre lui-même part au travail, le riche retient, comme indemnité pour les avantages qu'il procure au pauvre, la part la plus importante des fruits de ce travail. Cette

(1) 1re édit., 1819 ; 2e édit., Paris 1827. Je cite d'après cette dernière.

(2) C'est d'ailleurs une proposition à laquelle Smith lui-même n'est pas toujours resté fidèle. A côté du « labour », le « land » et le « capital » sont assez souvent présentés par lui comme des sources de biens.

part est le profit du capital (pp. 86 et 87). Ainsi, grâce à l'organisation sociale, la richesse acquiert la faculté de se reproduire par le travail d'autrui (p. 82).

Après avoir partagé avec le propriétaire du sol et le capitaliste, le travailleur — qui en un jour de travail a produit bien au delà de ses besoins quotidiens — conserve rarement une part du produit supérieure à celle exigée par son entretien. C'est sous forme de salaire qu'il la reçoit. La cause de ce fait, c'est la dépendance dans laquelle est l'ouvrier vis-à-vis du capitaliste. L'ouvrier a bien plus besoin de l'aide de l'entrepreneur que ce dernier n'a besoin du travail de l'ouvrier. Le premier a besoin de l'entrepreneur pour vivre ; le second n'a besoin de l'ouvrier que pour réaliser un profit. Aussi le marché est-il presque toujours désavantageux pour l'ouvrier. Il doit, le plus souvent, se contenter du strict nécessaire, tandis que l'entrepreneur prélève la part du lion sur le rendement accru par la division du travail (p. 91 et s.).

Si l'on a suivi jusqu'ici les développements de Sismondi et retenu entre autres choses que « les riches consomment le produit du travail des pauvres » (p. 81), on doit s'attendre à voir cet auteur conclure que l'intérêt du capital est le résultat d'une extorsion et le condamner. Telle n'est pas cependant la conclusion de Sismondi. Faisant subitement volte-face, il émet quelques propositions vagues et obscures en faveur de l'intérêt du capital et finit par le justifier. Il dit d'abord que le propriétaire foncier a acquis un *droit* à la rente du sol en défrichant le sol ou en occupant une terre sans propriétaire (p. 110). Il attribue de la même façon au capitaliste le droit de toucher des intérêts. Il invoque pour cela le « travail originaire » d'où est sorti le capital (p. 111). Il vante alors ces deux espèces de revenus — qui en tant que revenus de la propriété s'opposent au revenu du travail — et leur donne absolument la même origine qu'au revenu du travail, à cette différence près, que cette origine remonte à une autre époque. Les travailleurs acquièrent chaque année un nouveau droit au revenu du travail, tandis que les propriétaires ont acquis, à une époque antérieure, un droit perpétuel du fait d'un travail originaire rendant plus avantageux le travail annuel (1) (p. 112). « Chacun, dit-il en concluant, n'obtient sa part du revenu national qu'en raison de ce que lui-même ou ses ayant-cause ont fait ou font pour le faire naître. »

Les conséquences que Sismondi n'osa pas tirer lui-même de sa théorie furent bientôt résolument développées par d'autres. Sismondi forme ainsi le chaînon entre Smith et Ricardo, d'une part, le socialisme et le communisme, d'autre part. Par leur théorie de la valeur, Ricardo et Smith avaient donné naissance à la théorie de l'exploitation, mais sans la développer eux-mêmes. Au fond, Sismondi a fort bien exposé la théorie de l'exploitation, mais sans l'utiliser au point de vue politique. Après lui, le socialisme et le communisme sont venus et ont poussé jusque dans ses dernières conséquences théoriques et pratiques la vieille théorie de la valeur. Ils ont conclu en disant : L'intérêt est un vol ; par conséquent il faut y mettre fin.

Il n'y aurait aucun intérêt théorique à examiner l'importante littérature socialiste de notre siècle pour retrouver les passages où elle expose la théorie de l'exploitation. Je devrais pour cela fatiguer le lecteur par un nombre considérable de citations semblables, différant à peine dans les termes et d'une monotonie peu récréative. D'ailleurs, ces passages se bornent, la plupart du temps, à affirmer les points principaux de la théorie de l'exploitation sans les démontrer autrement qu'en faisant appel à l'autorité de Ricardo ou qu'en les

(1) On peut, si l'on veut, voir dans ces mots une expression résumant fortement la théorie du travail de James Mill. Voir *suprà*, p. 374 et s.

faisant suivre de quelques lieux communs. La plupart des socialistes n'ont pas tant employé leurs facultés intellectuelles à établir leur propre théorie qu'à faire la crititique mordante des théories adverses.

Je me contenterai donc de citer seulement quelques noms parmi la masse des écrivains de couleur socialiste. Ce sont ceux des auteurs ayant surtout contribué au développement et à l'extension de la théorie de l'exploitation.

Parmi eux se distingue P. J. Proudhon, l'auteur des *Contraditions économiques*. La clarté de ses idées et l'éclat de sa dialectique firent de lui le meilleur apôtre de la théorie de l'exploitation en France Comme nous avons plus à nous occuper des idées que de leur expression, je renoncerai à reproduire des échantillons du style de Proudhon et me contenterai de condenser en quelques propositions le fond de sa doctrine. On observera de suite que ces propositions, à part certaines particularités de forme, se distinguent très peu du schéma général déjà donné de la théorie de l'exploitation.

Proudhon tient tout d'abord pour établi que le travail est le créateur de toute valeur. Le travailleur a donc un droit naturel à la propriété de *tout* son produit. Dans le contrat de louage, il cède ce droit au capitaliste en échange du salaire du travail, lequel est inférieur au produit cédé. Le travailleur est ainsi désavantagé, car il ne connaît ni son droit naturel, ni l'importance de ce qu'il cède, ni le sens du contrat qu'il passe avec le capitaliste. Ce dernier bénéficie donc par « erreur et surprise, si même on ne doit dire dol et fraude ».

C'est ainsi qu'aujourd'hui l'ouvrier ne peut pas acheter son propre produit, car ce produit coûte plus sur le marché que le salaire de l'ouvrier. Il surpasse ce salaire du montant de toutes sortes de profits résultant de l'existence du droit de propriété, et qui sont autant de droits d'aubaines imposés au travail sous les noms divers de profit, intérêt, rente, fermage, dîme, etc. Par exemple, ce que 20 millions de travailleurs ont produit pour un salaire annuel de 20 milliards de francs, coûte finalement, à cause de tous ces profits, 25 milliards ! En d'autres termes, « les travailleurs, qui ont dû vendre ces produits pour vivre, sont forcés de payer *cinq* ce qu'ils ont créé pour *quatre*. Ou encore, ils doivent jeûner un jour sur cinq ». Ainsi, l'intérêt est un impôt sur le travail, une retenue sur le salaire (1).

L'Allemand Rodbertus égale Proudhon par la netteté des vues, mais il le dépasse beaucoup par la profondeur et la circonspection. Par contre, dans l'exposition, il est certainement inférieur au bouillant Français. Au point de vue de l'histoire des doctrines, Rodbertus est la personnalité la plus importante de celles qu'il y a lieu de nommer ici. On a méconnu son importance scientifique pendant un certain temps, précisément à cause de la science qui règne dans ses écrits. C'est là un fait remarquable. Il ne s'est pas adressé immédiatement au peuple, comme d'autres l'ont fait. Il s'est borné surtout à établir les bases théoriques de la question sociale; et s'est montré plein de modération et de retenue dans ses propositions pratiques ayant trait aux intérêts les plus immédiats de la grande masse. Pour ces raisons, il est resté un certain temps moins célèbre que des hommes d'une valeur moindre qui ont repris ses idées et les ont transmises aux intéressés en les simplifiant. C'est dans ces derniers temps seulement qu'on a rendu pleine justice à

(1) Voir les nombreux écrits de Proudhon, *passim*. En particulier, *Qu'est ce que la propriété ?* 1840, dans l'édition de Paris de 1849, p. 162; *Philosophie de la misère* (trad. allemande de Wilhelm Jordan, 2e édit., pp. 62, 287 et s.) ; *Plaidoyer devant les Assises de Besançon*, le 3 février 1842 (Œuvres complètes, Paris, 1868, tome II). Sur Proudhon consulter en particulier l'important ouvrage de Diehl, *P. J. Proudhon. Seine Lehre, und sein Leben* en 3 parties, Iéna, 1888-1896.

Rodbertus, le plus aimable des socialistes, et qu'on l'a reconnu pour ce qu'il est, c'est-à-dire comme le père intellectuel du socialisme scientifique moderne. Au lieu des fortes invectives et des antithèses oratoires si chères à la masse socialiste, Rodbertus a laissé une théorie approfondie et honnête de la distribution des biens. Si erronée que cette théorie puisse être en beaucoup de points, elle contient cependant assez de bonnes choses pour assurer à son auteur un rang durable parmi les théoriciens de l'économie politique.

Comme je me réserve de revenir plus tard sur la forme que Rodbertus a donnée à la théorie de l'exploitation, je passerai tout de suite à deux de ses successeurs, qui diffèrent autant l'un de l'autre qu'ils se distinguent l'un et l'autre de leur prédécesseur.

L'un est Ferdinand Lassalle, le plus éloquent, mais le moins original, au point de vue des idées, de tous les chefs du socialisme. Je ne le cite ici qu'à cause de l'influence exercée par sa brillante éloquence sur l'extension de la théorie de l'exploitation. Quant à la théorie elle-même, il n'a pas du tout contribué à la développer. Je puis donc me dispenser de reproduire des extraits ou des citations de sa doctrine qui, pour le fond, est celle de ses prédécesseurs, et me contenterai d'indiquer en note quelques-uns des passages les plus remarquables de son œuvre (1).

(1) Parmi les nombreux ouvrages de Lassalle, *Herr Bastiat Schulze von Delitzsch, der ökonomische Julian, oder Kapital und Arbeit*, (Berlin 1864) est celui dans lequel il exprime le plus complètement ses idées sur la question de l'intérêt et où il montre le mieux son génie d'agitateur. Principaux passages : Le travail « est la source et la cause de toute valeur » (pp. 83, 122, 147). Le travailleur ne reçoit cependant pas toute la valeur de son travail, mais seulement le prix qu'on donne de celui-ci sur le marché en le considérant comme une marchandise. Ce prix est égal aux frais de reproduction, c'est-à-dire aux frais d'entretien de l'ouvrier (p. 186 et s.). Tout le surplus revient au capital (p. 194). L'intérêt du capital est, par conséquent, prélevé sur le rendement du travail de l'ouvrier (p. 125 et, très nettement, p. 97).

Tandis que Lassalle est exclusivement un agitateur, Karl Marx est un théoricien et, à la vérité, le plus grand théoricien du socialisme, après Rodbertus. Sa doctrine se rapproche en beaucoup de points des recherches originales de Rodbertus. Mais elle possède des particularités indéniables et un remarquable degré de logique, qui en font un ensemble systématique que nous apprendrons dans la suite à connaître en détail.

La théorie de l'exploitation a été surtout édifiée par les théoriciens socialistes ; cependant ses principes propres ont été admis de divers façons et à différents degrés par d'autres écrivains.

Beaucoup l'ont acceptée en bloc, en repoussant tout au plus ses dernières conséquences pratiques. Tel est, par exemple, B. Guth (1). Il accepte pleinement toutes les propositions fondamentales des socialistes. Le travail est pour lui la seule source de la valeur ; l'intérêt provient de ce que, par suite de circonstances défavorables dues à la concurrence, le salaire du travail reste inférieur au produit du travail. Guth n'hésite même pas à faire du vocable un peu rude d' « exploitation », un terme technique pour désigner ce phénomène. Mais il se ravise à la fin et refuse d'admettre les conséquences pratiques de la doctrine. « Loin de nous, dit-il, l'idée de considérer l'exploitation de l'ouvrier — source du profit — comme constituant un acte illégitime au point de vue juridique. Cette exploitation a bien plutôt pour base le libre accord de l'entrepreneur et de l'ouvrier, libre accord qui, à la vérité, a généralement lieu dans des conditions désavantageuses pour ce dernier. Le sacrifice fait par l'ouvrier « exploité » est plutôt une

Contre la doctrine de la productivité du capital, voir p. 21 et s. Contre la théorie de l'abstinence, voir p. 82 et s. et surtout p. 110 et s. Voir aussi les autres écrits de Lassalle.

(1) *Die Lehre vom Einkommen in dessen Gesammtzweigen*, 1869. Je cite d'après la 2e édit. de 1878.

« avance restituable ». Car l'augmentation du capital élève de plus en plus la productivité du travail. Par conséquent, le prix des produits du travail diminue, le travailleur peut en acheter davantage avec son salaire, et cela augmente son salaire réel. En même temps, « le champ d'occupation de l'ouvrier s'élargit par suite de l'augmentation de la demande, et cela entraîne l'augmentation de son salaire ». L' « exploitation » ressemble donc à un placement de capitaux qui, en moyenne, rapporte des intérêts croissants à l'ouvrier (1). — Dühring se place, lui aussi, au point de vue socialiste dans sa théorie de l'intérêt. « *Le profit du capital, dit-il, consiste en une appropriation de la majeure partie du rendement de la force de travail......* » L'augmentation du rendement et la diminution des prestations en travail résultent de l'amélioration et de l'augmentation des moyens de production. Mais le fait que les obstacles et les difficultés de la production diminuent *et que le travail en s'usant techniquement devient plus productif, ne donne pas le droit aux instruments morts d'absorber la moindre chose en plus de ce qui est nécessaire à leur reproduction*. Le profit du capital n'est pas une notion qu'on peut déduire de causes tirées purement de la production et en quelque sorte d'un sujet économique schématique unitaire. Il est une forme d'appropriation et une conséquence des rapports de répartition » (2).

Un second groupe d'écrivains font de l'éclectisme : ils mêlent les principes de la théorie de l'exploitation à ceux qu'ils ont déjà au sujet du problème de l'intérêt. Tels sont John Stuart Mill et Schäffle (3).

(1) *Op. cit.*, p. 109 et s., 122 et s. Voir aussi p. 271 et s.

(2) *Kursus der National-und Sozialökonomie*, Berlin, 1873, p. 183. Un peu plus loin, il explique, en pensant évidemment au « droit d'aubaine » de Proudhon, que l'intérêt du capital est un « impôt » payé en échange du renoncement à la puissance économique. Le taux de l'intérêt représente le taux de cet impôt.

(3) Voir plus loin, chap. XIII.

D'autres enfin ne vont pas jusqu'à admettre tout le contenu doctrinal des écrits socialistes, mais ils en acceptent quelques points importants. Le plus remarquable exemple de ce genre c'est, à mon sens, le fait qu'une notable partie des socialistes de la chaire d'Allemagne reviennent à la vieille idée du *travail seule* source de toute valeur, seule force « créatrice de valeur ».

Cette proposition — dont l'admission ou le rejet est d'une importance capitale quant à la façon de juger les phénomènes économiques les plus importants — a eu une destinée singulière. Elle trouva son origine chez les économistes anglais et acquit, dans les dix années qui suivirent l'apparition du système de Smith, une grande extension. Plus tard, elle tomba en discrédit auprès de la plupart des économistes, y compris ceux de l'école anglaise, sous l'influence des doctrines de Say — qui basait sa théorie sur l'existence de trois facteurs productifs : la nature, le travail et le capital — de Hermann et de Senior. Un peu plus tard, il n'y avait plus guère pour la représenter que les écrivains socialistes. Cependant, depuis que les socialistes de la chaire d'Allemagne l'ont reprise dans les écrits de Proudhon, de Rodbertus et de Marx, elle a acquis de nouveau de fermes partisans dans le monde économique savant. Il semble bien que la considération dont jouissent les chefs de cette école allemande l'amènera à faire une seconde fois une promenade triomphale dans la littérature de tous les pays (1).

(1) Ecrit en 1884. Depuis, un changement m'a semblé se produire. Evidemment la théorie de la valeur provenant du travail a plutôt gagné du terrain pendant quelques années encore, par suite de l'extension des idées socialistes. Mais, dans ces derniers temps, elle est nettement en recul dans les milieux théoriques de tous les pays. Elle fait généralement place à la théorie de « l'utilité limite », qui se répand de plus en plus.

Plusieurs moyens s'offrent à moi de critiquer la théorie de l'exploitation. Je pourrais d'abord critiquer individuellement tous les représentants de cette doctrine. Cela serait évidemment le moyen le plus exact. Mais, par suite de la forte concordance des diverses variantes, il conduirait à des répétitions superflues et extrêmement fatiguantes. Je pourrais encore ne point m'attacher à l'étude des formes particulières et faire la critique des idées générales communes aux diverses théories de l'exploitation, mais cela aurait un double inconvénient. D'une part, je courrais le danger de ne point tenir suffisamment compte de certaines nuances particulières de la théorie. D'autre part, et alors même que j'échapperais à ce premier danger, on ne manquerait certainement pas de me reprocher d'avoir trop simplifié les choses et d'avoir critiqué, non pas la véritable théorie, mais une théorie arbitrairement construite. C'est pourquoi je me suis décidé pour un troisième moyen. Je prendrai dans la masse des exposés particuliers de la doctrine de l'exploitation ceux que je considère comme les meilleurs et les plus complets, et je les soumettrai à une critique individuelle.

J'ai choisi dans ce but les exposés de Rodbertus et de Marx. Ce sont les seuls qui possèdent une base profonde et cohérente. De plus, l'un me semble être la meilleure exposition de la doctrine socialiste actuelle et l'autre me paraît en être l'exposé le plus connu et, en quelque sorte, officiel. En soumettant ces deux variantes à une analyse approfondie, je crois prendre la théorie de l'exploitation par les cornes. En cela je me conforme au beau mot de Knies : « Celui qui veut emporter la victoire sur le terrain scientifique doit laisser l'adversaire s'avancer revêtu de toute son armure et en possession de toutes ses forces (1).

Avant de poursuivre, je ferai encore une remarque destinée à éviter les malentendus. Le but des pages suivantes est exclusivement de critiquer la théorie de l'exploitation en tant que *théorie*, c'est-à-dire de rechercher si les causes de l'apparition du phénomène économique de l'intérêt sont bien les faits que la théorie de l'exploitation indique. Par contre, je *n'ai pas* ici en vue d'émettre un jugement sur le côté *pratique et politique* du problème de l'intérêt, sur le caractère bon ou mauvais de l'intérêt du capital, sur la nécessité de le maintenir ou de le supprimer. Il ne me plaît évidemment guère d'écrire un livre sur l'intérêt du capital et de passer sous silence la plus importante des questions qui s'y rattachent. Mais je ne pourrai aborder fructueusement ce côté pratique de la question qu'après avoir tout d'abord nettement élucidé la question théorique. C'est pourquoi je réserve cette étude pour le volume consacré à la théorie positive de l'intérêt. Ici, je le répète, j'examine seulement si l'intérêt du capital — qu'il soit bon ou mauvais — a bien les causes indiquées par la théorie de l'exploitation.

A. — *Rodbertus* (2)

Le point de départ de la théorie de l'intérêt de Rodbertus, c'est la proposition « introduite dans la science par Smith et consolidée dans la suite par l'école de Ricardo ». D'après cette proposition, « on doit, au

(1) *Der Kredit*, 2e partie, Berlin 1879, p. VII.

(2) On trouve dans Kozak, *Rodbertus' socialökonomische Ansichten*, Jena 1882, p. 7 et s. une liste assez complète des nombreux écrits du docteur Karl Rodbertus-Jagetzow. J'emploi principalement ici la deuxième et la troisième lettre sociale à von Kirchmann, telles

point de vue économique, considérer tous les biens comme des produits du travail, comme ne coûtant que du travail ». Rodbertus développe davantage encore cette proposition qu'on exprime ordinairement en disant que « le travail est seul productif ». D'abord, dit-il, il n'y a de biens économiques que ceux qui ont coûté du travail. Quant à tous les autres biens, si nécessaires ou si utiles qu'ils soient pour les hommes, ce sont des biens *naturels* n'ayant rien à faire avec l'économie. Ensuite, ajoute-t-il, tous les biens économiques sont seulement des produits du travail ; au point de vue économique, ils ne valent pas en tant que produits de la nature ou de toute autre force, mais seulement en tant que produits du travail. Toute autre façon de voir serait une conception naturelle et non pas une conception économique. Enfin, dit Rodbertus, les biens ne sont que le produit du travail dépensé au cours des opérations matérielles nécessaires à leur production. Il faut d'ailleurs considérer ici, non seulement le travail ayant servi à la production immédiate du bien, mais aussi celui grâce auquel on a fabriqué les instruments servant à la production du bien en question.

Le grain, par exemple, n'est pas seulement le produit

qu'elles ont été publiées avec quelques modifications, en 1875, par Rodbertus sous ce titre : *Zur Beleuchtung der sozialen Frage*. J'emploie ensuite *Zur Erklärung und Abhilfe der heutigen Kreditnoth des Grundbesitzes* (2e édit., Jena 1876) et la quatrième lettre sociale à von Kirchmann publiée après la mort de Rodbertus par Adolf Wagner et Kozak sous le titre de : *Das Kapital* (Berlin 1884). La théorie de l'intérêt de Rodbertus a été soumise, il y a quelques années, à une critique excessivement approfondie et consciencieuse par Knies (*Der Kredit*, IIe partie, Berlin 1879 p. 47 et s.), que j'approuve dans ses grandes lignes. Cependant, je ne puis renoncer à une critique personnelle parce que je m'écarte assez de Knies au point de vue théorique pour considérer beaucoup de choses autrement que lui. Voir également, au sujet de Rodbertus, A. Wagner dans sa *Grundlegung*, IIIe partie, p. 13, IIe partie, p. 132. Voir aussi H. Dietzel, *K. Rodbertus*, Jena 1886-1888.

du travail de celui qui a conduit la charrue, mais il provient aussi du travail de celui qui l'a construite, etc (1).

Les travailleurs manuels — qui créent tout le produit — ont, « de par la simple notion du droit », une prétention naturelle et légitime à la propriété de tout leur produit (2). Il y a cependant deux restrictions importantes à faire. D'abord, le système de la division du travail, dans lequel beaucoup d'individus coopèrent à la production d'un seul produit, rend pratiquement impossible de donner à chaque travailleur son produit *en nature*. Il faut donc substituer à la prétention à tout le produit la prétention à toute la valeur du produit (3). Ensuite, il faut faire participer au produit social tous ceux qui rendent service à la société sans coopérer immédiatement à la production matérielle des biens. Tels sont, par exemple, le prêtre, le médecin, le juge, le savant. D'après Rodbertus, il faut ajouter à cette liste « l'entrepreneur qui, à l'aide d'un capital, sait employer productivement un certain nombre d'ouvriers » (4). Seulement, ces « travaux médiats » ne doivent pas toucher leurs honoraires lors de la « répartition initiale des biens », à laquelle les producteurs seuls doivent prendre part ; ils doivent les recevoir lors d'une « répartition secondaire des biens ». La prétention que les travailleurs manuels puisent dans la notion du droit *tend donc à une répartition initiale de toute la valeur du produit de leur travail*, abstraction faite de la prétention à une rémunération secondaire que peuvent avoir les autres membres utiles de la société.

Rodbertus trouve que la prétention naturelle des tra-

(1) *Zur Beleuchtung der sozialen Frage*, pp. 68 et 69.
(2) *Soziale Frage*, p. 56 ; *Erklärung und Abhilfe*, p. 112.
(3) *Soziale Frage*, pp. 87 et 90 ; *Erklärung*, p. 111 ; *Kapital*, p. 116.
(4) *Soziale Frage*. p. 146 ; *Erklärung und Abhilfe*, II, p. 109 et s.

vailleurs n'est pas satisfaite par l'ordre social actuel. Car les travailleurs ne reçoivent aujourd'hui, lors de la répartition initiale et sous forme de salaire, qu'une partie de la valeur de leur produit. Quant au reste, il revient sous forme de *rente* aux propriétaires du sol et des capitaux. Rodbertus définit la rente « tout revenu prélevé sans travail personnel et du seul fait de la propriété » (1). Elle comprend deux catégories : la *rente du sol* et le *profit du capital.*

« Alors que tout revenu est le produit du travail, comment se fait-il, se demande Rodbertus, qu'il y ait dans la société des individus touchant des revenus et, à la vérité, des revenus *initiaux*, sans avoir mis un seul doigt à la production ? » Rodbertus pose ainsi le problème théorique général de la rente (2). Il lui donne alors la réponse suivante :

La rente doit son existence au concours de deux faits, l'un économique, l'autre de droit positif. La base économique de la rente, c'est le fait que, depuis l'introduction de la division du travail, ce dernier rapporte plus qu'il ne faut pour entretenir le travailleur et lui permettre de continuer à travailler. D'autres que le travailleur *peuvent* donc vivre du travail de celui-ci. La base juridique, c'est l'existence de la propriété privée de la terre, du sol et des capitaux. L'existence de cette propriété privée empêche les ouvriers de disposer des moyens de production qui leur sont indispensables. Ils ne peuvent donc produire autrement qu'en s'alliant préalablement aux propriétaires et en se mettant à leur service. Comme condition du prêt des moyens de production, les propriétaires imposent aux ouvriers l'obligation de leur abandonner, sous forme de rente, une partie du produit du travail. Cet abandon est encore

(1) *Soziale Frage*, p. 32.
(2) *Soziale Frage*, p. 74 et s.

aggravé du fait que les travailleurs doivent céder aux possédants la propriété du produit tout entier et recevoir d'eux, sous forme de salaire, une fraction seulement de sa valeur. Ce salaire est strictement suffisant pour permettre aux ouvriers de vivre et de continuer leur travail. Quant au motif qui contraint les ouvriers d'accepter ce contrat, c'est la faim. Mais laissons parler Rodbertus :

« Comme le travail seul est susceptible de donner naissance à des revenus, la rente repose sur deux conditions inéluctables. Primo : Il ne peut pas y avoir de rente quand le travail ne rapporte pas *plus* que ce qui est nécessaire aux travailleurs pour continuer leur travail. Car, sans ce *plus*, personne ne peut avoir un revenu régulier sans travailler. Secundo : Il ne peut pas y avoir de rente quand il n'existe pas d'institutions permettant de ravir, en tout ou en partie, ce *plus* aux ouvriers et de l'attribuer à d'autres personnes qui ne travaillent pas elles-mêmes. Car, de par la nature des choses, les ouvriers sont toujours les premiers en possession du produit de leur travail. Que le travail donne un *plus*, cela dépend des circonstances économiques qui augmentent la productivité du travail. Que ce *plus* soit totalement ou partiellement enlevé aux travailleurs et attribué à d'autres, cela dépend du droit positif. Ce droit, établi primitivement par la force, doit avoir recours à la contrainte pour se maintenir.

« Primitivement, c'est l'esclavage, dont l'apparition coïncide avec celle de l'agriculture et de la propriété du sol, qui constituait cette contrainte. Les travailleurs qui produisaient un *plus* par leur travail étaient des esclaves. Celui à qui appartenaient à la fois les travailleurs et les produits crées par eux, donnait seulement aux esclaves ce qui leur était strictement nécessaire pour continuer à travailler. Quant au reste, au *plus*, il le gardait pour lui. Lorsque tout le sol d'un pays est devenu propriété privée et que tous les capitaux appartiennent à des particuliers, la propriété du sol et des capitaux exerce une contrainte analogue sur les travailleurs libres ou donnés comme tels. Car, tout comme cela avait lieu du temps de l'esclavage, il arrive que le produit n'appartient pas aux travailleurs, mais aux propriétaires du sol et des capitaux. Il arrive ensuite que les travailleurs qui ne possèdent rien, se contentent de recevoir simplement la partie du produit de leur travail nécessaire à leur entretien, c'est-à-dire à la continuation de leur travail. En somme, un contrat entre l'ouvrier et le patron remplace le bon plaisir du propriétaire d'esclaves, mais ce contrat libre dans la forme ne l'est pas dans le fond : la faim remplace simplement le fouet. Ce qui jadis s'appelait nourriture s'appelle maintenant salaire » (1).

Ainsi toute rente est simplement une *exploitation* (2) ou, comme Rodbertus le dit parfois avec plus de netteté encore (3), un *vol* du produit du travail d'autrui. Ce caractère est commun à toutes les espèces de rentes : à la rente du sol, au profit du capital et aux formes voisines qui s'appellent le fermage et l'intérêt du prêt. Ces derniers sont aussi justes relativement aux entrepreneurs qui les payent qu'ils sont injustes relativement aux ouvriers aux dépens desquels ils sont finalement payés (4).

Le taux de la rente augmente avec la productivité du travail. Car, sous le régime de la libre concurrence, le travailleur ne reçoit, en général et avec le temps, que le montant de son entretien, c'est-à-dire un certain *quantum* de produits. Plus la productivité du travail est grande, plus est faible la fraction du produit total

(1) *Soziale Frage*, p. 33. De même et avec plus de détails, pp. 77-94.

(2) *Soziale Frage*, p. 115 et *passim*.

(3) *Op. cit.*, p. 150 ; *Kapital*, p. 202.

(4) *Soziale Frage*, pp. 115, 148 et s. Comparer avec la critique dirigée contre Bastiat, *op. cit.*, pp. 115-119.

qui revient à l'ouvrier et plus est grande la fraction du produit — ou de sa valeur — qui revient au propriétaire sous forme de rente (1).

Dans ce qui précède, toutes les espèces de rentes forment une masse unique d'origine absolument homogène. Cependant, on les distingue dans la vie économique pratique en deux catégories : la rente du sol et le profit du capital. Rodbertus explique d'une façon très spéciale la raison et les lois de cette distinction. Au cours de toutes ses recherches sur ce sujet, il part, comme on doit le prévoir, de cette hypothèse théorique que la valeur d'échange de tous les produits est égale à leur coût en travail. En d'autres termes, il admet que tous les produits s'échangent les uns contre les autres d'après la quantité de travail qu'ils ont coûté (2). Il est à remarquer que Rodbertus en acceptant cette loi sait bien qu'elle ne répond pas exactement à la réalité. Mais il croit que les écarts pratiques proviennent simplement de ce que « la véritable valeur d'échange oscille dans un sens ou dans l'autre » autour d'un point qui serait la valeur d'échange à la fois naturelle et exacte (3). Il exclut complètement l'idée que les biens s'échangent normalement dans d'autres rapports que ceux des quantités de travail qu'ils contiennent et que les oscillations de ces rapports puissent être le résultat, non seulement des fluctuations passagères et fortuites du marché, mais encore d'une loi fixe faisant varier la valeur dans un autre sens (4). J'appelle l'attention sur cette circonstance qui aura de l'importance plus tard.

D'après Rodbertus, tout l'ensemble de la production peut se diviser en deux parties : la *production brute* per-

(1) *Soziale Frage*, p. 123 et s.
(2) *Soziale Frage*, p. 106.
(3) *Soziale Frage*, p. 107 ; de même pp. 113, 147 ; *Erkl.*, I, p. 123.
(4) *Soziale Frage*, p. 148.

mettant d'obtenir les produits bruts à l'aide du sol, et la *fabrication* qui modifie les produits bruts. Avant l'introduction de la division du travail, l'obtention des produits bruts et leur manutention ultérieure avaient lieu à la suite l'une de l'autre et chez un même entrepreneur, qui recevait la rente totale en résultant. A ce stade du développement économique, on ne distinguait pas encore entre la rente du sol et le profit du capital. Mais depuis l'introduction de la division du travail, les entrepreneurs de la production brute et ceux de la fabrication ultérieure sont des individus distincts. Il y a lieu de se demander tout d'abord dans quel rapport la rente provenant de la production totale se partage maintenant entre les entrepreneurs de la production brute et ceux de la fabrication.

La réponse à cette question ressort du caractère de la rente. La rente est un prélèvement sur la valeur du produit, une fraction de cette valeur. Le taux de la rente qu'on pourra obtenir dans un genre de production, dépendra donc de l'importance de la valeur du produit qui en résulte. Mais comme la valeur du produit obtenu dépend à son tour de la quantité de travail employé, la production brute et la fabrication se partageront la rente totale dans le rapport des quantités de travail dépensées au cours de chacune d'elle. Prenons un exemple concret (1) : L'obtention d'une certaine quantité de produits bruts exige 1000 journées de travail et la préparation de ces produits bruts en exige à son tour 2000. Supposons que la rente fasse bénéficier les propriétaires de 40 0/0 de la valeur du produit final. Dans ce cas, ceux qui ont fourni le produit brut toucheront comme rente le produit de 400 journées de travail et les autres le produit de 800. Dans cette répartition, la grandeur

(1) Il ne se trouve pas dans Rodbertus. Je l'introduis seulement pour éviter qu'on se méprenne au cours de ces développements difficiles.

du capital employé dans chacune des deux branches de la production ne joue aucun rôle. La rente est bien calculée par rapport au capital, mais n'est pas déterminée par lui ; elle l'est par les quantités de travail fournies.

Ce fait que la grandeur du capital employé n'a aucune influence déterminante sur l'importance de la rente obtenable dans une branche de la production donne précisément naissance à la rente du sol. Et cela de la façon suivante : Quoique la rente soit le produit du travail, elle est considérée comme provenant du capital, parce que la possession d'un capital est nécessaire à son obtention. Dans la fabrication, on n'emploie ni la terre, ni le sol, mais seulement des capitaux. Il en résulte, en particulier, que toute la rente obtenue dans la fabrication est considérée comme étant le rendement ou le gain du capital. Lorsque, conformément à l'usage, on calcule le rapport existant entre le montant du rendement et celui du capital employé, on arrive à établir un certain taux du profit correspondant au capital consacré à la fabrication. Par suite de l'influence connue de la concurrence, le taux du profit est à peu près le même dans toutes les branches et sert de base pour le calcul du profit du capital dans la production brute. Cela a lieu tout d'abord parce qu'on emploie une portion beaucoup plus grande du capital national dans la fabrication que dans l'agriculture, et qu'il est très compréhensible que la portion la plus considérable du capital national fasse la loi à l'autre au point de vue de la façon de calculer le gain. Par conséquent, ceux qui prennent part à la production brute s'attribuent, en tant que gain du capital, la portion de la rente totale obtenue dans la production brute qui correspond à l'importance du capital employé et à la hauteur du taux habituel du profit du capital. Quant au reste de la rente, il est considéré, au contraire, comme étant le rendement de la terre et du sol, et constitue la rente foncière.

D'après Rodbertus, une telle rente foncière reste une nécessité dans la production brute sous la seule hypothèse que les produits s'échangent d'après les quantités de travail qu'ils contiennent. Rodbertus l'établit de la façon suivante : La grandeur de la rente obtenable dans la fabrication dépend, comme on l'a vu plus haut, non de l'importance des capitaux dépensés, mais de la quantité de travail fourni lors de la fabrication. Cette somme de travail se compose de deux parties : d'une part, du travail de fabrication immédiate ; de l'autre, du travail médiat « dont il faut tenir compte du fait de l'usure des outils et des machines ». En conséquence, une partie seulement de la dépense de capital a une influence sur la grandeur de la rente : c'est la dépense en machines, en outils et en salaires du travail. Par contre, la dépense en matériaux bruts n'a pas la même [illegible]nce. Aucune dépense de travail, en effet, ne lui correspond au cours de la fabrication. Cependant, cette partie de la dépense augmente le capital dont la rente doit être considérée comme le rendement. Cette augmentation du capital de fabrication auquel la portion de rente produite doit être reportée comme profit, n'augmente pas ce profit lui-même. Elle doit donc évidemment abaisser le rapport du profit au capital, en d'autres termes, le taux du profit du capital.

C'est d'après ce taux réduit que le profit du capital est également calculé dans la production brute. Ici d'ailleurs, les circonstances sont plus avantageuses. Comme, en effet, l'industrie rurale commence la production *ab ovo* et n'emploie aucune matière provenant d'une production antérieure, on ne trouve point, dans la dépense de capital qu'elle doit faire, la portion « valeur des matériaux ». Son analogue est ici le sol, que toutes les théories considèrent comme n'ayant rien coûté. En conséquence, aucune partie du capital ne prend part à la répartition du profit sans avoir influé sur sa grandeur. Par conséquent encore, le rapport entre la rente obtenue et le capital employé doit être plus avantageux dans l'industrie rurale que dans la fabrication. Mais le profit du capital est calculé dans l'industrie rurale seulement d'après le taux le plus bas du profit obtenu dans la fabrication. Il doit donc rester un surplus de rente qui revient au propriétaire du sol. Telle est, d'après Rodbertus, la cause de la rente du sol et de sa distinction d'avec le profit du capital (1).

En terminant, je compléterai ce qui précède en remarquant rapidement que Rodbertus, malgré le jugement théorique très rigoureux qu'il émet sur la nature du profit du capital, ne veut cependant supprimer ni la propriété ni le profit du capital. Bien au contraire, il attribue à la propriété du sol et du capital une « puissance éducatrice » indispensable, « une sorte de puissance domestique qui ne pourrait être remplacée que par un système d'enseignement national absolument différent et exigeant des conditions préliminaires qui ne sont pas encore remplies » (2). La propriété du sol et des capitaux lui apparaît jusque-là « comme une sorte d'emploi, de fonction, consistant précisément à diriger le travail et les moyens économiques de la nation conformément aux besoins nationaux ». Mais, même à ce point de vue favorable, la rente ne peut être considérée comme une sorte de traitement que ces « employés » recevraient pour l'accomplissement de leur besogne (3). J'ai déjà remarqué plus haut comment, par cette assertion plutôt occasionnelle — c'est une simple note —

(1) *Soziale Frage*, p. 94 et s. en particulier pp. 109-111 ; *Erklärung*, I, p. 123.

(2) *Erklärung*, II, p. 303.

(3) *Erklärung*, II, p. 273 et s. Dans son écrit posthume sur le *Kapital*, Rodbertus s'exprime, il est vrai, plus sévèrement au sujet de la propriété privée du capital et veut, non pas simplement qu'on la supprime, mais qu'on la rachète (p. 116 et s.).

Rodbertus aborde, le premier, un ordre d'idées dont Schäffle a fait ultérieurement une variante particulière de la théorie du travail.

Je passe maintenant à la critique du système de Rodbertus. Je dirai immédiatement et sans détours que je considère la théorie de l'intérêt du capital qu'il contient comme complètement erronée. Elle renferme, à mon sens, une série d'erreurs théoriques graves, que je m'efforcerai d'exposer, dans ce qui suit, aussi clairement et aussi impartialement que possible.

La critique doit avant tout s'arrêter à la première pierre du monument construit par Rodbertus, c'est-à-dire à cette proposition que tous les biens, considérés au point de vue économique, sont simplement le produit du travail.

Tout d'abord, que veulent dire ces mots : « considérés au point de vue économique » ? Rodbertus l'explique à l'aide d'une opposition. Il oppose le point de vue économique au point de vue naturel. Qu'au point de vue naturel les biens ne soient pas seulement le produit du travail mais aussi des forces naturelles, il le reconnaît explicitement. Si donc, au point de vue économique, les biens sont le produit du travail seul, cela ne peut avoir qu'un sens, à savoir que la coopération des forces naturelles à la production est une chose absolument indifférente dans les considérations de l'économie politique. Rodbertus donne à cette idée une forme frappante en disant : « Tous les autres biens (à l'exception de ceux qui ont coûté du travail), si nécessaires ou si utiles qu'ils soient pour l'homme, sont des biens naturels *n'ayant rien à faire avec l'économie* ». L'homme peut être reconnaissant à la nature d'avoir contribué à la formation des biens économiques, car elle lui a ainsi épargné du travail, mais la science économique ne *con-*

sidère ces biens que dans la mesure où le travail a complété l'œuvre de la nature (1).

Cela est tout simplement faux. Les biens purement naturels, quand ils sont rares en comparaison du besoin qu'on en a, ressortissent de la science économique. Un paysan trouve par hasard dans son champ une pépite d'or météorique, ou y découvre une mine d'argent. Ces deux choses ne sont-elles pas du ressort de l'économie? Le propriétaire du champ laissera-t-il là l'argent et l'or, les donnera-t-il ou les gaspillera-t-il sous prétexte que la nature les lui a fournis sans travail? Se refusera-t-il à les garder, à les mettre à l'abri de la cupidité d'autrui, à les vendre sur le marché, en un mot, à les ménager et à les exploiter aussi bien que l'or et l'argent provenant du travail de ses mains? L'économie s'occupe-t-elle des biens qui ont coûté du travail dans la mesure seulement où le travail a complété l'œuvre de la nature? Si tel était le cas, les hommes devraient considérer comme absolument équivalents au point de vue économique une bouteille du meilleur vin du Rhin et une bouteille de vin du pays fait avec soin, mais de qualité ordinaire, car, pour l'un comme pour l'autre, il a fallu à peu près la même quantité de travail humain. Cependant le vin du Rhin est souvent estimé dix fois plus que l'autre, et c'est là une contradiction flagrante opposée par la vie au théorème de Rodbertus.

De telles objections sont si faciles qu'on s'attendrait à voir Rodbertus défendre contre elles, avec tout le soin possible, la première et la plus importante de ses propositions fondamentales. Cette attente est vaine. Il présente bien quelques arguments militant en faveur de sa thèse; mais ceux-ci consistent, pour une part, en un appel sans valeur démonstrative à des autorités et, pour une autre, en une dialectique aussi peu probante qui

(1) *Soziale Frage*, p. 69.

tourne autour du point critique sans l'aborder. A la première catégorie appartiennent des appels répétés à Smith et à Ricardo, comme garants de l'exactitude d'une proposition « qu'on ne conteste plus dans l'économie politique moderne ». Cette proposition admise par les économistes anglais, représentée parmi les français, est, « ce qui est le plus important, inébranlablement imprimée dans la conscience populaire, en dépit de tous les sophismes d'une doctrine à arrière-pensées » (1). Nous établirons un peu plus tard le fait important que Smith et Ricardo énoncent la proposition en question seulement sous forme d'axiome et sans la démontrer en quoi que ce soit. De plus, comme Knies l'a fort bien établi (2), Smith et Ricardo eux-mêmes n'ont pas été conséquents avec elle. Dans une discussion scientifique, il est bien évident que les autorités prouvent par la force des raisons qu'elles ont présentés et non par leurs noms. Or, dans le cas actuel, il n'y a aucune raison et pas même de suite dans les affirmations des autorités citées. En conséquence, l'opinion de Rodbertus n'est nullement renforcée par son appel aux autorités et a pour seuls soutiens les motifs que Rodbertus est en état de fournir lui-même.

A ce sujet, il n'y a lieu de considérer qu'une démonstration un peu longue dans le premier des cinq théorèmes « pour la détermination de notre étal économico-politique » et un syllogisme un peu serré dans l'écrit *Zur Erklärung und Abhilfe der heutigen Kreditnoth des Grundbesitzes*.

Dans le premier endroit cité, Rodbertus explique d'abord très bien que nous devons et pourquoi nous devons trafiquer des biens ayant coûté du travail. Avec pleine raison, il met au premier plan la dispropor-

(1) *Soziale Frage*, p. 71.
(2) *Kredit*, 2e partie, pp. 60 et s.

tion qui existe entre « l'infinité et l'insatiabilité de nos désirs » ou de nos besoins et la limitation du temps et de la force dont nous disposons. En second lieu, et sans tant insister, il dit aussi que le travail est « pénible », qu'il est un sacrifice de « liberté », etc. (1) Il explique fort bien aussi comment et pourquoi une dépense de travail doit être considérée comme coût. « On doit, dit-il, se faire une idée bien claire de la notion de coût » (2). Elle implique plus que la simple nécessité de posséder déjà une chose pour en produire une autre. Elle contient également l'idée d'une dépense qui, une fois faite, n'est plus faisable pour autre chose et dont le caractère irréparable affecte un individu. De cette dernière condition résulte que c'est seulement à l'homme qu'une chose peut coûter ».

C'est absolument exact ! Il est tout aussi exact, comme Rodbertus l'explique plus loin, que les deux caractéristiques du coût se ramènent toutes deux au travail, car la dépense de travail « occasionnée par chaque bien ne peut plus être employée pour un autre » — première caractéristique — et « l'homme seul en est affecté, car il subsiste par sa force et son travail, qui sont limités en comparaison de la série illimitée des biens » — seconde caractéristique.

Mais pour cela Rodbertus doit maintenant démontrer encore qu'un « coût » et, plus généralement, un motif d'activité économique se ramène au travail et à nul autre élément. Il doit tout d'abord admettre que « pour produire un bien, il faut en avoir un autre, différent du travail, à savoir — abstraction faite des idées fournies par l'esprit » — des matériaux donnés « par la nature, et des forces naturelles qui « mises au service du travail aident à accomplir la transformation ou l'appro-

(1) *Zür Erkenntnis unserer staatswirthschaftlichen Zustände* (1842). Premier théorème, pp. 5 et 6.

(2) *Op. cit.*, p. 7.

priation des matériaux ». C'est seulement à la quote-part fournie par la nature que les deux caractéristiques du coût manquent. Car les forces actives naturelles sont « infinies et indestructibles. Les forces qui réunissent ensemble les parties constitutives d'un grain de blé accompagnent toujours ces substances. Les matériaux que la nature fournit à un bien, elle ne peut évidemment pas les fournir à un autre tant que le premier existe. Mais si l'on voulait de ce fait parler de coût, il faudrait personnifier la nature et parler de *ses* coûts. Les matériaux ne sont pas des dépenses que l'*homme* fait pour obtenir un bien ; le coût de ce bien est pour nous celui-là seul que l'*homme* a dépensé » (1).

La première partie de ce raisonnement, dont le but est de dénier aux matériaux la première caractéristique du coût, est évidemment erronée. A la vérité, les forces naturelles sont éternelles et indestructibles. Mais quand il s'agit de coût de production, il importe peu que ces forces naturelles subsistent d'une façon générale. L'essentiel est qu'elles subsistent et continuent à agir de façon à être encore susceptibles d'une nouvelle action productive utile. Et à ce point de vue, le seul intéressant dans la question actuelle, il est impossible de parler d'une existence indestructible. Quand nous avons brûlé du charbon, les affinités chimiques du carbone subsistent évidemment après que ce carbone s'est combiné avec l'oxygène de l'air en nous donnant de la chaleur. Cependant, la propriété du carbone de se combiner aux atomes d'oxygène pour donner de l'anhydride carbonique est épuisée et toute utilisation nouvelle de cette propriété est impossible jusqu'à nouvel ordre. La dépense des forces chimiques du charbon que nous avons faite pour produire un bien ne peut plus être faite en faveur d'un autre bien (2). Il en est tout naturelle-

(1) *Op. cit.*, p. 8.

(2) Il est facile de voir que Rodbertus, pour être logique, aurait

ment de même pour les matériaux de la production. Rodbertus l'admet en somme, quoique d'une manière insuffisante, quand il dit « tant que » ces matériaux ne sont pas utilisables à la production d'un autre bien. En réalité, ils sont inutilisables à la production d'un second bien, non seulement « tant qu'ils » sont contenus dans le premier, mais régulièrement encore après. Si j'emploie du bois pour faire des poutres, ce n'est pas seulement pendant les cent ans que ce bois sert, sous forme de poutres, dans la maison, en pourrissant peu à peu, mais aussi après avoir pourri, qu'il est inutilisable à la production d'un autre bien. Et cela parce que les éléments chimiques composant le bois continuent bien à subsister, mais ne sont plus désormais en état de servir aux besoins humains. Un peu plus loin, en levant une objection qu'il s'est faite à lui-même, Rodbertus abandonne cette première raison et s'appuie simplement sur l'absence de la seconde caractéristique, à savoir la non-existence d'une personne supportant le coût.

Mais en cela encore Rodbertus a tort. Même la dépense de dons naturels rares est une dépense dont l'irréparabilité est sensible à quelqu'un, comme Rodbertus l'exige dans sa définition du coût, et exactement pour la raison qu'il fait valoir quand il s'agit du travail. Que veut donc dire Rodbertus quand il présente, non pas précisément la peine liée au travail, mais — et avec insistance — la limitation quantitative du travail par rapport à l'infinité de nos besoins comme la cause nous obligeant à économiser le travail et les produits du travail? Tout simplement que tout gaspillage du travail, d'ailleurs insuffisant à la pleine satisfaction de nos besoins, entraînerait une lacune encore plus grande dans leur satisfaction. Ce motif subsisterait, même si

également dû considérer la force de travail comme éternelle et indestructible. Car les forces chimiques et mécaniques contenues dans l'organisme humain ne sortent point de l'Univers!

le travail n'était lié à aucun sentiment individuel de souffrance, de peine, de contrainte, etc., mais procurait au travailleur un plaisir pur et sans mélange, tout en restant quantitativement insuffisant pour la fabrication de tous les biens souhaités. Un individu est atteint par un gaspillage de travail et, d'une façon générale, par une dépense de travail, simplement parce qu'il doit de ce fait renoncer à satisfaire un autre de ses besoins (1). Et la même chose a exactement lieu quand un bien naturel rare est gaspillé ou, plus généralement, employé. Si je gaspille par plaisir ou exploite à tort et à travers un gisement métallique ou houiller, je gaspille en même temps une somme de satisfactions de mes besoins que j'aurais pu me procurer en agissant autrement et que je perds en agissant comme je le fais (2).

Rodbertus considère lui-même cette objection presque inévitable. On pourrait objecter, dit-il, que non seulement le travail employé à abattre des arbres, etc., mais encore ces arbres eux-mêmes coûtent au propriétaire de la forêt « parce que ces arbres employés pour fabriquer un bien ne peuvent plus l'être pour en fournir un autre et se présentent ainsi comme dépense affectant le propriétaire » (3). Mais Rodbertus réfute cette objection par un sophisme. Elle repose, dit-il, sur une « fiction » « consistant à transformer un rapport de droit positif en un principe d'économie politique, alors que des rap-

(1) Qu'on se demande, par exemple, si celui qui dispose du travail d'autrui, qu'il soit patron, chef de famille ou maître d'esclaves, n'a pas de sérieuses raisons d'économiser ce travail ? Naturellement on ne peut plus donner comme raison que ce travail provient de son temps, de sa force, ou du sacrifice de sa liberté personnelle. La vraie raison est évidemment la disproportion indiquée dans le texte entre le travail et la satisfaction de ses besoins (ou ceux de sa famille).

(2) Les dispositions qu'on trouve dans toutes les lois sur les mines contre le grapillage sont en contradiction flagrante avec la doctrine de Rodbertus. Elles obligent en effet — et pour de très sérieuses raisons — à l'exploitation rationnelle des biens naturels rares.

(3) *Op. cit.*, p. 9.

ports admissibles et *naturels* devraient seuls constituer de tels principes ». C'est seulement au point de vue du droit positif qu'on peut admettre l'existence d'un « propriétaire » quand il s'agit de choses naturelles pour lesquelles on n'a pas encore dépensé de travail ; les choses se présenteraient immédiatement d'une autre façon si l'on supprimait la propriété du sol.

Mais les choses ne se présenteraient cependant pas autrement sur un point capital. Si le bois en grume est, en somme, un bien naturel ralativement rare, la nature des choses elle-même exige, indépendamment de toute organisation juridique, que tout gaspillage de ce bien naturel rare fasse finalement tort à quelqu'un. L'organisation juridique n'a d'importance qu'au sujet des personnes affectées. Sous le régime de la propriété privée, le propriétaire du bois est la personne touchée. Sous celui de la propriété collective, ce serait tout le corps social, et dans une société absolument dépourvue de toute organisation juridique, ce serait le premier arrivant ou le plus fort. Mais dans aucun cas on n'éviterait que la perte ou la dépense des biens naturels rares n'atteigne un individu ou un groupe d'individus dans la satisfaction de ses besoins. A moins cependant qu'on n'imagine un bois inhabité ou habité par des gens qui s'abstiennent de toucher aux arbres pour des raisons non économiques, par exemple, pour des motifs religieux. Dans ce cas, évidemment, on ne trafiquerait pas du bois. Mais cela n'aurait point lieu parce que les biens purement naturels ne peuvent pas être en principe l'objet d'un sacrifice pénible pour quelqu'un. On n'en trafiquerait pas parce que, par suite des circonstances spéciales imaginées, ces biens auraient été exclus du domaine dans lequel, de par leur nature, ils seraient très capables d'entrer.

Dans un écrit postérieur, Rodbertus consacre encore à sa thèse une courte démonstration. Il y présente les mêmes arguments, mais les dispose un peu autrement. Tout produit, dit-il, qui se présente à nous sous forme de bien doit être, de ce fait et au point de vue économique, uniquement attribué au travail humain. Car le travail est la seule force initiale et la seule dépense primordiale dont s'occupe l'économie humaine (1). On peut cependant fort bien se demander si les prémisses de cette argumentation sont elles-mêmes exactes. C'est là un point dont Knies doute catégoriquement et, comme je le crois, en invoquant les meilleurs arguments (2). Et d'ailleurs, si même ces prémisses étaient vraies, la conclusion ne le serait pas nécessairement. Quand même le travail serait réellement la seule force primordiale dont s'occupe l'économie humaine, je ne vois absolument pas pourquoi elle n'aurait pas à s'occuper encore d'autre chose que des « forces primordiales ». Pourquoi ne s'occuperait-elle pas de certains résultats de ces forces primordiales ou d'autres forces primordiales ! Pourquoi pas, par exemple, du météore aurifère ou de la pierre précieuse trouvés par hasard dont on a parlé plus haut, ou bien des gisements houillers ? Rodbertus conçoit d'une façon trop étroite la nature et les motifs de l'économie. Nous nous occupons de la force primordiale travail, comme Rodbertus le dit très exactement, « parce que le travail, limité en intensité et en durée,

(1) *Erklärung und Abhilfe*, II, p. 160. Semblablement *Soziale Frage*, p. 69.

(2) *Der Kredit*, 2e partie, p. 69 : « Que le travail soit la seule force primitive et la seule dépense primordiale dont ait à s'occuper l'économie humaine, ainsi que Rodbertus l'admet comme fondement unique de sa théorie, c'est une chose tout simplement fausse en fait ! » Combien serait surprenant l'aveuglement d'un propriétaire foncier qui croirait que les forces actives du sol agissant dans ses terres ne peuvent être ni « laissées sans emploi » ni gaspillées à faire pousser de mauvaises herbes par des gens peu économes. Une opinion aussi absurde conduirait finalement à cette proposition que la perte de x arpents de terre ne constitue pas « une perte économique » pour un cultivateur pas plus que celle de y milles carrés n'en constituent une pour une nation.

s'use dès qu'on l'emploie et constitue en fin de compte une restriction de notre liberté ». Mais ce sont là de simples raisons intermédiaires et non pas le motif ultime pour lequel nous ménageons le travail. En dernière analyse, nous économisons le travail — limité et pénible — parce qu'en agissant autrement nous éprouverions une privation de bien-être. Mais le même motif nous conduit aussi à économiser toutes les autres choses utiles qui existent en quantités limitées, car si nous les perdions ou les gaspillions, nous serions privés par là même de quelque jouissance, et cela qu'il s'agisse d'une force primordiale ou non, d'une chose ayant coûté du travail ou pas.

L'opinion émise par Rodbertus devient enfin absolument insoutenable, quand il ajoute que les biens doivent être seulement considérés comme le produit du *travail manuel*. Cette proposition entraîne que la direction intellectuelle immédiate du travail de production n'est pas une activité productive au point de vue économique. Elle conduit de plus à une foule de contradictions internes et de conséquences fausses ne laissant aucun doute sur son inexactitude. Ces contradictions ont été mises à nu par Knies d'une façon si décisive qu'il serait superflu de vouloir y revenir (1).

Ainsi Rodbertus, au moment même où il énonce

(1) Voir Knies, *Der Kredit*, 2e partie, p. 64 et s. Par exemple : « Celui qui veut « produire » de la houille ne doit pas seulement creuser, mais creuser à un certain endroit, car il y a des milliers de points où cette opération matérielle ne conduirait à aucun résultat. Mais supposons que la détermination difficile et indispensable de la place exacte où on doit creuser soit faite par une autre personne que le mineur, par un géologue. Supposons de plus que sans une autre « force intellectuelle » il soit impossible de creuser le puits convenablement, etc. Peut-on dire alors que la seule prestation « économique » soit du travail manuel ? Et chaque fois que le choix des matériaux, la détermination des rapports dans lesquels on doit les employer, etc., est faite par une autre personne que « le manœuvre », la valeur économique du produit résultant est-elle le résultat du travail manuel seul ? »

son théorème fondamental, se met en opposition avec la vérité. D'ailleurs, pour être complètement loyal, je dois faire ici une concession que Knies ne pouvait consentir, placé qu'il était au point de vue de la théorie de l'utilisation. J'admets que toute la théorie de l'intérêt de Rodbertus n'est pas encore réfutée quand on en a réfuté le théorème fondamental. Ce théorème est faux, non point parce qu'il méconnaît la part du capital, mais seulement parce qu'il ne tient pas compte de la part prise par la nature à la production des biens. Je crois, en effet, avec Rodbertus que, si l'on considère la succession des divers stades de la production comme un tout, le capital ne peut point prétendre à une place spéciale dans le coût de production. Il n'est pas exclusivement du « travail déjà fait », comme Rodbertus le pense, mais il est pour une part — et le plus souvent, à la vérité, pour la plus grande — du « travail déjà fait ». Pour l'autre, il est de la force naturelle emmagasinée et possédant de la valeur. Là où cette force naturelle fait défaut — par exemple dans une production qui n'emploie à ses divers stades que des biens naturels gratuits et du travail, ou n'emploie que des produits provenant exclusivement eux-mêmes des biens naturels gratuits et du travail — on peut dire, avec Rodbertus, que ces biens, considérés au point de vue économique, sont, en réalité, le produit du travail seul. L'erreur fondamentale de Rodbertus ayant trait, non pas au rôle du capital, mais à celui de la nature, les conséquences qu'il déduit de ce théorème au sujet de la nature du profit du capital ne sont pas nécessairement erronées. C'est seulement si des erreurs importantes se présentent dans la suite de sa doctrine que nous pourrons la rejeter comme fausse. Or ces erreurs existent.

Pour ne point tirer de la première faute de Rodbertus des avantages abusifs, je disposerai, dans toute la suite, les hypothèses qu'il fait de façon à éliminer complètement les conséquences de son erreur initiale. Je veux supposer que tous les biens sont produits par la coopération du travail et des forces naturelles gratuites et exclusivement à l'aide de capitaux provenant eux-mêmes du travail et des forces naturelles gratuites sans l'aide de biens naturels ayant une valeur d'échange. Sous cette hypothèse limitative je puis, quant à moi, admettre le théorème fondamental de Rodbertus, à savoir que les biens, considérés au point de vue économique, coûtent seulement du travail. Allons alors plus loin.

La première affirmation de Rodbertus consiste à dire que, d'après la nature des choses et la « simple notion du droit », tout le produit fourni par l'ouvrier ou toute la valeur de ce produit, doit intégralement revenir à celui-ci. J'admets complètement cette thèse, contre la justice et l'exactitude de laquelle on ne peut, à mon sens, soulever aucune objection tant qu'on admet l'hypothèse restrictive faite ci-dessus. Mais je crois que Rodbertus et, avec lui, tous les socialistes se font une idée fausse de la réalisation de cette proposition vraiment équitable et sont ainsi conduits à désirer l'instauration d'un régime qui, loin d'y répondre, y contredirait. C'est un fait très remarquable que ce point capital est tout au plus effleuré dans toutes les réfutations faites jusqu'ici de la théorie de l'exploitation et qu'il n'a pas encore reçu l'attention qu'il mérite. C'est pourquoi je me permettrai d'attirer l'attention du lecteur sur les développements qui suivent et cela d'autant plus que la chose est peu facile.

Je veux d'abord indiquer l'erreur que j'ai en vue ; je l'expliquerai ensuite. La proposition fort juste que le travailleur doit recevoir *toute* la valeur de son produit implique logiquement : ou bien que le travailleur doit recevoir *maintenant* la valeur *actuelle* de son produit ; ou bien qu'il doit en recevoir *ultérieure-*

ment la valeur *ultérieure*. Cependant, Rodbertus et les socialistes interprètent la proposition fondamentale en question en disant que le travailleur doit recevoir *maintenant* la valeur *ultérieure* de son produit. Ce faisant d'ailleurs, ils semblent croire que cette interprétation est la seule possible et s'impose d'elle-même.

Prenons un exemple concret. Supposons que la fabrication d'un bien, d'une machine à vapeur, par exemple, coûte cinq années de travail et que la valeur d'échange de la machine achevée soit de 5500 francs. Supposons de plus — en faisant provisoirement abstraction de la division du travail — qu'un seul ouvrier ait, à lui seul, par un travail continu de cinq années, fabrique la machine. Demandons-nous alors quel doit être son salaire au sens de la proposition allouant à l'ouvrier son produit tout entier ou toute la valeur de ce produit. La réponse ne fait pas l'ombre d'un doute : La machine ou les 5500 francs lui appartiennent en totalité. Mais *quand* ? Là-dessus il n'y a pas non plus le moindre doute : au bout des cinq années. Car, il ne peut naturellement pas recevoir la machine avant qu'elle n'existe, ni entrer en possession d'une valeur de 5500 francs avant de l'avoir créée. Il recevra ainsi une rémunération correspondant à la formule en question : tout le produit futur ou toute la valeur future de ce produit à une époque future.

Mais il arrive très souvent que le travailleur ne peut ou ne veut pas attendre que son produit soit complètement achevé. Notre ouvrier désire toucher, à la fin de la première année par exemple, une rémunération partielle correspondant à ce laps de temps. La question se pose alors : Comment cette rémunération doit-elle être calculée au sens de la proposition fondamentale énoncée ci-dessus ? Cela me semble ne pas donner lieu non plus à un instant de doute : On fera droit à la demande de l'ouvrier en lui donnant tout ce qu'il a produit pendant cette première année. Si, par exemple, il a produit pendant ce temps une certaine masse de minerai brut, de fer ou d'acier, on respectera son droit en lui abandonnant cette masse de minerai, de fer ou d'acier, ou la valeur qu'elle possède *actuellement*. Je ne crois pas qu'un seul socialiste puisse objecter quelque chose à cette façon de faire.

Mais quel sera le rapport entre cette valeur et celle de la machine achevée ! C'est là un point sur lequel on peut facilement se tromper, si l'on ne va pas au fond des choses. Le travailleur a, en effet, fourni jusqu'ici un cinquième du travail technique nécessaire à la fabrication de la machine. Donc, dira-t-on en raisonnant superficiellement, le produit actuel de l'ouvrier possède une valeur égale au cinquième de la valeur du produit total, soit 1100 francs. En conséquence, l'ouvrier doit recevoir un salaire annuel de 1100 francs.

Cela est faux. 1100 francs constituent le cinquième de la valeur actuelle d'une machine achevée. Mais ce que le travailleur a produit jusqu'ici, ce n'est pas le cinquième d'une machine déjà achevée. C'est seulement le cinquième d'une machine qui sera achevée dans quatre ans. Et c'est toute autre chose, non pas seulement au point de vue des mots, mais encore à celui des faits. Le premier de ces deux cinquièmes a une autre valeur que le second, aussi certainement qu'une machine complètement achevée aujourd'hui a — si on l'estime aujourd'hui — une autre valeur qu'une machine dont on pourra disposer dans quatre ans seulement. Cela est certain, aussi certain que, d'une façon générale, les biens actuels ont aujourd'hui une autre valeur que les biens futurs.

Que les biens actuels, estimés aujourd'hui, aient une valeur plus grande que des biens futurs de la même espèce et de la même qualité, c'est un des faits économiques les plus généraux et les plus importants. Quant aux raisons qui donnent naissance à ce fait, aux multiples façons dont il s'exprime et aux tout aussi nombreuses conséquences qu'il entraîne dans la vie économique, je les étudierai à fond dans la seconde partie de cet ouvrage. Cette étude est d'ailleurs loin d'être aussi facile et aussi simple que la simplicité du fait lui-même semble le faire prévoir. Mais même avant d'avoir procédé à cette étude approfondie, je crois pouvoir admettre que les biens actuels ont une valeur plus grande que des biens futurs de la même espèce. L'existence du fait est, en effet, mise hors de doute par l'observation la plus grossière de la vie quotidienne. Qu'on donne à choisir à 1000 personnes entre un cadeau de 1000 francs aujourd'hui et un cadeau de 1000 francs dans 50 ans, et toutes préféreront recevoir 1000 francs tout de suite. Ou bien, qu'on demande à 1000 autres personnes ayant besoin d'un cheval et disposées à donner 800 francs pour un bon animal, combien elles consentiraient à donner pour un cheval tout aussi bon mais livrable dans 10 ou 50 ans. Toutes indiqueront une somme infime et montreront ainsi qu'au point de vue économique, tous les hommes considèrent les biens actuels comme ayant plus de valeur que des biens futurs absolument semblables.

En conséquence, le cinquième de la machine achevable en quatre ans, que notre ouvrier a fabriqué pendant la première année, n'a pas pour valeur le cinquième de celle d'une machine déjà achevée, mais une valeur moindre. De combien moindre ? C'est une chose que je ne puis pas encore expliquer si je veux procéder logiquement. Mais il suffit ici de remarquer que cette diminution doit avoir certains rapports avec le taux habituel de l'intérêt dans le pays (1) et la grandeur

(1) Je ne veux naturellement pas ici considérer le taux de l'intérêt comme la *cause* pour laquelle les biens futurs sont moins estimés que les biens actuels. Je sais parfaitement que l'intérêt et le taux de l'inté-

du laps de temps au bout duquel le produit tout entier sera achevé. Si j'admets que le taux ordinaire de l'intérêt est de 5 0/0, le produit de la première année de travail vaudra environ 1000 francs à la fin de celle-ci (1). En conséquence, le salaire revenant à l'ouvrier, si on le calcule de façon que l'ouvrier reçoive son produit tout entier ou toute sa valeur, monte à 1000 francs pour la première année de travail.

Si, malgré les déductions précédentes, quelqu'un avait l'impression que ce salaire est insuffisant, je lui demanderais de prendre ce qui suit en considération. Personne ne pensera que l'ouvrier est dupé s'il reçoit, au bout de cinq années de travail, la valeur totale de la machine, soit 5500 francs. Afin de pouvoir comparer, calculons alors ce que vaudra, à la fin de la cinquième année, le salaire partiel touché par anticipation à la fin de la première. Les 1000 francs que l'ouvrier a reçus à la fin de la première année peuvent être placés à intérêts simples pendant quatre ans et, à 5 0/0, rapporter 200 francs ; or, rien n'empêche le travailleur d'employer ainsi son argent. Dans ces conditions, 1000 francs payés à la fin de la première année équivalent évidemment à 1200 frs. à la fin de la cinquième.

Si donc l'ouvrier reçoit 1000 francs pour le cinquième du travail technique effectué à la fin de la première année, il est évidemment rémunéré d'une façon aussi avantageuse que s'il touchait 5500 frs. au bout de cinq ans pour le travail total.

Mais comment Rodbertus et les socialistes se représentent-ils la façon de réaliser le principe allouant

rêt ne peuvent être que des conséquences de ce phénomène primordial. Je ne veux pas ici expliquer les faits, mais seulement les décrire.

(1) Le choix de ces chiffres un peu étranges à première vue sera bientôt justifié.

à l'ouvrier la valeur totale de son produit ? Ils veulent que la valeur totale qu'aura le produit à la fin du travail soit transformée en salaires et que ceux-ci soient payés, non pas à la fin de la production, mais, par acomptes, au cours du travail. On comprend ce que cela veut dire. Cela veut dire, dans l'exemple précédent, que l'ouvrier doit recevoir les 5500 frs. que la machine vaudra dans cinq ans, au bout d'un laps de temps moyen de deux ans et demi. J'avoue que je considère comme absolument impossible de déduire cette exigence des prémisses en question. Comment peut-il être dans la nature des choses et conforme à la simple idée du droit que quelqu'un reçoive au bout de deux ans et demi ce qui existera seulement dans cinq ans ! Cela est si peu conforme à « la nature des choses » que c'est absolument irréalisable. Ce le serait même dans le cas où le travailleur serait délivré de tous les liens du contrat de travail tant honni et livré à lui-même, c'est-à-dire placé dans la situation la plus avantageuse pour lui : celle de l'ouvrier travaillant à son compte. Dans ce cas, il toucherait bien les 5500 francs, mais pas avant de les avoir produits, c'est-à-dire avant cinq ans. Comment peut-on donc exiger, au nom de la simple idée de droit, que le contrat de travail conduise à un résultat que la nature des choses refuse même à l'entrepreneur ?

Ce que les socialistes veulent, en réalité, c'est que les travailleurs, grâce au contrat de travail, reçoivent *plus* qu'ils n'ont produit, plus qu'ils ne recevraient s'ils travaillaient à leur compte, et plus qu'ils ne fournissent à l'entrepreneur avec lequel ils ont conclu le contrat de travail. Ce qu'ils ont produit et ce à quoi ils ont légitimement droit, c'est 5500 francs après cinq années. Mais 5500 francs après deux ans et demi — ce qu'ils réclament — c'est plus : c'est environ autant que 6200 frs. après cinq ans, en calculant les intérêts à 5 0/0.

Et cela n'est pas la conséquence d'institutions sociales attaquables ayant engendré l'intérêt et l'ayant fixé à environ 5 0/0. C'est une conséquence immédiate de ce que notre vie se passe dans le temps, de ce que *aujourd'hui*, avec ses besoins et ses soucis, vient avant *demain* et de ce qu'*après-demain* n'est déjà plus sûr. Ce ne sont pas seulement les capitalistes âpres au gain, mais aussi les ouvriers et, en général, tous les hommes qui accordent des valeurs différentes au présent et à l'avenir. Comme l'ouvrier se déclarerait lésé si on lui offrait 10 francs à toucher dans un an au lieu de lui payer tout de suite les 10 francs qu'on lui doit pour une semaine de travail ! Ce qui n'est pas indifférent à l'ouvrier doit-il l'être à l'entrepreneur ? Ce dernier doit-il donner 5500 francs au bout de deux ans et demi en échange de 5500 francs qu'il recevra seulement dans cinq ans sous forme de produit achevé ? Cela n'est ni juste ni naturel. Ce qui est juste et naturel, je veux encore une fois le reconnaître, c'est que l'ouvrier reçoive 5500 francs après cinq ans. S'il ne peut ou ne veut pas attendre cinq ans, il doit encore recevoir la valeur intégrale de son produit, mais, naturellement, la valeur *actuelle* de son produit *actuel*. Cette valeur sera nécessairement moindre que la partie de la valeur du produit final correspondant au travail technique fourni. Et cela parce que le monde des faits économiques est dominé par la loi suivant laquelle la valeur actuelle des biens futurs est inférieure à celle des biens actuels. C'est là une loi ne résultant d'aucune institution sociale ou gouvernementale, mais provenant immédiatement de la nature de l'homme et des choses.

Si des longueurs sont quelque part excusables, c'est bien à cette place où il s'agit de réfuter cette doctrine grosse de conséquences qu'est la théorie socialiste de l'exploitation. C'est pourquoi, au risque d'ennuyer maints lecteurs, je vais prendre un second exemple concret qui, je l'espère, me donnera l'occasion de montrer encore plus nettement l'erreur des socialistes.

Dans l'exemple précédent, j'ai fait abstraction du fait de la division du travail. Je veux maintenant faire des hypothèses s'approchant davantage, à ce point de vue, de la réalité économique. Supposons donc que cinq ouvriers participent à la fabrication de la machine et que chacun d'eux fournisse une année de travail. Le premier, par exemple, extrait le minerai de fer nécessaire, le second en fait du fer, le troisième transforme ce fer en acier, le quatrième construit avec cet acier les divers organes de la machine, le cinquième, enfin, réunit toutes ces parties et met la dernière main à l'œuvre. Comme d'après la nature des choses, chaque ouvrier peut seulement commencer son ouvrage quand celui qui le précède a achevé le sien, nos cinq ouvriers ne travailleront pas en même temps, mais les uns après les autres. La fabrication de la machine durera donc encore cinq ans, tout comme dans le premier exemple, et nous admettrons que la valeur de celle-ci, une fois terminée, est encore de 5500 francs. Dans ces conditions, à quoi pourront prétendre nos cinq travailleurs, en admettant que chacun d'eux ait droit au produit intégral de son travail ?

Résolvons d'abord cette question pour le cas où la répartition doit avoir simplement lieu entre les cinq travailleurs intéressés sans immixtion d'un entrepreneur étranger, en d'autres termes, dans le cas où le produit obtenu doit être simplement partagé entre les cinq ouvriers. Dans ce cas, deux choses sont certaines :

D'abord, que le partage peut seulement avoir lieu *après cinq ans*, car, avant ce laps de temps, il n'y a rien à partager. Si on voulait abandonner aux deux premiers ouvriers, après deux ans, le minerai et le fer obtenus pendant ce temps à titre de rémunération, la matière première manquerait pour les opérations suivantes. Il est clair, en effet, que les produits préliminaires obtenus au cours des premières années ne doivent être l'objet d'aucune répartition anticipée et doivent, au contraire, être employés jusqu'à la fin à la production. *Ensuite*, il est clair qu'une valeur totale de 5500 francs devra être répartie entre les cinq ouvriers.

Suivant quelle règle ?

Certainement pas en parties égales, comme on pourrait le penser à première vue. Car les ouvriers ayant travaillé à un stade avancé du processus de production seraient alors avantagés par rapport à leurs camarades. L'ouvrier ayant achevé la machine recevrait ainsi 1100 francs immédiatement à la fin de son année de travail. Celui qui aurait fabriqué les parties constitutives de la machine gagnerait la même somme, mais devrait encore attendre une année entière après la conclusion de son travail pour la toucher. L'ouvrier ayant extrait le minerai gagnerait aussi la même somme, mais seulement quatre ans après avoir cessé de travailler. Comme de pareils délais sembleraient certainement injustes aux intéressés, chacun voudrait se charger du travail final, auquel ne correspond aucune remise du payement du salaire, et personne ne voudrait procéder aux travaux préliminaires. Pour que ces travaux se fassent, les ouvriers des derniers stades seront donc contraints d'abandonner aux autres, en compensation des délais de payement, une part plus grande de la valeur du produit final. L'importance de cette part devra être déterminée, en partie, par la durée du délai et, en partie, par l'importance de la différence existant, pour nos cinq ouvriers, entre la valeur des biens actuels et celle des biens futurs. Si cette différence est, par exemple, 5 0/0, les parts des cinq ouvriers seront ainsi fixées :

Le travailleur du premier stade, qui doit encore attendre quatre ans après avoir accompli son année de tra-

vail, recevra, à la fin de la cinquième année,	1200 fr.
le second, qui doit attendre trois ans, . . .	1150 —
le troisième, qui attend deux ans, ...	1100 —
le quatrième, qui attend un an, ...	1050 —
le dernier qui reçoit son salaire immédiatement à l'issue de son travail, ...	1000 —
En tout . .	5500 fr.

Que tous les ouvriers reçoivent la même somme, 1100 francs, cela serait possible dans l'hypothèse où les différences de temps leur seraient absolument égales et où ils s'estimeraient aussi bien rémunérés avec 1100 francs, reçus trois ou quatre ans après avoir cessé de travailler, qu'avec la même somme reçue à l'issue même de leur travail. J'ai à peine besoin de remarquer que ce cas n'a jamais et ne peut jamais avoir lieu. Mais qu'ils reçoivent 1100 francs *aussitôt après avoir fini de travailler*, c'est *absolument impossible* sans l'immixtion d'une sixième personne.

Il est bon, en passant, d'attirer l'attention sur un point important. Je crois que personne ne trouvera le schéma de distribution précédent inexact. De plus, on ne peut absolument point parler d'une injustice ayant pour cause l'existence d'un capitaliste-entrepreneur, puisque les ouvriers partagent entre eux le produit de leur travail. Et cependant l'ouvrier qui a fourni l'avant-dernier cinquième du travail ne touche pas un cinquième complet de la valeur totale du produit final, mais 1050 francs seulement, et le dernier touche simplement 1000 francs.

Admettons maintenant, comme il arrive généralement dans la pratique, que les travailleurs ne puissent pas ou ne veuillent pas attendre l'achèvement complet de la machine pour toucher leur rémunération. Dans ce cas, ils entreront en pourparlers avec un entrepreneur qui payera chacun d'eux à la fin de son travail et deviendra, par contre, propriétaire du produit final. Admettons encore que cet entrepreneur soit un homme absolument juste et désintéressé, incapable d'abuser de la situation précaire des ouvriers pour les contraindre à réduire leurs prétentions. Demandons-nous alors quelles seront les conditions du contrat de travail ?

Il est assez facile de répondre à cette question. Les ouvriers ne seront évidemment pas lésés si l'entrepreneur leur offre, comme salaire, ce qu'ils eussent gagné en travaillant à leur compte. Cela nous donne une base d'estimation tout d'abord pour le dernier ouvrier. Sans l'entrepreneur, celui-ci aurait reçu une somme de 1000 francs immédiatement à la fin de son travail. Par suite, l'entrepreneur doit, en toute justice, lui offrir également cette somme. Pour les autres ouvriers, le principe précédent ne donne immédiatement aucune base d'estimation. Car les époques de payement étant maintenant différentes de ce qu'elles eussent été dans le cas de la production coopérative, les chiffres relatifs à cette dernière ne sont plus valables ici. Mais nous avons un autre point d'appui. Comme les cinq travailleurs ont également contribué à la fabrication de la machine, ils doivent, en toute justice, recevoir des salaires égaux. Or, chacun d'eux étant maintenant payé immédiatement à la fin de son travail, tous devront recevoir des salaires identiques. Ainsi donc, la justice exige que chacun d'eux touche 1000 francs à la fin de son année de travail.

Si quelqu'un trouvait cette somme insuffisante, j'attirerai son attention sur les simples calculs qui suivent et d'où résulte que les ouvriers reçoivent ainsi exactement la valeur qu'ils eussent reçue s'ils s'étaient partagé le produit tout entier. En effet, le travailleur n° 5 reçoit 1000 francs immédiatement à la fin de son année de travail, somme qu'il eût reçue exactement à la même époque dans le cas de la coopération. Le travailleur n° 4 reçoit, sous le régime de la coopération,

1050 francs une année après la fin de son travail. Dans le cas du contrat de travail, il reçoit 1000 francs immédiatement après avoir cessé de travailler. S'il place cet argent à intérêts pendant un an, il arrive exactement au résultat auquel il serait parvenu dans le premier cas : il obtient 1050 francs une année après la fin de son travail. Le travailleur n° 3 reçoit, sous le régime de la coopération, 1100 francs deux ans après avoir achevé son ouvrage. Dans le cas du contrat de travail, il touche 1000 francs aussitôt après. Ces 1000 francs, placés à intérêts pendant deux ans, deviennent 1100 francs. De même, les 1000 francs que reçoivent les travailleurs n°s 1 et 2 équivalent absolument, si l'on tient compte des intérêts, soit aux 1200, soit aux 1150 francs que ces deux ouvriers eussent respectivement reçus dans le cas de la coopération, 3 ou 4 ans après avoir cessé de travailler. Mais si tous ces salaires partiels payés par le capitaliste équivalent séparément aux quote-parts correspondantes du cas de la coopération, la somme de ces salaires partiels doit naturellément aussi être équivalente à la somme des quote-parts. En d'autre termes, les 5000 francs payés par l'entrepreneur aux ouvriers immédiatement à la fin de leur travail équivalent absolument aux 5500 francs que les travailleurs eussent dû se partager, dans l'autre cas, à la fin de la cinquième année.

Une rémunération plus forte de l'année de travail, par exemple 1100 francs, serait seulement imaginable dans le cas où la différence de temps — qui n'est point indifférente aux ouvriers — le serait à l'entrepreneur, ou bien encore, dans le cas où l'entrepreneur voudrait faire cadeau aux ouvriers de la différence de valeur existant entre 1100 francs actuels et 1100 francs futurs. Il ne faut attendre ni l'une ni l'autre chose, du moins en règle générale, des entrepreneurs privés. On ne peut d'ailleurs leur en faire un reproche et encore moins les accuser, de ce fait, d'injustice, d'exploitation ou de vol. Il n'y a qu'une personne dont les ouvriers puissent a[illegible]ndre un tel désintéressement : l'Etat. D'une part, en effet, l'Etat en tant qu'individu de durée indéfinie ne doit pas nécessairement accorder autant d'importance que les simples mortels aux intervalles de temps qui séparent la livraison et la restitution des biens. D'autre part, l'Etat, dont le but final est le bien-être de l'ensemble de ses membres, peut, quand il s'agit du bien-être d'un grand nombre de ceux-ci, abandonner le point de vue strict de l'équivalence des prestations et des contre-prestations et donner au lieu de trafiquer. Ainsi donc, on peut imaginer que l'Etat, mais, à la vérité, l'Etat *seulement*, s'interpose comme entrepreneur géant et donne aux ouvriers, immédiatement à la fin de leur travail et à titre de salaire, l'entière valeur de tout leur produit. Quant à savoir si l'Etat *doit* le faire — auquel cas le problème social serait pratiquement résolu dans le sens du Socialisme — c'est une question d'opportunité que je n'ai pas l'intention d'approfondir ici. Mais je veux encore insister sur ce point : Si l'Etat socialiste payait dès maintenant aux ouvriers un salaire égal à la valeur future totale de leur produit, il n'agirait pas conformément à la loi attribuant au travailleur un salaire égal à la valeur de son produit ; il s'écarterait au contraire de cette loi, pour des raisons politiques et sociales. Un tel régime ne serait donc pas la reconstitution d'un état de choses naturel en soi, répondant à la simple notion du droit et que la fureur exploitante des capitalistes aurait seule altéré. Ce serait, au contraire, une façon de faire artificielle, ayant pour but de rendre possible une chose irréalisable dans le cours naturel des choses et, à la vérité, grâce à un don perpétuel et déguisé du corps social, de l'Etat, à ses membres les plus pauvres.

Et maintenant, faisons une courte application de ce qui

précède. On reconnait facilement que la forme d'indemnisation que j'ai décrite dans le dernier exemple est précisément celle qui se présente réellement dans la pratique. Là aussi, ce n'est pas la valeur totale finale du produit du travail qui constitue le salaire. C'est une somme plus petite, mais payée à une époque moins éloignée. Supposons que la totalité des salaires payés par parties ne diffère pas de la valeur finale du produit définitif d'une quantité supérieure à celle qui correspond à la différence admise, en général, entre les valeurs des biens actuels et futurs. Supposons, en d'autres termes, que la totalité des salaires soit inférieure à la valeur du produit final du simple montant des intérêts calculés d'après le taux ordinaire du pays. Dans ces conditions, les travailleurs ne sont point lésés dans leur prétention légitime à la valeur totale du produit ; ils la reçoivent totalement, mais évaluée à l'époque où ils touchent leurs salaires. C'est seulement dans la mesure où la différence entre le salaire total et la valeur finale du produit est supérieure au montant de l'intérêt en usage dans le pays, qu'il peut y avoir, dans certains cas, une véritable exploitation des ouvriers (1).

(1) Je réserve pour le volume consacré à la Théorie positive de l'intérêt des développements plus rigoureux sur ce point. Cependant, pour éviter toute méprise et, en particulier, pour qu'on ne suppose pas que je considère le profit de l'entrepreneur comme une « exploitation » dans le cas où il dépasse l'intérêt usuel, je ferai les courtes remarques suivantes : La différence totale existant entre la valeur du produit et les salaires payés — différence dont bénéficie l'entrepreneur — peut se décomposer en quatre parties essentiellement distinctes. 1° Une prime d'assurance pour le cas de mauvaise réussite de la production. Cette prime doit, si elle est équitablement calculée, coïncider avec le montant moyen des pertes effectivement faites. Elle ne correspond alors à aucune exploitation des ouvriers; 2° Une indemnisation pour le travail propre de l'entrepreneur qui, naturellement, doit également entrer en ligne de compte. Cette indemnisation peut, dans certaines circonstances — dans le cas, par exemple, de la mise en usage d'une invention nouvelle de l'entrepreneur — être évaluée très haut sans injustice à l'égard des ouvriers ; 3° L'indemnisation dont il est parlé dans le texte et relative au laps de temps qui sépare le payement

Revenons maintenant à Rodbertus. La seconde et la plus importante des fautes que je lui ai reprochées plus haut, c'est d'avoir mal interprété la proposition que j'admets et qui attribue à l'ouvrier la valeur totale du produit de son travail. D'après lui, en effet, le travailleur doit recevoir *dès maintenant* la valeur totale que son produit acquerra seulement dans l'*avenir*.

Si nous recherchons comment Rodbertus est tombé dans cette erreur, nous trouverons qu'elle découle d'une autre. Cette dernière est la troisième de celles que je reproche à sa théorie de l'exploitation. Il part, en effet, de l'hypothèse que la valeur des biens est exclusivement déterminée par la quantité de travail nécessitée par leur production. Si cela était exact, le produit préliminaire, correspondant à une année de travail, aurait dès maintenant pour valeur le cinquième de celle que possédera le produit final après les cinq années de travail nécessaires à sa production. Dans ce cas, l'ouvrier serait fondé à réclamer, dès maintenant comme salaire, le cinquième tout entier de la valeur finale.

Mais cette hypothèse, telle qu'elle est exposée par Rodbertus, est indubitablement fausse. Pour le prouver, je n'ai pas du tout besoin de mettre en doute le fondement même de la célèbre loi de la valeur de Ricardo, d'après laquelle le travail est la source et la mesure de toute valeur. Il me suffit de montrer l'existence d'une exception péremptoire à cette loi, exception que Ricardo lui-même a consciencieusement spécifiée et étudiée dans un chapitre spécial. Par contre, et cela est remarquable, Rodbertus a absolument méconnu son importance. Il

des salaires de la réalisation du produit final. Cette indemnisation doit être calculée d'après le taux ordinaire de l'intérêt; 4° Enfin, l'entrepreneur peut encore faire un surcroît de profit en abusant de la situation précaire des ouvriers pour abaisser usurairement leur salaire. De ces quatre parties du profit, la dernière seule est en contradiction avec le principe attribuant à l'ouvrier la valeur totale du produit de son travail.

s'agit de ce fait que, de deux biens dont la production coûte la même quantité de travail, celui dont l'achèvement exige la plus grande avance de travail préparatoire, ou le temps le plus long, acquiert une valeur d'échange supérieure. Ricardo en tient compte d'une façon particulière. Il dit, dans la section IV du premier chapitre de ses *Principles,* que « la loi d'après laquelle la quantité de travail employée à la production des biens détermine leurs valeurs relatives, *est notablement modifiée* par l'emploi de machines et d'autres capitaux fixes et durables ». Plus loin (Section V) : « par la durée inégale des capitaux et par les vitesses différentes avec lesquelles ils reviennent à leurs possesseurs ». Considérons, en effet, des biens pour la production desquels beaucoup de capital fixe ou un capital fixe de longue durée doit être employé, ou bien encore, pour lesquels le capital circulant revient à l'entrepreneur au bout d'un temps fort long Ces biens ont une valeur d'échange supérieure à celle des biens ayant coûté autant de travail, mais pour lesquels les circonstances précédentes ne se présentent pas, ou se présentent à un degré moindre. La valeur d'échange des premiers sera supérieure à celle des seconds du montant du profit du capital prélevé par l'entrepreneur.

Que cette exception à la loi de la valeur due au travail soit une réalité, c'est indubitable, même pour les plus ardents défenseurs de cette loi. C'est indubitable, tout comme il est hors de doute que, dans certaines circonstances, la considération d'un certain délai peut exercer sur la valeur des biens une influence supérieure à celle du travail de production. Je rappellerai, par exemple, le cas d'un vin qui est resté en cave pendant des années, ou encore celui d'un tronc d'arbre séculaire dans la forêt.

Cette exception est d'une nature toute particulière. On n'a pas besoin, en effet, d'être particulièrement clairvoyant pour observer qu'elle renferme le fait principal de l'intérêt originaire du capital. Car l'excédent de valeur d'échange acquis par les biens dont la production exige une avance de travail préparatoire, est précisément ce qui revient au capitaliste-entrepreneur, sous forme de profit du capital, lors de la répartition de la valeur du produit. Si cette différence de valeur n'existait pas, le profit originaire du capital n'existerait pas non plus. C'est elle qui rend le profit du capital possible, qui le renferme, qui est identique avec lui. Rien n'est plus facile à montrer, si l'on suppose qu'on puisse exiger une démonstration pour un fait aussi évident. Admettons que trois biens exigent chacun une année de travail pour être produits, mais que ce travail doive être avancé, pour chacun d'eux, pendant des laps de temps différents : pour le premier, pendant un an seulement ; pour le second, pendant dix ans, et, pour le troisième, pendant vingt ans. Dans ces conditions, la valeur d'échange du premier bien devra être et sera assez grande pour fournir le salaire d'une année de travail et, de plus, les intérêts pendant une année de l'avance de travail. Il est de toute évidence que la *même* valeur d'échange ne sera *point* suffisante pour fournir le salaire d'une année de travail et, de plus, les intérêts pendant *dix* ou *vingt* ans de la même avance de travail. On ne trouvera ces intérêts que si les valeurs d'échange du second et du troisième bien dépassent suffisamment celle du premier, quoique tous les trois, cependant, aient coûté autant de travail. Ces différences entre les valeurs d'échange constituent évidemment la source d'où découlent et doivent découler les intérêts du capital pendant dix ou pendant vingt ans.

Ainsi, cette exception à la loi de la valeur due au travail a une telle importance qu'elle s'identifie avec le cas principal de l'intérêt originaire du capital. Celui qui veut expliquer ce dernier doit d'abord expliquer cette exception. Sans cela, aucune explication de l'intérêt n'est possible. Si donc, dans un ouvrage ayant précisément l'intérêt du capital pour objet, cette exception est ignorée pour ne pas dire niée, ce traité renferme une omission telle qu'il est difficile d'en imaginer une plus grossière. Car ignorer cette exception, c'est, dans le cas de Rodbertus, tout simplement ne pas connaître la partie principale de ce qu'on doit expliquer.

On ne peut pas excuser cet oubli en disant que Rodbertus n'avait pas en vue l'exposition d'une règle valable dans la vie réelle, mais une hypothèse dont il voulait se servir pour rendre ses recherches abstraites plus faciles et plus correctes. Il est vrai, évidemment, qu'en certains passages de ses écrits, Rodbertus présente comme une simple hypothèse la proposition donnant la valeur des biens comme déterminée par leur coût en travail (1). Seulement, il ne manque pas non plus de passages où Rodbertus exprime la conviction que sa règle de la valeur est aussi applicable à la vie économique réelle (2). D'ailleurs, on ne doit pas non plus admettre tout ce qu'on veut sous prétexte d'hypothèse. Même dans une simple hypothèse, on ne doit faire abstraction que des faits réels qui n'ont point de rapport avec la question étudiée. Mais que dire quand, au début d'une recherche théorique sur l'intérêt du capital, on fait abstraction du cas le plus important dans lequel celui-ci se produit; quand la partie principale de ce qu'on doit expliquer est escamotée à l'aide d'une hypothèse !

Rodbertus a raison en un sens : Quand on veut trouver un principe comme celui de la rente du sol ou de l'intérêt du capital, on ne doit pas « laisser la valeur osciller » (3) ; on doit supposer l'existence d'une règle

(1) Par exemple, *Soziale Frage*, pp. 44, 107.

(2) *Soziale Frage*, pp. 113, 147; *Erklärung und Abhilfe*, I, p. 123. A cette dernière place, Rodbertus dit : « Si la valeur des produits agricoles et industriels se règle d'après le travail qu'ils contiennent, *ce qui a toujours lieu, en général, sous le régime de la liberté du commerce* », etc.

(3) *Soziale Frage*, p. 111. Note.

fixe la déterminant. Mais, n'est-ce pas aussi une règle fixe de la valeur, que des biens pour lesquels il existe un laps de temps plus grand entre l'époque de la dépense de travail et celle de leur achèvement, possèdent, toutes choses égales d'ailleurs, une valeur plus grande? Et cette règle n'est-elle pas d'une importance fondamentale pour le phénomène de l'intérêt du capital? Et cependant, il faut en faire abstraction comme d'une circonstance fortuite du marché! (1)

(1) Les développements précédents étaient déjà écrits avant l'apparition de l'ouvrage posthume de Rodbertus: *Das Kapital* (1884). Dans cet ouvrage, Rodbertus prend, relativement à la question qui nous occupe, une position excessivement singulière, de nature à provoquer plutôt une aggravation qu'une atténuation de la critique précédente. Rodbertus y explique en effet avec force, que la loi de la valeur due au travail n'est pas une loi exacte, mais une loi approximative et tendancielle (p. 6 et s.). Il y reconnaît aussi expressément que, du fait des exigences de profit des entrepreneurs, la valeur pratique des biens diffère constamment de celle qu'ils auraient si elle était déterminée d'après le travail (p. 11 et s.). Seulement, il donne à cet aveu une portée beaucoup trop petite en admettant que cette variation a lieu quand on compare les divers stades de la production d'un seul et même bien, mais n'a pas lieu pour l' « ensemble des stades de la production ». Quand la production d'un bien se décompose en plusieurs phases dont chacune constitue un métier spécial, la valeur du « produit particulier » créé dans chaque phase ne peut point, d'après Rodbertus, correspondre exactement à la quantité de travail employée pour le produire. Et cela parce que les entrepreneurs des stades ultérieurs doivent faire une dépense plus grande pour les matériaux et, par suite, investir des capitaux plus considérables Ils doivent, en conséquence, s'attribuer un profit du capital plus grand, lequel peut seulement être obtenu par une élévation relative de la valeur du produit en question. Autant cette explication est juste, autant il est clair qu'elle ne va pas assez loin. Une différence entre la valeur réelle des biens et la quantité de travail employée à leur production ne se présente pas seulement pour les produits préliminaires nécessaires à la fabrication d'un bien, de façon à s'annuler par compensations au cours des divers stades du procès de production, de sorte que le résultat dernier, le bien final, obéisse encore à la loi de la valeur due au travail. Au contraire, la considération de la grandeur et de la durée des avances de capital, fait *finalement* différer la valeur de *tous* les biens de celle de leur coût en travail. Mais ce qu'on doit très sévèrement blâmer, c'est que Rodbertus, en dépit de son propre aveu, continue cependant à développer la loi de la répartition de tous les biens

Les conséquences de cette étrange abstraction ne se font pas attendre. J'ai déjà considéré la première : Rodbertus, en méconnaissant l'influence du temps sur la valeur du produit, pouvait et devait nécessairement tomber dans l'erreur consistant à confondre la prétention du travailleur à toute la valeur actuelle de son produit avec la prétention à la valeur future de celui-ci. Nous allons en apercevoir tout de suite quelques autres.

Une quatrième objection que je fais à la théorie de Rodbertus, c'est de se contredire elle-même en des points importants.

Toute sa théorie de la rente du sol repose sur une proposition qu'il énonce avec insistance à plusieurs reprises : La quantité totale de « rente » qu'on peut obtenir dans une production, dit-il, dépend exclusivement de la quantité de travail ajoutée au cours de cette production, et non de l'importance du capital employé. Supposons que dix ouvriers soient occupés à une certaine production industrielle, par exemple, à faire des chaussures. Admettons que chaque ouvrier crée chaque année un produit d'une valeur de 1000 francs et que son entretien en exige 500, qu'il reçoit comme salaire. Dans ce cas, la rente annuelle de l'entrepreneur sera

en salaire et rente dans l'hypothèse théorique que tous les biens possèdent la valeur « normale », c'est-à-dire correspondant à leur coût en travail. Il croit pouvoir le faire parce que la valeur normale est la plus *constante* par « rapport à la dérivation aussi bien de la rente, en général, que de la rente du sol et de la rente du capital, en particulier. Cette valeur normale seule ne supprime rien de ce qu'elle doit expliquer, comme c'est le cas pour toute valeur dans laquelle on fait entrer dès le début une partie constitutive correspondant à la rente » (p. 23).

Rodbertus se trompe ici grossièrement. Il procède « subrepticement » d'une manière aussi flagrante que n'importe lequel de ses adversaires. Tandis que ceux-ci procèdent subrepticement en supposant l'*existence* de l'intérêt du capital, Rodbertus établit sa *non-existence* par le même procédé. Il y arrive en faisant abstraction du cas principal du phénomène de l'intérêt, grâce à l'introduction de l'écart permanent entre la valeur effective et la « valeur normale », écart qui donne naissance et qui constitue l'intérêt originaire du capital.

de 5000 francs, que le capital employé soit grand ou minime ! Si ce capital monte, par exemple, à 10000 francs — savoir, 5000 francs de salaires et 5000 francs de matières premières, la rente sera de 5 0/0. Considérons maintenant une autre industrie, une fabrique d'orfèvrerie, et supposons que dix ouvriers y soient également employés. Si l'on admet toujours que la valeur d'un produit se mesure par la quantité de travail qu'il renferme, chaque ouvrier créera encore ici un supplément annuel de produits de 1000 francs, dont une moitié lui reviendra comme salaire et dont l'autre constituera la rente de l'entrepreneur. Mais comme l'or possède une valeur notablement supérieure à celle du cuir, la rente totale de 5000 francs revenant à l'orfèvre-entrepreneur se répartira maintenant sur un capital beaucoup plus important. Si nous admettons que ce dernier monte à 200000 francs — 5000 francs pour les salaires et 195000 pour les matières premières — le revenu de l'entrepreneur ne constituera plus que 2 1/2 pour cent du capital. Ces deux exemples sont absolument conformes à l'esprit de la théorie de Rodbertus.

Or, dans chaque genre d'industrie, il existe un rapport spécial entre le nombre des ouvriers employés (directement ou indirectement) et la grandeur du capital investi. Par conséquent, le taux de l'intérêt du capital devrait différer d'une industrie à l'autre entre des limites très larges. Que cela soit le cas dans la vie réelle, Rodbertus n'essaye même pas de le soutenir. Il suppose, au contraire, en un point remarquable de sa théorie de la rente du sol, que, par suite de la concurrence régnant dans tout le domaine de la fabrication, le taux du profit est le même pour tous les capitaux. Mais je veux reproduire textuellement ce passage.

Après avoir remarqué qu'on considère la rente obtenue dans la fabrication, comme étant exclusivement le profit du capital, parce que le *capital* y est exclusivement employé, Rodbertus continue ainsi :

« On connaît alors un taux du profit du capital, qui influera sur l'égalisation des taux du profit et d'après lequel, par conséquent, on déterminera, dans l'agriculture, la partie de la rente revenant au produit brut et devant constituer le profit du capital employé. Car si, grâce à la valeur d'échange, on possède maintenant un étalon uniforme pour exprimer le rapport du revenu au capital, cet étalon servira aussi à exprimer le rapport du profit au capital pour la partie de la rente revenant au produit de la fabrication. En d'autres termes, on pourra dire que, dans telle industrie, le gain constitue x pour cent du capital employé. Ce taux du profit du capital constituera alors un étalon pour l'égalisation des profits du capital. *Dans les branches d'industrie où le taux du profit indique des profits considérables, la concurrence introduira de nouveaux capitaux et causera ainsi une tendance générale à l'égalisation des profits.* Il en résultera que personne ne placera de capitaux là où il ne peut en attendre ce taux du profit (1).

Il n'est pas sans utilité d'étudier attentivement ce passage.

Rodbertus considère la concurrence comme le facteur déterminant de l'uniformité du taux du profit dans la fabrication. Quant à la façon dont cela a lieu, il l'indique très sommairement. Il suppose que tout taux du profit supérieur à la valeur moyenne est ramené au niveau normal par une augmentation des capitaux investis. Nous pouvons évidemment compléter sa pensée et dire que, pour lui, tout taux du profit inférieur à la valeur moyenne est ramené au niveau ordinaire par un retrait de capitaux.

Poussons un peu plus loin l'étude de ces phénomènes que Rodbertus abandonne trop tôt. De quelle manière l'augmentation des capitaux investis peut-elle niveler le

(1) *Soziale Frage*, pp. 107 et s.

taux anormal du profit ? Evidemment, par cela seulement que l'accroissement des capitaux développe la production et augmente l'offre de l'article en question. La valeur d'échange de celui-ci s'abaisse donc jusqu'au moment où la différence entre cette dernière et le salaire ne laisse plus à l'entrepreneur que le profit ordinaire comme rente. Dans l'exemple de la cordonnerie imaginé plus haut, nous devons donc nous représenter de la façon suivante l'abaissement du taux du profit de 50 à 5 0/0 : Tentés par un taux du profit de 50 0/0, beaucoup de capitalistes s'adonnent à la cordonnerie, tandis que les producteurs antérieurs augmentent leur production. Par suite, l'offre des chaussures augmente ; par conséquent, leur prix et leur valeur d'échange diminuent. Ce phénomène se continue jusqu'au jour où la valeur d'échange du produit annuel créé par dix ouvriers cordonniers descend de 10000 à 5500 francs. Alors l'entrepreneur, après avoir payé 5000 francs de salaires, conserve seulement pour lui 500 francs de rente qui, répartis sur les 10000 francs de capital, donnent le taux ordinaire de l'intérêt, soit 5 0/0. A partir de ce moment, la valeur d'échange des chaussures pourra demeurer stationnaire tant que le gain ne redeviendra pas anormal dans la cordonnerie. Dans ce dernier cas, un nivellement semblable au précédent se reproduirait.

Le taux inférieur du profit dans l'orfèvrerie (2,5 0/0) se relèvera de la même façon. Par suite de l'infériorité du gain, la fabrication des objets d'or se restreint. Il en résulte une diminution de l'offre, et, par suite, une élévation de la valeur d'échange. Cela se continuera jusqu'au jour où le produit du travail de 10 ouvriers orfèvres aura atteint une valeur de 15000 francs. Alors, l'entrepreneur, après avoir payé 5000 francs de salaires à ses ouvriers, conservera 10000 francs à titre de rente. Son capital de 300000 francs lui rapportera donc des intérêts au taux ordinaire, soit 5 0/0. La valeur d'échange des objets d'or atteindra ainsi un niveau où elle pourra rester stationnaire comme, tout à l'heure, celle des chaussures.

Le fait que le nivellement du taux du profit ne peut avoir lieu sans une modification permanente de la valeur d'échange des produits correspondants est un point important que je veux encore mettre pleinement hors de doute d'une autre façon, avant d'aller plus loin. Si, en effet, la valeur d'échange des produits ne variait pas, un taux insuffisant du profit ne pourrait se relever jusqu'à la valeur normale sans que le salaire des ouvriers n'en fit les frais. Si, par exemple, le travail de 10 ouvriers orfèvres conservait la valeur de 10000 francs correspondant au travail fourni, il n'y aurait évidemment qu'un moyen de relever le taux du profit de 2,5 0/0 à 5 0/0, c'est-à-dire de ramener le montant du gain de 5000 à 10000 francs. Il faudrait que l'entrepreneur gardât les 500 francs de salaires reçus jusqu'ici par chaque ouvrier et s'attribuât tout le produit en tant que profit. Je ne veux pas m'arrêter au fait que cette hypothèse renferme une impossibilité en soi et je veux seulement montrer qu'elle est fortement opposée à l'expérience et à la propre théorie de Rodbertus. Elle est contraire à l'expérience, car celle-ci montre que la diminution de l'offre dans une branche de la production ne se traduit point par une baisse, mais, régulièrement, par une élévation du prix des produits. L'expérience ne montre pas non plus que le salaire du travail soit notablement inférieur dans les branches d'industrie qui exigent l'investissement de capitaux considérables. Cela devrait pourtant avoir lieu, si l'exigence d'un plus grand profit influait sur le salaire du travail et non sur le prix des produits. Cette hypothèse est également contraire à la propre théorie de Rodbertus. Car celle-ci suppose que le salaire des ouvriers finit toujours, avec le temps, par devenir égal à ce que nécessite leur entretien. Or, cette règle serait nettement enfreinte par le mode précédent d'égalisation des profits.

Inversement, on peut tout aussi facilement prouver que la diminution des profits supérieurs à la moyenne ne peut avoir lieu, si la valeur des produits reste la même, que par une élévation du salaire des travailleurs de l'industrie considérée au-dessus de la moyenne. Or, ici encore l'expérience et la théorie de Rodbertus indiquent le contraire. J'ai donc le droit de dire que je suis en conformité avec les faits et avec les hypothèses de Rodbertus lui-même en considérant le nivellement des profits anormaux comme provenant d'une modification, — abaissement ou élévation — de la valeur d'échange des produits correspondants.

Cependant, si le produit annuel de dix ouvriers cordonniers doit avoir et a une valeur d'échange de 5500 frs et si celui de dix ouvriers orfèvres doit posséder et possède une valeur d'échange de 15000 francs ; si de plus l'égalisation des profits admise par Rodbertus doit rester permanente, que devient l'hypothèse présentant les produits comme s'échangeant en proportion du travail qu'ils contiennent ? Enfin, si l'occupation du même nombre d'ouvriers produit, dans une industrie, 500 frs de rente, et, dans une autre, 10000 francs, que reste-t-il de cette proposition : La grandeur de la rente qu'on peut retirer d'une certaine production ne dépend *point* de la grandeur du capital employé, mais uniquement de la quantité de travail fournie ? La contradiction dans laquelle Rodbertus est ici tombé est aussi claire qu'insoluble. Ou bien les produits finissent vraiment, avec le temps, par s'échanger dans le rapport des quantités de travail correspondantes, et la grandeur de la rente obtenue dans un mode de production se mesure réellement par la quantité de travail fournie. Mais alors le nivellement du profit du capital est impossible. Ou bien ce nivellement a lieu et il est alors impossible : d'abord, que les produits s'échangent d'une façon continue en proportion du travail qu'ils contiennent ; ensuite, que la quantité de travail fournie détermine exclusivement la grandeur de la rente obtenable. Rodbertus aurait forcément remarqué cette contradiction évidente s'il avait vraiment consacré quelque attention au phénomène de l'égalisation, au lieu de le résoudre superficiellement en parlant des effets niveleurs de la concurrence !

Mais ce n'est pas encore assez. Toute l'explication de la rente du sol, qui est si intimement liée chez Rodbertus à celle de l'intérêt du capital, repose sur une inconséquence si frappante qu'elle a seulement pu échapper à Rodbertus par suite d'un manque d'attention presque inconvable !

De deux choses l'une. Ou bien l'égalisation des profits du capital a lieu sous l'action de la concurrence, ou bien pas. Admettons la première hypothèse. Qui autorise alors Rodbertus à admettre que le nivellement s'étend à tout le domaine de la fabrication, pour s'arrêter subitement et comme par enchantement aux limites de la production brute ? Si l'agriculture promet un profit supérieur, de nouveaux capitaux n'y affluerent-ils pas ? Ne défrichera-t-on pas, ne cultivera-t-on pas d'une façon plus intensive et plus perfectionnée jusqu'au jour où la valeur d'échange des produits bruts sera en harmonie avec les nouveaux capitaux agricoles et leur fera rapporter, à eux aussi, le profit ordinaire ? Si la « loi » d'après laquelle la grandeur de la rente est déterminée, non par la dépense de capitaux, mais seulement par la grandeur du travail employé, n'a pas empêché le nivellement dans la fabrication, pourquoi le rendrait-elle impossible dans la production brute ? Mais alors, que devient le surcroît constant au-dessus du taux ordinaire du profit ou rente du sol ?

Ou bien le nivellement n'a pas lieu. Alors il n'y a pas de taux général et habituel du profit. Donc, il n'y a pas non plus dans l'agriculture d'étalon déterminé indiquant combien de « rente » on doit s'attribuer comme profit du capital, et il n'y a pas davantage de démarcation nette entre la rente du sol et le profit du capital. Qu'il y ait donc ou qu'il n'y ait pas égalisation du profit, dans les deux cas, la théorie de la rente du sol de Rodbertus est dénuée de fondements. Ainsi contradiction sur contradiction et, à vrai dire, point dans les petites choses, mais dans les principes mêmes de la théorie !

Jusqu'ici, j'ai dirigé ma critique contre les détails de la théorie de Rodbertus. Je veux terminer en mettant à l'épreuve la théorie dans son ensemble. Si elle est vraie, elle doit être en état de fournir une explication satisfaisante du phénomène de l'intérêt du capital tel qu'il se présente dans la vie économique réelle et, en somme, sous toutes les formes principales qu'il affecte. Si elle ne le peut point, elle est jugée, elle est fausse.

Je soutiens maintenant et vais prouver que la théorie de l'exploitation de Rodbertus est peu en mesure d'expliquer comment la portion du capital employée au payement des salaires peut rapporter des intérêts, et qu'elle est absolument incapable de montrer comment la partie du capital consistant en matériaux de production peut donner naissance à des intérêts. Qu'on en juge.

Un joaillier, qui fabrique tout particulièrement des colliers de perles, en fait faire annuellement pour un million par cinq ouvriers et les revend, en moyenne, au cours d'une année. En conséquence, il immobilise, sous forme de perles, un capital d'un million. Ce capital doit lui rapporter, au taux ordinaire, 50000 francs d'intérêts annuels. Tâchons de nous expliquer comment ces intérêts prennent naissance.

Rodbertus répond : L'intérêt du capital est une extorsion effectuée en rognant le salaire naturel et légitime du travail. Le salaire de quel travail ? Celui des cinq ouvriers qui ont trié les perles et en ont fait des colliers ? Cela ne peut pas être. Car pour gagner 50000 frs. en rognant le salaire légitime des cinq ouvriers, il faudrait que celui-ci fût supérieur à 50000 francs, c'est-à-dire dépassât 10000 francs par ouvrier. Or, c'est là un chiffre qu'on ne peut point prendre au sérieux, étant donné que le triage des perles et la fabrication de colliers sont des travaux peu supérieurs au travail ordinaire.

Mais allons plus loin. C'est peut-être aux dépens des travailleurs d'un stade antérieur de la production que le joaillier fait son bénéfice, par exemple, aux dépens des pêcheurs de perles ? Mais le joaillier n'a pas été en rapport avec ces gens-là ; il a acheté ses perles à un entrepreneur s'occupant de la pêche des perles ou à une tierce personne. Il n'a donc eu aucune occasion d'extorquer aux pêcheurs de perles une partie du produit de leur travail ou de sa valeur. Mais peut-être l'entrepreneur l'a-t-il fait à sa place, de telle sorte que le gain du joallier provient d'un rognage de salaires effectué par ce dernier aux dépens de ses ouvriers ? Mais cela non plus n'est pas possible. Car le joaillier ferait encore un bénéfice dans le cas même où l'entrepreneur n'aurait pas exploité ses ouvriers. Si l'entrepreneur avait distribué à ses ouvriers, sous forme de salaires, le million qu'il a reçu du joaillier en échange des perles, il en résulterait simplement une absence de gain pour l'entrepreneur, mais pas pour le joaillier. Car, pour ce dernier, la façon dont se répartit le prix d'achat des perles est chose absolument indifférente, tant que cette somme reste constante. Ainsi, c'est en vain qu'on s'efforcera de trouver les ouvriers dont les salaires ont été rognés pour fournir au joaillier les 50000 francs constituant son bénéfice.

Cet exemple laissera probablement des doutes à bon nombre de lecteurs. Beaucoup trouveront un peu étrange que le travail de cinq trieurs de perles soit la source d'où le joaillier tire un bénéfice aussi considérable. Cependant cela n'est pas tout à fait incompréhensible. Quoi qu'il en soit, je veux donner un exemple encore plus frappant, un vieux et bon exemple qui, au cours du temps, a servi plus d'une fois de pierre de touche à maintes théories de l'intérêt et en a montré la fausseté.

Le propriétaire d'un vignoble a récolté une barrique de bon vin nouveau possédant, immédiatement après la vendange, une valeur d'échange de 100 francs. Mais notre propriétaire laisse son vin en cave et, une douzaine d'années après, le vin devenu vieux a acquis une valeur d'échange de 200 francs. C'est là un fait connu. Cette différence de 100 francs revient au propriétaire comme intérêt du capital constitué par le vin. A quels travailleurs ce profit du capital a-t-il été extorqué ?

Pendant tout le temps que le vin est resté dans la cave, il n'a plus coûté aucun travail. C'est donc seulement aux dépens des ouvriers ayant produit le vin nouveau que le profit a pu être réalisé : le propriétaire leur a payé des salaires insuffisants. Mais, demanderai-je, combien aurait-il dû leur payer « en toute équité » ? Même s'il leur avait payé les 100 francs que valait le vin nouveau au temps de la vendange, il lui resterait toujours un excédent de valeur de 100 francs, stigmatisé par Rodbertus du nom d'extorsion. Oui, même s'il avait payé 120 ou 150 francs de salaires, il serait encore un exploiteur. Pour ne point l'être, il faudrait qu'il eût payé 200 francs.

Or, peut-on sérieusement exiger, pour un produit ne valant pas plus de 100 francs, un « salaire légitime du travail » de 200 francs ? Le propriétaire sait-il lui-même à l'avance si ce produit vaudra jamais 200 francs ? Ne peut-il pas être obligé, contrairement à ses intentions premières, de consommer ou de vendre le vin avant la fin des douze années ? Et, dans ce cas, n'aurait-il pas payé 200 francs un produit ne valant pas plus de 100 francs ou, peut-être, 120 francs ? Et combien doit-il payer les ouvriers ayant produit du vin nouveau qu'il vend de suite à raison de 100 francs la barrique ? 200 francs aussi ? Mais alors il se ruine. Ou bien seulement 100 frs. ? Dans ce cas, les divers ouvriers qu'il a employés reçoivent des salaires différents pour un travail absolument égal. Cela est encore injuste, abstraction faite d'ailleurs du fait que notre propriétaire ne sait guère à l'avance quel vin il vendra de suite et quel vin il gardera une douzaine d'années.

Mais voici plus encore. Même un salaire de 200 francs pour la production d'une barrique de vin nouveau serait insuffisant pour assurer le propriétaire contre le reproche d'exploitation. Car, au lieu de garder le vin en cave pendant douze ans, il peut le laisser pendant 24 et, dans ce cas, le vin ne vaudra plus 200 mais 400 francs. Doit-il, de ce fait, payer aux travailleurs qui produisent le vin 24 ans plus tôt, non pas 100, mais 400 francs ? Cette idée est absurde. Mais s'il leur paye 100 ou 200 francs, il réalise un profit du capital et, d'après Rodbertus, il fait tort aux ouvriers d'une part de la valeur de leur produit !

Quelqu'un prétendra-t-il que la théorie de Rodbertus *explique* les exemples de prélèvement de l'intérêt qui précèdent et tous les nombreux exemples analogues qu'on pourrait citer ? Mais une théorie qui ne peut fournir l'explication d'un nombre important des faits qu'elle doit expliquer, ne peut être vraie. Et ainsi cette épreuve sommaire finale conduit au même résultat que la critique détaillée précédente : La théorie de l'exploitation de Rodbertus est fausse dans sa base et dans ses résultats, en contradiction avec elle-même et avec la réalité.

Du fait que ma tâche est ici celle d'un critique, j'ai

dû, dans les pages précédentes, indiquer exclusivement les erreurs dans lesquelles Rodbertus est tombé. Je crois devoir à la mémoire de ce grand homme de reconnaître également sans détours les services éminents qu'il a rendus à la science économique, services dont l'exposition sortirait malheureusement du cadre de cet ouvrage.

B. — *Marx* (1)

L'ouvrage théorique capital de Marx est son volumineux traité en trois volumes sur le capital. Les bases de sa théorie de l'exploitation sont exposées dans le premier volume, le seul qui parut du vivant de son auteur, en 1867. Le second, édité après la mort de Marx, en 1885, par Engels, est absolument conforme au premier au point de vue du contenu. Le troisième, qui parut

(1) *Zur Kritik der politischen Oekonomie*, Berlin, 1859 ; *Das Capital. Kritik der politischen Oekonomie*, 3 vol, 1867-1894. Voir sur Marx l'article *Marx* d'Engels dans le *Handwœrterbuch der Staatswissenschaften* (avec la liste complète des écrits de Marx), puis, entre autres, Knies, *Das Geld*, 2e édit, p. 153 et s. ; A. Wagner dans sa *Grundlegung der politischen Oekonomie*, 3e édit., *passim*, en particulier II, p. 285 et s. ; Lexis, dans les *Conrad's Jahrbüchern*, 1885, N. F. XI, p. 452 et s. ; Gross, *K. Marx*, Leipzig, 1885 ; Adler, *Grundlagen der Marx'schen Kritik der bestehenden Volkswirthschaft*, Tübingen, 1887 ; Komorzynsky, *Der dritte Band von Karl Marx, Das Capital* (*Zeitschr. für Volkswirthschaft, Socialpol. u. Verwaltung*, VI, p. 242 et s.) ; Wenkstern, *Marx*, Leipzig, 1896 ; Sombart, *Zur Kritik des œkonomischen System von Karl Marx* (*Archiv für soc. Gesetzgebung und Statistik*, vol. VII, 4e cahier, p. 555 et s.) ; mon écrit, *Zum Abschluss des Marx'schen Systems*, dans les *Festgaben für Karl Knies*, Berlin, 1896 (publié aussi en russe, Pétersbourg 1897, et en anglais, Londres 1898) ; Diehl, *Ueber das Verhältnis von Wert und Preis in œkonomischen System von Karl Marx*, tiré à part de la *Festschrift zur Feier des 25-jährigen Bestehens des staatswissenschaftlichen Seminars zu Halle a. S.* Iena, 1898 ; Masaryk, *Die philosophischen und sociologischen Grundlagen des Marxismus*, Wien, 1899.

longtemps après, en 1894, diffère — comme on sait — notablement du premier. Beaucoup de gens, et en particulier l'auteur de ces lignes, pensent que le contenu du troisième volume ne concorde guère avec celui du premier et réciproquement. Comme Marx cependant ne l'a jamais reconnu et soutient même dans le troisième volume la pleine validité de la doctrine contenue dans le premier, la critique peut et doit considérer le contenu de ce premier volume comme étant, en dépit du troisième, l'expression de l'opinion vraie et constante de Marx. Naturellement elle peut et doit aussi tenir compte du contenu du troisième quand cela est nécessaire.

Marx prend pour point de départ le fait que la valeur de toutes les marchandises est exclusivement déterminée par la quantité de travail nécessaire à leur production. Il insiste sur ce point beaucoup plus que Rodbertus. Ce dernier en parle plutôt occasionnellement au cours de ses développements, souvent comme d'une simple hypothèse, et toujours sans essayer de le démontrer. Marx, par contre, le place au début de toute sa doctrine et l'établit longuement.

Le champ sur lequel Marx étend ses recherches pour arriver à « déterminer ce qu'est la valeur » (1) est limité, dès le début, aux marchandises. Par ce dernier terme, nous devons comprendre avec lui, non pas tous les biens économiques, mais seulement les produits du travail créés en vue du marché (2). Il commence par l'« analyse de la marchandise » (I, p. 9). D'une part, la marchandise est une chose utile satisfaisant par ses propriétés à

(1) I, p. 13. Je citerai toujours le premier volume du *Capital* de Marx d'après la seconde édition parue en 1872 ; le second volume d'après l'édition de 1885, le troisième d'après celle de 1894. Sauf avis contraire, III désignera toujours la *première partie du troisième volume*.

(2) I, p.p. 15, 17, 49, 87 et ailleurs. Voir aussi Adler, *Grundlagen der Carl Marx'schen Kritik der bestehenden Volkswirthschaft*, Tubingen, 1887. pp. 210 et 213.

certains besoins humains. De ce fait elle est une valeur d'usage. D'autre part, la marchandise constitue le support matériel de la valeur d'échange. C'est sur cette dernière qualité que l'analyse de Marx s'étend. « La valeur d'échange apparaît d'abord comme un rapport quantitatif, comme une proportion suivant laquelle des valeurs d'usage d'une certaine espèce s'échangent contre des valeurs d'usage d'une autre espèce, proportion variant constamment avec le temps et avec les lieux ». La valeur d'échange semble donc être arbitraire. Cependant il doit y avoir au fond de cet arbitraire quelque chose de constant et Marx se propose de le déterminer. Il le fait à la façon dialectique qu'on lui connaît. Prenons deux marchandises : du froment et du fer. Quel que soit leur rapport d'échange, il est toujours représentable par une équation indiquant qu'un certain *quantum* de fer équivaut à un certain *quantum* de froment, par exemple : Une mesure de froment = cinquante kilogs de fer. Qu'indique cette équation ? Qu'un terme de la même grandeur existe dans deux choses différentes, dans une mesure de froment et dans cinquante kilogs de fer. Toutes deux sont donc égales à une troisième qui n'est ni l'une ni l'autre. Chacune des deux doit donc être, en tant que valeur d'échange, réductible à la troisième.

Cette chose commune, continue Marx, ne peut être une propriété géométrique, physique, chimique ou, d'une façon générale, une propriété naturelle des marchandises. Les propriétés naturelles entrent seulement en compte dans la mesure où elles rendent ces marchandises utiles, c'est-à-dire entrent seulement dans la valeur d'usage. Mais le rapport d'échange des marchandises est évidemment caractérisée par l'abstraction de leurs valeurs d'usage. Dans l'échange, une valeur d'usage vaut exactement autant qu'une autre si elle est en quantité suffisante. Ou bien, comme dit le vieux

Barbon : « Une espèce de marchandise est aussi bonne qu'une autre si leurs valeurs d'échange sont égales. Il n'existe aucune différence ou distinction entre deux choses dont les valeurs d'échange sont les mêmes ». En tant que valeurs d'usage, les marchandises sont de qualités très différentes ; en tant que valeurs d'échange, elles peuvent être seulement en quantités différentes, et ne peuvent contenir aucun atome de valeur d'usage.

Mais si l'on fait abstraction de la valeur d'usage des marchandises, il ne leur reste plus qu'une qualité : celle d'être le produit du travail. Toutefois, le produit du travail affecte des formes diverses. Si nous faisons abstraction de sa valeur d'usage, nous faisons également abstraction des propriétés physiques et des formes qui en font une valeur d'usage. Ce n'est plus une table, une maison, du fil ou toute autre chose utile. Toutes ses propriétés physiques ont disparu. Il cesse d'être le produit du travail du menuisier, du maçon, du tisserand ou de tout autre travail productif déterminé. Avec le caractère utile du produit du travail disparaît également le caractère utile du travail que les marchandises contiennent, c'est-à-dire les formes diverses et concrètes de ce travail ; elles ne se distinguent plus et se réduisent toutes au même travail humain, au travail humain abstrait.

Considérons maintenant le *residuum* des produits du travail. C'est une sorte de protoplasme du travail humain, ne possédant plus qu'une objectivité fantômatique, c'est-à-dire une dépense de travail humain sans égard à la forme donnée à cette dépense. Ces produits indiquent seulement que du travail humain a été dépensé pour les produire, qu'ils contiennent du travail humain accumulé. En tant que cristaux de cette substance commune sociale, ils sont des valeurs.

La notion de la valeur est ainsi trouvée et déterminée. Au point de vue de la dialectique, cette notion n'est pas identique avec celle de la valeur d'échange, mais elle a avec celle-ci des rapports excessivement intimes : elle est en quelque sorte un distillat sensible de la valeur d'échange ; elle est, pour parler comme Marx, « la chose commune qui se traduit par le rapport d'échange ou valeur d'échange des marchandises ». Et, inversement, « la valeur d'échange est l'expression nécessaire ou phénoménale de la valeur (I, p. 13).

La notion de la valeur une fois établie, Marx passe à l'étude de sa mesure et de sa grandeur. Comme le travail est la substance de la valeur, la grandeur de la valeur de tous les biens se mesurera par le *quantum* de travail, par le temps de travail qu'ils contiennent. Ce ne sera point par le temps de travail nécessaire à l'individu ayant fabriqué le bien, mais par « le temps de travail socialement nécessaire », c'est-à-dire, comme Marx l'explique, « par le temps de travail nécessaire à la fabrication de toute valeur d'usage, dans les conditions sociales normales existantes et eu égard au degré social d'habileté et d'intensité du travail » (I, p. 14). « C'est le *quantum* de travail socialement nécessaire ou le temps de travail socialement nécessaire à la fabrication d'une valeur d'usage qui détermine la grandeur de la valeur de celle-ci. Les diverses marchandises ne sont considérées ici qu'à titre d'exemplaires moyens de leur espèce. Des marchandises contenant des quantités égales de travail ou pouvant être fabriquées dans le même temps ont, par suite, la même valeur. La valeur d'une marchandise est à celle d'une autre, comme le temps nécessaire à la fabrication de la première est au temps nécessaire à la fabrication de la seconde. En tant que valeurs, toutes les marchandises sont simplement des quantités déterminées de travail coagulé ! ».

De tout ceci se déduit la grande « loi de la valeur » qui « domine l'échange des marchandises » (I, pp. 141, 150) et détermine les rapports d'échange. Cette loi exprime et, étant donné ce qui précède, peut seulement exprimer que les marchandises s'échangent les unes contre les autres d'après le rapport des quantités de travail social nécessaires en moyenne à leur fabrication (par exemple, I, p. 52). Voici d'autres formes de cette loi : « Les marchandises s'échangent en raison de leurs valeurs (p. exemple, I, pp. 142, 183, III, 167), ou bien, « équivalent contre équivalent » (p. exemple, I, pp. 150, 183). A vrai dire, dans certains cas et à la suite des fluctuations de l'offre et de la demande, des prix supérieurs ou inférieurs à la valeur peuvent apparaître. Mais « les oscillations continuelles des prix du marché se compensent, s'annullent mutuellement et finissent par conduire au prix moyen (I, p. 161, note 37). Somme toute, « le temps de travail socialement nécessaire finit toujours par s'imposer comme loi naturelle régulatrice dans les rapports d'échange fortuits et toujours variables (I, p, 52). Marx désigne cette loi comme « la loi éternelle de l'échange des marchandises (I, p. 182), comme « la loi rationnelle », comme « la loi naturelle de l'équilibre » (III, p. 167). Les cas où, comme on le dit, les marchandises s'échangent à des prix différents de leurs valeurs, doivent être considérés comme constituant l'exception (I, p. 150, note 37), et les variations elles-mêmes comme des « enfreintes à la loi de l'échange des marchandises » (I, p. 142).

Sur cette théorie de la valeur, Marx édifie ensuite la seconde partie de sa doctrine, sa célèbre théorie de la « plus-value ». Il cherche la source du profit que les capitalistes tirent de leurs capitaux. Les capitalistes transforment une certaine somme d'argent en marchandises et, après avoir passé ou sans avoir passé par un procès de production intermédiaire, ils retransforment par la vente ces marchandises en plus d'argent. D'où vient cet accroissement, cet excès de la somme finalement obtenue sur la somme primitivement dépensée, ou, comme Marx la nomme, cette « plus-value ».

Marx détermine tout d'abord les conditions du problème à la façon dialectique qui lui est particulière. Il explique d'abord que la plus-value ne peut provenir de ce que le capitaliste achète régulièrement les marchandises au-dessous de leur valeur, ni de ce qu'il les revend régulièrement au-dessus de leur valeur. Le problème se pose donc de la façon suivante : « Notre... capitaliste doit acheter les marchandises à leur valeur, il doit les revendre à leur valeur et cependant obtenir à la fin de l'opération plus d'argent qu'il n'en a dépensé... Telles sont les conditions du problème. *Hic Rhodus, hic salta* ! » (I, p. 150 et s.).

Marx trouve la solution dans le fait qu'il existe une marchandise dont la valeur d'usage a la propriété spéciale d'être une source de valeur d'échange. C'est la puissance ou force de travail. Elle peut être mise en vente sur le marché sous deux conditions : D'abord, si le travailleur est libre, car, autrement, ce ne serait point sa force de travail mais toute sa personne qui serait vendue comme esclave. Ensuite, si le travailleur est dépourvu « de toutes les choses nécessaires à la mise en œuvre de sa force de travail ». Car, sans cela, il préférerait produire à son propre compte et vendre ses produits au lieu de sa force de travail. C'est seulement en trafiquant de cette marchandise que le capitaliste fait de la plus-value cela de la façon suivante :

La valeur de la force de travail est déterminée, comme celle de toutes les autres marchandises, par le temps de travail nécessaire à sa reproduction, c'est-à-dire ici, par le temps de travail nécessaire à la production des moyens de subsistance indispensables à l'entretien du travailleur. Si, par exemple, un travail social de 6 heures suffit pour créer les moyens de subsistance et si, comme nous voulons l'admettre, ce temps de travail est incorporé dans 3 francs, la force de travail d'un jour se vendra 3 francs. Si le capitaliste achète la force de travail, la valeur d'usage de celle-ci lui appartient et il la réalise en faisant travailler l'ouvrier pour lui. S'il le faisait travailler journellement juste autant d'heures qu'il y en a d'incorporées dans la force de travail et qu'il a dû en payer en l'achetant, aucune plus-value ne se produirait. Car 6 heures de travail ne peuvent point ajouter au produit dans lequel elles se figent une valeur supérieure à 3 francs et le capitaliste a précisément payé cette somme comme salaire. Mais le capitaliste n'agit pas ainsi. Même quand il a acheté la force de travail à un prix correspondant seulement à 6 heures de force de travail, il fait travailler l'ouvrier toute la journée. De cette façon, il se fige dans le produit fabriqué pendant cette journée plus d'heures de travail que le capitaliste n'en a payées. Le produit possède ainsi une valeur plus grande que le salaire payé et la différence, la « plus-value » constitue le profit du capitaliste.

Prenons un exemple. Supposons qu'un travailleur puisse filer en 6 heures 10 livres de coton. Supposons que la production de ce coton ait exigé 20 heures de travail et qu'il possède, par conséquent, une valeur de 10 francs. Supposons de plus que le fileur use en 6 heures de travail une fraction de machine correspondant à 4 heures de travail et ayant, par suite, une valeur de 2 francs. La valeur totale des moyens de production consommés dans le filage est alors de 12 francs, correspondant à 24 heures de travail. La fabrication consomme encore 6 heures de travail. Par conséquent, le fil complètement achevé possède une valeur de 30 heures de travail et, par suite, une valeur de 15 francs. Si donc le capitaliste fait travailler seulement 6 heures par jour l'ouvrier qu'il a loué, la fabrication du fil lui coûte 15 francs, savoir : 10 francs de coton, 2 francs pour l'usure des machines, 3 francs de salaire. Il n'y a pas de plus-value.

Mais les choses changent complètement si le capitaliste fait travailler l'ouvrier 12 heures par jour. En 12 heures, ce dernier transforme en fil 20 livres de coton, dans lesquelles 40 heures de travail sont déjà incorporées et qui valent, par suite, 20 francs. L'usure des machines ajoute au produit 8 heures de travail ou une valeur de 4 francs. Mais les 12 heures de travail fournies par l'ouvrier ajoutent au produit brut une valeur de 6 francs. Maintenant le bilan peut s'établir comme suit : Le fil fabriqué pendant une journée a coûté en tout 60 heures de travail et possède, en conséquence, une valeur de 30 francs. Les débours du capitaliste sont de 20 francs pour le coton, de 4 francs pour les machines et de 3 francs pour le salaire, en tout 27 francs. Il reste donc une « plus-value » de 3 francs.

La plus-value provient ainsi, pour Marx, de ce que le capitaliste fait travailler l'ouvrier une partie de la journée sans le payer. Dans la journée de travail de l'ouvrier, on peut distinguer deux parties. Pendant la première, « le temps de travail nécessaire », l'ouvrier produit pour son entretien ou la valeur de ce qui est nécessaire à cet entretien. Il reçoit, sous forme de salaire, l'équivalent de cette partie. Pendant la seconde partie, « le temps de travail supplémentaire », l'ouvrier est « exploité » et crée la « plus-value » sans en recevoir l'équivalent (I, p. 205 et s.). Le capital ne commande donc pas le travail, comme A. Smith le dit ; il commande le travail non payé. Toute plus-value, sous quelque forme qu'elle se cristallise ultérieurement : profit, intérêt, rente, etc. est, en substance, du travail non payé matérialisé. Le secret de la productivité du capital se réduit à disposer d'un certain *quantum* du travail d'autrui sans le payer (I, p. 554).

Ce qui précède constitue le fond de la théorie de l'exploitation de Marx, telle qu'elle est exposée dans le premier et dans le troisième volume du *Capital*. Dans le dernier, elle est peut-être — comme nous le verrons — involontairement contredite, mais en aucune façon révoquée. Le lecteur a reconnu dans cet exposé tous les principes importants — quoi qu'en partie sous une autre forme — dont Rodbertus a composé sa théorie de l'intérêt. Par exemple : que la valeur des biens se mesure par une quantité de travail ; que le travail seul crée la valeur ; que le contrat de travail attribue à l'ouvrier moins de valeur qu'il n'en crée, chose que la nécessité contraint l'ouvrier d'accepter ; que le capitaliste s'attribue l'excédent et que le gain du capital ainsi obtenu possède, en conséquence, le caractère d'une extorsion effectuée sur le travail d'autrui.

Etant donnée la concordance en fait des deux théories — ou, plus exactement, des deux formes de la même théorie — la majeure partie de ce que j'ai dit pour réfuter la doctrine de Rodbertus est également valable pour celle de Marx. Je puis donc me borner maintenant à quelques additions nécessaires, à mon sens, d'une part, pour adapter en quelques points ma critique à la forme particulière de Marx, de l'autre, pour tenir compte de quelques innovations véritables introduites par lui.

Parmi ces innovations, la plus importante est de beaucoup la tentative faite pour établir la proposition faisant reposer toute valeur sur le travail. Au cours de ma critique de la théorie de Rodbertus, j'ai combattu cette proposition occasionnellement, tout comme Rodbertus la soutient, lui aussi, occasionnellement. Je me suis contenté d'en citer quelques exceptions indubitables sans aller jusqu'au fond des choses, mais maintenant qu'il s'agit de Marx, je ne puis ni ne veux passer cette question sous silence. Ce faisant, j'entre dans un domaine approfondi par des savants remarquables ; je n'ai donc guère l'espoir d'être très original dans ce qui va suivre. Cependant, je pense que j'aurais tort d'omettre la critique approfondie d'une proposition formant la pierre angulaire d'une des théories les plus importantes de l'intérêt dans un livre ayant précisément pour objet l'exposition critique des théories de l'intérêt du capital. D'ailleurs, l'état actuel de notre science n'est pas tel, hélas, qu'on puisse considérer une nouvelle tentative critique comme une peine inutile. Et cela d'autant plus que la proposition en question est admise de nos jours comme un évangile dans un cercle de plus en plus étendu, alors qu'elle est, en réalité, une simple fable racontée un jour par un grand homme et répétée depuis par une foule crédule (1).

On a coutume d'invoquer deux grands hommes comme inventeurs et comme garants de la théorie ramenant la valeur des biens au travail : Adam Smith et Ricardo. En cela, on n'a ni pleinement raison, ni complètement tort. On trouve en effet cette théorie dans les écrits de l'un et de l'autre. Cependant, Adam Smith la combat parfois (2). Quant à Ricardo, il restreint tellement son domaine de validité et introduit tant d'exceptions qu'on a à peine le droit de le considérer comme ayant fait du travail le principe général et exclusif de la valeur des biens (3). Il débute, en effet, dans ses *Principes*, par cette explication formelle : La valeur d'échange des biens provient de *deux* sources : leur *rareté* et la *quantité de travail* nécessaire à leur obtention. Certains biens, par

(1) Ecrit en 1884 ; voir la note de la page 16, t. II.

(2) Par exemple, quand il s'exprime dans le chapitre V du IIe livre de la facon suivante : « Non seulement les valets et les filles de ferme du métayer, mais aussi ses animaux de trait sont des ouvriers productifs ». Et, plus loin : « Dans l'agriculture, la nature travaille avec l'homme et les produits de cette dernière, quoique ne coûtant rien, ont autant de valeur que ceux de l'ouvrier le mieux rémunéré ». Voir Knies, *Der Kredit*, IIe partie, p. 62.

(3) Voir les belles études de Verrijn Stuart, *Ricardo en Marx*, S'gravenhagen 1890, et ma discussion à ce sujet dans les *Conrad's Jahrbüchern*, III, suite du tome I, 1891, p. 877 et s.

exemple les statues et les tableaux rares, tirent exclusivement leur valeur de la première source. C'est seulement la valeur des biens qu'on peut reproduire indéfiniment qui est déterminée par la quantité de travail nécessaire à leur production. Pour Ricardo, à vrai dire, ces biens constituent l'immense majorité. Cependant, même pour eux, il se voit encore obligé de faire une nouvelle restriction. Il doit admettre que, pour eux aussi, la valeur n'est pas exclusivement déterminée par le travail, mais que le laps de temps qui s'écoule entre les avances de travail et la réalisation du produit final, joue aussi un rôle important (1).

Ainsi, Smith et Ricardo n'ont pas présenté le principe en question aussi catégoriquement qu'on le pense communément. Cependant ils l'ont défendu, du moins dans une certaine mesure. Voyons donc sur quoi ils ont basé leur opinion.

En cherchant à répondre à cette question, on est amené à une découverte remarquable: Smith et Ricardo n'ont *aucunement établi* le principe énoncé par eux, mais l'ont simplement admis comme une chose évidente par elle-même. Smith s'exprime à son sujet dans les termes suivants, que Ricardo a ensuite textuellement repris :

« Le vrai prix de toute chose, ce que toute chose coûte vraiment à celui qui désire l'acquérir, c'est la peine et la difficulté de son acquisition. *Ce que toute chose vaut réellement* (is really worth) pour celui qui, l'ayant acquise, désire l'aliéner ou l'échanger contre autre chose, *c'est la peine et la difficulté qu'elle peut lui épargner et rejeter sur d'autres* » (2).

Arrêtons-nous ici un moment. Smith énonce la pro-

(1) Voir plus haut p. 55 et Knies, *op. cit.*, p. 66 et s.

(2) *Inquiry*, livre I, chapitre V (p. 13, dans l'édit. de Mc. Culloch): Ricardo, *Principles*, chap. I.

position précédente comme si son exactitude sautait aux yeux. Mais en est-il vraiment ainsi? La *valeur* et la *peine* sont-elles réellement deux notions si concordantes qu'on doive immédiatement saisir que l'une est la base de l'autre? A moins d'être de parti pris, il me semble qu'on ne le prétendra pas. Que je me sois donné de la peine pour atteindre un but, c'est un fait; que ce but en vaille la peine, c'est une autre chose différente de la première. Enfin, que ces deux choses n'aillent pas toujours ensemble, c'est un fait trop bien établi par l'expérience pour laisser place au moindre doute. Les innombrables efforts faits chaque jour sans conduire à un résultat, soit par maladresse technique, soit par suite de mauvaises spéculations ou simplement par malchance, en témoignent. Les cas non moins nombreux où peu de peine donne naissance à une grande valeur en témoignent tout autant, par exemple : l'occupation d'une terre, la trouvaille d'une pierre précieuse, la découverte d'une mine d'or. Mais faisons abstraction de ces cas, qu'on pourrait considérer comme faisant exception au cours régulier des choses. C'est un fait indubitable et absolument normal qu'une même peine a une valeur différente d'un individu à un autre. Le fruit de la peine mensuelle d'un grand artiste a régulièrement cent fois plus de valeur que celle d'un simple peintre en bâtiment. Comment cela serait-il possible si la peine était vraiment le principe de la valeur? Comment le serait-ce si, par suite d'une relation psychologique immédiate, notre estimation de la valeur avait pour base la considération de la peine et de la difficulté, et rien qu'elle? Ou bien la nature est-elle si aristocratique qu'elle nous oblige, de par ses lois psychologiques, à considérer la peine d'un artiste comme cent fois plus forte que la modeste peine d'un peintre en bâtiment (1)?

(1) Smith se tire ainsi d'affaire dans le cas cité dans le texte : « Quand

A mon sens, quiconque pèse un peu les choses au lieu de les croire aveuglément, se convainc qu'il ne peut être question d'une relation intime et immédiatement évidente entre la peine et la valeur, comme le passage précédent de Smith semble l'admettre.

Mais ce passage se rapporte-t-il vraiment à la valeur d'échange, comme on aime à le supposer implicitement? Il est impossible, à mon avis, de le soutenir sans parti pris. Il n'a trait, en effet, ni à la valeur d'usage, ni à quelque « valeur » que ce soit, au sens rigoureusement scientifique du mot. Smith emploie ici — comme le terme lui-même l'indique : *worth* et non *value* — le mot valeur dans le sens le plus large et le plus confus que lui accorde la langue vulgaire. C'est là un trait caractéristique ! Sentant involontairement que sa proposition ne serait point admise au tribunal de la raison scientifique, Smith en appelle, en employant la langue courante, aux impressions vaguement contrôlées de la vie

une espèce de travail exige un degré inaccoutumé d'adresse et d'intelligence, on attribue aux produits qui en résultent une valeur supérieure à celle qui résulterait du simple calcul du temps employé à cette production. *Et cela à cause de l'estime dévolue à de tels talents.* De tels talents sont rarement acquis sans un travail continu et la haute valeur de ce qu'ils produisent est habituellement une simple rémunération du temps et de la peine dépensés à les acquérir ». (Livre I, chapitre VI). L'insuffisance de cette explication est évidente. Tout d'abord, il est clair que la haute valeur des produits provenant d'hommes extrêmement habiles a une toute autre base que « l'estime dévolue à de tels talents ». Combien de poètes et de savants le public n'a-t-il pas laissé mourir de faim malgré la haute estime qu'il avait pour leurs talents? Combien de fois, par contre, n'a-t-il point rémunéré avec des centaines de mille francs l'habileté de certains spéculateurs sans conscience, dont il n'estimait aucunement les « talents » ? Mais supposons que l'estime soit le fondement de la valeur. Dans ce cas, la loi d'après laquelle la peine détermine la valeur ne serait évidemment point vérifiée mais contredite. Dans la troisième des phrases citées, Smith essaye de ramener la haute valeur des produits à la peine dépensée pour acquérir l'habileté nécessaire à leur production. Par l'introduction du mot *habituellement*, il avoue lui-même que cela n'est pas toujours le cas. La contradiction subsiste donc.

quotidienne. Comme l'expérience le montre, cela lui a réussi, et c'est très déplorable au point de vue de la science.

Le passage en question ne peut évidemment prétendre à la rigueur scientifique, mais il y a plus encore ; malgré son peu d'étendue, il renferme une contradiction. Smith attribue la propriété d'être le principe de la « véritable » valeur aussi bien à la peine qu'on peut s'épargner qu'à celle qu'on peut imposer à autrui par la possession d'un bien. Mais ce sont là deux grandeurs qui, comme chacun le sait, ne sont pas identiques. Sous le régime de la division du travail, la peine qu'il me faudrait dépenser pour me procurer une chose est très supérieure à celle que doit se donner un travailleur professionnel pour la fabriquer. Laquelle de ces deux « peines », la peine « épargnée » et la peine « transmise », détermine la véritable valeur ?

En somme, le passage célèbre par lequel notre vieux maître introduit le principe du travail dans la théorie de la valeur est aussi éloigné que possible de ce qu'on veut généralement y voir : un grand principe fondatal scientifiquement établi. Il n'est pas évident par lui-même ; il n'est appuyé d'aucune preuve ; il affecte la forme vague d'un simple dicton et renferme même une contradiction. S'il a cependant trouvé créance, c'est, à mon sens, grâce au concours de deux faits. D'abord, parce qu'un Adam Smith l'a énoncé ; ensuite, parce qu'il ne l'a point démontré. Si en effet Adam Smith s'était adressé à la raison, ne fût-ce que par un mot de démonstration, au lieu d'en appeler à la sensation immédiate, l'intelligence se serait réservé de peser la valeur de la preuve et en aurait sûrement découvert l'insuffisance. C'est seulement par surprise que de telles doctrines peuvent l'emporter.

Mais continuons à voir ce que disent Smith et, après lui, Ricardo : « Le travail fut le premier prix, la monnaie initiale payée pour toutes choses ». Cette proposition est peu choquante, mais ne prouve rien quant au principe de la valeur.

« Dans l'état primitif et grossier de la société qui précède l'accumulation des capitaux et l'appropriation de la terre et du sol, les rapports existant entre les quantités de travail nécessaires à la production des divers objets *semblent* avoir été l'unique circonstance capable de servir de base à l'échange de ceux-ci. Si dans une tribu de chasseurs, par exemple, il faut deux fois plus de travail pour tuer un castor que pour abattre un cerf, un castor *doit naturellement* coûter deux cerfs. *Il est naturel* que le produit ordinaire de deux jours ou de deux heures de travail vaille deux fois plus que celui d'un jour ou d'une heure ».

Ici encore on cherchera en vain la moindre trace de démonstration. Smith dit simplement : « semble avoir été l'unique circonstance », « doit naturellement », « il est naturel », etc., mais laisse complètement au lecteur le soin de se convaincre lui-même du « naturel » de ces assertions. C'est là une tâche, remarquons-le en passant, qu'un lecteur doué d'esprit critique n'accomplira point aisément. Car s'il était « naturel » que les produits s'échangeassent dans le rapport des temps de travail exigés par leur production, il serait également naturel qu'un papillon ou une grenouille comestible rares valussent régulièrement, chez les sauvages, dix fois plus qu'un cerf, s'il faut généralement consacrer dix jours à la recherche des premiers et, par contre, un seul jour à celle du second. C'est là un rapport dont le « naturel » ne saute pas aux yeux de tout le monde.

Je crois pouvoir ainsi résumer les considérations précédentes. Smith et Ricardo ont énoncé comme un axiome et sans aucune démonstration que le travail est le principe de la valeur des biens. Or, ce n'est pas un axiome. Par conséquent, pour défendre cette thèse il ne faut point prendre à témoins Smith et Ricardo mais chercher à démontrer autrement le principe en question.

Or, c'est un fait très remarquable que depuis Smith et Ricardo, presque personne ne l'a fait. Ceux-là mêmes dont l'acerbe critique a fouillé en tous sens les vieilles doctrines et pour lesquels aucun principe n'a paru suffisamment bien établi pour ne pas être mis une fois encore en question et démontré à nouveau, ceux-là mêmes ont au contraire renoncé à toute critique pour le plus important des principes qu'ils ont empruntés aux anciennes théories. De Ricardo à Rodbertus, de Sismondi à Lassalle, le nom d'Adam Smith est la seule garantie qu'on trouve nécessaire de fournir à son sujet. Ce qu'on lui ajoute, ce sont simplement des affirmations réitérées de son irréfutabilité, de sa certitude. Mais on n'a pas le moins du monde tenté de le démontrer vraiment, de répondre vraiment aux objections, d'écarter vraiment les doutes. Les contempteurs de la preuve par autorité se sont contentés d'en appeller eux-mêmes aux autorités ; les ennemis des assertions non-démontrées se sont contentés d'affirmer sans prouver. Un nombre excessivement minime des partisans de la théorie de la valeur dûe au travail font exception et Marx fait partie de ce petit groupe.

Deux voies naturelles s'offrent d'elles-mêmes à quiconque veut essayer réellement d'établir la thèse en question : un moyen empirique et un moyen psychologique. Ou bien on pourrait observer tout simplement les rapports d'échange des marchandises et voir s'ils reflètent une proportionnalité entre la grandeur de la valeur d'échange et la dépense de travail. Ou bien, on pourrait, en procédant à la fois par induction et déduction, — comme on le fait souvent dans notre science — analyser les motifs psychologiques qui guident les gens, d'une part, au cours de leurs échanges commerciaux et dans les fixations des prix, de l'autre, dans leur participation à la production. De la nature de ces motifs on pourrait alors déduire les caractères essentiels de l'échange et il en pourrait peut-être ressortir une proportionnalité entre les quantités de travail nécessitées par la production des marchandises et les prix régulièrement exigés et consentis. Marx n'a suivi ni l'une ni l'autre de ces deux voies. D'ailleurs, comme nous le savons maintenant par la lecture du troisième volume, il savait lui-même que ni l'étude des faits, ni l'analyse des raisons psychologiques agissant dans la « concurrence », n'eussent donné des résultats favorables à sa thèse. C'est là un fait intéressant.

Marx suit une voie toute différente des deux précédentes et certainement un peu étrange pour un tel sujet. Son procédé est une démonstration purement logique, un raisonnement dialectique partant de la nature de l'échange.

Marx a trouvé chez le vieil Aristote cette pensée que : « l'échange ne peut avoir lieu sans égalité ni cette dernière sans la commensurabilité » (I, p. 35). C'est de là qu'il part. Il se représente l'échange de deux marchandises sous la forme d'une équation et en conclut que, dans les deux choses échangées et par là même considérées comme égales, il doit y avoir « quelque chose de commun de la même grandeur ». Il cherche alors à déterminer cet élément commun auquel les deux choses doivent être « réductibles » en tant que valeurs d'échange (1).

On me permettra de remarquer en passant combien peu moderne est la première hypothèse d'après laquelle il doit y avoir égalité entre les deux choses échangées. Cela serait évidemment peu important si cette hypothèse ne semblait en même temps très peu conforme à la réalité ou, pour parler en bon français, inexacte. Là où il

(1) *Op. cit.*, I, p. 11. Voir plus haut p. 71 et s.

y a égalité et parfait équilibre il ne se produit généralement aucune modification. Le fait que des marchandises changent de propriétaires est bien plutôt l'indice de quelque inégalité ou de quelque manque d'équilibre ayant précisément provoqué leur échange. Et cela exactement comme de nouvelles combinaisons chimiques prennent naissance lors de la mise en contact de deux corps composés si certaines particules du premier corps ont des affinités chimiques plus fortes pour le second. En fait, les économistes modernes sont unanimes à considérer comme inexacte la vieille conception scholastico-théologique de « l'équivalence » des valeurs à échanger. Mais je ne veux pas insister davantage sur ce point et je passe à l'examen critique des opérations logiques et méthodiques, par lesquelles Marx arrive au travail comme « chose commune » aux marchandises à échanger.

Marx opère de la façon suivante : Il passe en revue les diverses propriétés que possèdent, d'une façon générale, les objets constituant les deux termes égaux d'un échange. Il élimine toutes celles qui ne satisfont point à la condition imposée et arrive ainsi à une propriété unique : celle d'être le produit du travail. Celle-ci doit donc être la propriété commune cherchée.

Ce procédé est un peu étrange, mais n'a rien de répréhensible en soi. Il est certainement peu commun d'arriver à se convaincre qu'une propriété est bien celle qu'on cherche par une voie purement négative, c'est-à-dire, non pas en établissant que la propriété en question satisfait aux conditions imposées, mais en démontrant qu'aucune autre n'y satisfait, et qu'il doit pourtant en exister une y satisfaisant. Cependant cette méthode peut conduire au but à condition d'être employée avec la prudence et l'ampleur convenables, c'est-à-dire qu'il faut avoir soin de passer au crible logique toutes les choses nécessaires et acquérir la certitude de n'avoir commis aucune erreur pendant le triage.

Mais comment Marx opère-t-il ?

Il passe seulement au crible les valeurs d'échange ayant précisément la propriété qu'il veut finalement trouver comme élément « commun », et néglige toutes les autres. Il opère à la façon de celui qui désirant beaucoup tirer une boule blanche d'une urne, aiderait intelligemment le hasard en introduisant seulement des boules blanches dans celle-ci. Marx limite en effet, dès le début, le champ de ses recherches relatives à la substance de la valeur aux « marchandises » seules. Il ne définit évidemment pas très soigneusement ce mot, mais lui donne une étendue moins grande qu'au terme « biens » et lui fait désigner les produits du travail, par opposition aux biens naturels. Or, une chose est évidente. Si vraiment échange signifie égalité et suppose l'existence « d'une chose commune de la même grandeur », cette chose commune doit être cherchée et trouvée dans tous les biens susceptibles d'être échangés : non seulement dans les produits du travail, mais aussi dans les biens naturels comme la terre, le sol, le bois en forêt, la force hydraulique, les mines de charbon, les carrières de pierres, les gisements de pétrole, les eaux minérales, les mines d'or, etc (1). Exclure les biens ayant une valeur mais ne provenant point du travail de considérations dont le but est de rechercher la chose commune à toutes les valeurs d'échange, c'est pécher mortellement contre la méthode. Ce faisant, Marx agit comme le physicien qui voudrait trouver la cause d'une propriété

(1) Knies objecte justement à Marx ; « On ne voit absolument pas dans l'exposition de Marx pour quelle raison on ne pourrait point remplacer l'équation : une mesure de froment = 50 kilos de bois planté, par celle-ci : une mesure de froment = 50 kilos de bois ayant poussé tout seul = *a* arpents de la Jungfrau = *b* arpents. de prairie naturelle ». *Das Geld*, 1re édition p. 121 ; 2e édit. p. 157.

commune à tous les corps, de la pesanteur par exemple, en passant au crible les propriétés d'un seul groupe de corps, des corps transparents par exemple, passerait alors en revue toutes les propriétés communes aux corps transparents, démontrerait qu'aucune des propriétés qu'ils possèdent ne peut être la cause de la pesanteur et proclamerait en fin de compte que la transparence est la cause de la pesanteur.

L'exclusion des biens naturels — qui ne serait certainement point venue à l'esprit d'Aristote, le père de l'idée de l'égalité dans l'échange — est d'autant moins justifiable que beaucoup de biens naturels, comme la terre et le sol, appartiennent à la catégorie des éléments les plus importants de la richesse et de l'échange. De plus, il est absolument impossible de soutenir que la valeur d'échange des biens naturels se laisse toujours fixer d'une façon absolument arbitraire. D'une part, en effet, des prix exceptionnels se présentent parfois pour les produits du travail, et, d'autre part, les prix des biens naturels indiquent souvent très clairement l'existence de motifs déterminants très stricts de leur valeur. On sait, par exemple, que le prix d'achat des parcelles de terre est un multiple de la rente qu'ils rapportent, calculé d'après le taux ordinaire de l'intérêt dans le pays. C'est là un fait connu, tout comme il est certain que du bois en grume ou du charbon dans la mine n'ont point par hasard des prix différents suivant leur qualité, leur situation et la facilité de leur transport.

Marx se garde bien de dire expressément qu'il exclut, dès le début, une partie des biens de valeur de ses recherches et d'expliquer pourquoi. Il sait ici, comme en bien d'autres endroits, passer au-dessus des difficultés de son argumentation grâce à l'habileté de sa dialectique. Il omet tout d'abord d'appeler l'attention de ses lecteurs sur le fait que sa conception de la « marchandise » est plus étroite que celle des biens possédant une valeur d'échange. Dès le début de son livre, il se prépare, avec une habileté peu commune, un point d'appui naturel pour la limitation ultérieure de ses recherches, en introduisant une phrase générale d'aspect absolument inoffensif : « La richesse sociale, là où règne le mode capitaliste de production, apparait comme une monstrueuse accumulation de marchandises. » Cette proposition est absolument fausse, si l'on attribue au mot marchandises le sens, que Marx lui donne ensuite, de produits du travail. Car les produits naturels, y compris ceux de la terre et du sol, constituent une portion très importante et nullement négligeable de la richesse nationale. Mais le lecteur non prévenu passe facilement sur cette inexactitude, car il ignore que Marx donnera plus tard au terme marchandise un sens beaucoup plus restreint.

Cette restriction n'apparaît pas encore clairement dans ce qui suit. Au contraire, dans les premiers alinéas du premier chapitre, Marx parle à tour de rôle de « choses », de « valeurs d'usage », de « biens » et de « marchandises », sans distinguer nettement ces dernières. « L'utilité d'une *chose* — lit-on p. 10 — en fait une *valeur d'usage* ». « Le corps de la *marchandise*... est une *valeur d'usage* ou un *bien*. » On trouve, p. 11 : « La valeur d'échange apparaît... comme le rapport quantitatif.. suivant lequel une *valeur d'usage* d'une certaine espèce s'échange contre une *valeur d'usage* d'une autre espèce. » Remarquons bien qu'ici encore la valeur d'usage = le bien est désignée comme le héros du phénomène d'échange. Avec cette phrase : « Considérons la chose de plus près », phrase qui ne semble sûrement pas destinée à annoncer une restriction, Marx dit alors : « Une marchandise déterminée, une mesure de froment, s'échange en proportions diverses contre d'autres *articles* ». Et : « Prenons deux marchandises », etc. Dans le même alinéa, le terme « chose » revient même encore une fois et, à vrai dire, dans ce sens important : « Un élément commun de la même grandeur existe dans deux *choses* différentes » (qui cependant sont égalées l'une à l'autre dans l'échange).

Dans la page suivante, la page 12, Marx continue à rechercher « l'élément commun » en considérant seulement la « valeur d'échange des marchandises » et sans prononcer une seule syllabe de nature à attirer l'attention sur le fait qu'il restreint ainsi le champ de ses recherches à une partie des choses susceptibles d'une valeur d'échange (1). Dès la page 13, la restriction est de nouveau levée et les résultats obtenus pour le domaine restreint des marchandises sont appliqués au domaine plus grand des valeurs d'usage des biens : « Une *valeur d'usage* ou *bien* a ainsi une valeur du fait seul que du travail humain abstrait est objectivé ou matérialisé en elle ».

Si Marx ne s'était pas restreint, au moment le plus important, aux produits du travail, mais avait étendu ses recherches aux biens naturels de valeur, il n'eût évidemment pas trouvé que le travail est l'élément commun cherché. S'il avait formellement et ouvertement fait cette restriction, lui et ses lecteurs eussent infailliblement remarqué la grosse faute de méthode commise. Les lecteurs eussent, de plus, ri du naïf tour de force par lequel Marx arrive à reconnaître que le fait d'être le produit du travail est une qualité commune à toute une espèce de corps, après avoir tout d'abord fait abstraction de toutes les choses susceptibles de par leur nature d'une valeur d'échange, sans être cependant le produit du travail. Le tour de force était

(1) Dans ce même alinéa, la distinction entre les marchandises et les choses disparait une fois de plus à propos d'une citation de Barbon : « Une espèce de *marchandise* est aussi bonne qu'une autre si leurs valeurs d'échange sont égales. Il n'existe aucune différence ou distinction entre deux *choses* ayant la même valeur d'échange ».

seulement faisable comme Marx l'a fait, à la dérobée et en glissant sur le point épineux au moyen d'une dialectique rapide. Tout en exprimant ma pleine admiration pour l'habileté avec laquelle Marx a su rendre admissible un mode aussi fautif de démonstration, je dois cependant déclarer que le procédé est absolument faux.

Mais allons plus loin. Grâce au tour de force précédent, Marx est arrivé à établir tout d'abord que le travail doit entrer en ligne de compte. Par la restriction artificielle indiquée plus haut, le travail est maintenant devenu un des éléments « communs » des biens de valeur. Mais d'autres qualités communes pourraient encore exister. Comment ces autres éléments seront-ils exclus ?

Cela a lieu à l'aide de deux propositions composées chacune de quelques mots, mais contenant une faute de logique des plus graves.

Dans la première, Marx exclut toutes les « propriétés géométriques, physiques, chimiques ou généralement naturelles des marchandises », car « leurs propriétés matérielles entrent seulement en ligne de compte dans la mesure où elles rendent les marchandises utiles, c'est-à-dire en font des valeurs d'usage. *Mais, d'autre part, le rapport d'échange des marchandises est évidemment caractérisé par l'abstraction de leurs valeurs d'usage.* Au point de vue du rapport d'échange, en effet, *une valeur d'usage vaut exactement autant qu'une autre si elle est en quantité suffisante* » (I, p. 42).

Qu'aurait dit Marx de l'argumentation suivante : Dans un théâtre, trois artistes remarquables, un ténor, une basse et un baryton ont chacun 20000 francs d'appointements. Il s'agit de savoir pour quelle raison tous trois ont le même traitement et je réponds : Au point de vue du traitement, une bonne voix vaut autant qu'une autre — une bonne voix de ténor autant qu'une bonne voix de basse ou de baryton — quand elles sont en quantités suffisantes. Qu'on fasse par conséquent « pour un instant » abstraction de la bonne voix dans la question du traitement. On arrive alors à cette conséquence que la bonne voix ne peut pas être la cause commune du haut traitement de nos trois chanteurs. Que cette argumentation soit fausse, c'est clair. Mais il est tout aussi clair que le raisonnement de Marx, qu'elle imite exactement, n'est pas plus exact. Les deux raisonnements pèchent de la même manière. Ils confondent l'abstraction d'une *circonstance générale* avec celle des *modalités spéciales* sous lesquelles cette circonstance se présente. Ce qui est indifférent dans l'exemple précédent, c'est évidemment la forme sous laquelle la bonne voix se présente — voix de ténor, de baryton ou de basse —, mais ce n'est pas la bonne voix en général. De même pour les rapports d'échange des marchandises. On peut, quand il s'agit d'elles, faire abstraction des modalités spéciales sous lesquelles leur valeur d'usage apparaît. Peu importe, en d'autres termes, que les marchandises servent à la nourriture, à l'habitation, à l'habillement, etc. Mais on ne peut point faire abstraction de la valeur d'usage en général. Qu'on ne puisse pas le faire, Marx aurait pu le déduire du simple fait qu'aucune valeur d'échange ne peut exister là où n'existe pas de valeur d'usage, fait avoué par Marx lui-même à diverses reprises (1).

(1) Par exemple p. 15 en bas : « Enfin aucune chose ne peut avoir de valeur sans être un objet d'usage. Si elle est inutile, le travail qu'elle contient l'est également, ne compte pas comme travail (*sic*), et ne constitue, par suite, aucune valeur ». Knies a déjà fait remarquer la faute de logique indiquée dans le texte. Voir *Das Geld*, Berlin, 1873, p. 123 et s. (2e édit. p. 160 et s). Adler (*Grundlagen der Karl Marx'schen Kritik*, Tübingen, 1887, p. 211 et s.) comprend mal mon raisonnement quand il me répond que des « bonnes voix » ne sont pas des marchandises au sens de Marx. Ce malentendu est singulier. Il ne s'agit nullement de savoir si les « bonnes voix » sont ou non soumises, en tant que biens économiques, à la loi de la valeur de Marx, mais simplement de donner un exemple de raisonnement pré-

Mais la suite du raisonnement vaut encore moins. « Si l'on fait abstraction de la valeur d'usage des biens, continue Marx, il ne leur reste plus qu'une propriété : celle d'être les produits du travail. » Vraiment ? *Une* qualité seulement ? Ne leur reste-t-il pas cette autre qualité commune d'être *rares* en comparaison du besoin qu'on a d'eux ? Ou bien d'être l'objet de l'offre et de la demande ? Ou bien d'appartenir à quelqu'un ? Ou bien d'être des produits naturels ? Car ils sont autant les produits de la nature que du travail. Et personne ne le reconnait plus clairement que Marx lui-même quand il dit : « Le corps des marchandises est une combinaison de deux éléments, la matière et le travail ». Ou bien encore, quand il cite, en l'approuvant, le mot de Petty : Le travail est son père (de la richesse matérielle) et la terre sa mère (1).

Pourquoi, demanderai-je alors, le principe de la valeur ne pourrait-il pas tout aussi bien résider dans l'*une* de ces propriétés communes plutôt que dans celle d'être le produit du travail ? Car Marx ne donne pas l'ombre d'un argument positif en faveur de cette dernière. Son seul argument est un argument négatif, à savoir que la valeur d'usage, heureusement éliminée, *n'est pas* le principe de la valeur. Mais cette raison négative ne peut-elle pas être invoquée dans la même mesure pour les propriétés que Marx passe sous silence ?

sentant la même faute de logique que celui de Marx. J'aurais pu tout aussi bien choisir un cas n'ayant aucun rapport avec l'économie. J'aurais pu, par exemple, démontrer que d'après la logique de Marx, la chose commune à tous les corps bariolés consiste en Dieu sait quoi, mais pas dans le mélange de diverses couleurs. Car un mélange de couleurs, par exemple, de blanc, de bleu, de jaune, de noir, de violet, a juste autant d'importance qu'un autre pour le bariolage, par exemple, qu'un mélange de rouge, d'orangé, de bleu de ciel, etc, pour peu qu'il soit en « proportion » suffisante, et on peut, en conséquence, faire momentanément abstraction des couleurs et du mélange des couleurs !

(1) *Das Capital*, p. 17 et s.

Bien plus ! Dans cette même page 12. où Marx fait abstraction de l'influence de la valeur d'usage sur la valeur d'échange, sous prétexte qu'une valeur d'usage vaut autant qu'une autre, à condition d'être en quantité suffisante, il nous dit ce qui suit des produits du travail : Toutefois, le produit du travail affecte des formes diverses. Si nous faisons abstraction de sa valeur d'usage, nous faisons également abstraction des propriétés physiques et des formes qui en font une valeur d'usage. Ce n'est plus une table, une maison, du fil ou toute autre chose utile. Toutes ses propriétés physiques ont disparu. Il cesse d'être le produit du travail du menuisier, du maçon, du tisserand ou de tout autre travail productif déterminé. Avec le caractère utile du produit du travail disparait également le caractère utile du travail que les marchandises contiennent, c'est-à-dire les formes diverses et concrètes de ce travail ; elles ne se distinguent plus et se réduisent toutes au même travail humain, au travail humain abstrait.

Peut-on dire plus clairement et plus formellement que, dans les rapports d'échange, non seulement les valeurs d'usage, mais aussi les différentes espèces de travaux et de produits du travail « valent exactement autant les unes que les autres quand elles sont en quantités suffisantes » ? En d'autres termes, que le même état de choses sur lequel Marx établit son verdict d'exclusion contre la valeur d'usage a lieu également pour le travail ? Le travail et la valeur d'usage ont un côté qualitatif et un côté quantitatif. Les travaux de menuiserie, de maçonnerie et de filage sont différents qualitativement, tout comme les valeurs d'usage, table, maison, fil. On peut comparer des valeurs d'usage de diverses espèces d'après l'importance de leurs valeurs d'usage, tout comme on peut comparer des travaux de divers genres d'après leurs quantités. Il est absolument impossible de comprendre pourquoi un état de choses identique conduit à l'exclusion de certains des facteurs en présence et à l'exaltation du dernier ! Si Marx avait par hasard interverti l'ordre de ses recherches, il eût exclu le travail exactement comme il a exclu la valeur d'usage, et proclamé cette même valeur d'usage comme étant la seule propriété commune restante exactement pour les mêmes raisons qu'il l'a fait pour le travail. Il eût pu déclarer ainsi que la valeur est une sorte de protoplasma de la valeur d'usage. On peut très sérieusement soutenir, je le crois, qu'on pourrait interchanger les termes dans les deux alinéas de la page 12, — dans lesquels on fait abstraction de la valeur d'usage et trouve le travail comme élément commun — sans qu'il en résultât le moidre changement au point de vue logique. En d'autres termes, on pourrait mettre partout travail à la place de valeur d'usage dans le premier alinéa, et valeur d'usage à la place de travail dans tout le second !

Telles sont la logique et la méthode avec lesquelles Marx établit, dans son système, le théorème fondamental du travail seul base de la valeur. Comme je l'ai déjà fait observer ailleurs, il me semble absolument impossible que cet *hocus pocus* dialectique ait servi de base à la conviction de Marx lui même (1). Un penseur de sa force, — et je le considère comme une intelligence de premier ordre —, n'aurait certainement pas cherché à se faire une conviction en employant de prime abord un procédé aussi tortueux et aussi peu naturel. Il ne serait certainement pas tombé, par une simple suite de hasards malheureux, dans toutes les fautes de logique et de méthode indiquées ci-dessus ; par une telle analyse, il n'aurait pu aboutir à la thèse du travail seule source de toute valeur, comme à un résultat naturel qu'il n'aurait ni présupposé ni voulu.

(1) *Zum Abschluss des Marx'schen Systems*, p. 77 et s.

Je crois que la chose a été toute autre. Je ne doute point que Marx ne fût vraiment et honnêtement convaincu de la vérité de sa thèse. Mais les motifs de sa conviction n'étaient point ceux exposés dans son système. Il croyait à sa thèse comme un fanatique croit à un dogme. Il y avait été amené, sans nul doute, par les mêmes impressions vagues, peu nettement contrôlées par la raison, qui avaient conduit avant lui Adam Smith et Ricardo à exprimer des idées semblables. Influencé par ces autorités considérables, il n'avait jamais douté de l'exactitude de ses impressions. Son théorème était pour lui, en réalité, une sorte d'axiome. Mais il devait le démontrer à ses lecteurs. Or, il eut été impossible de l'établir empiriquement ou psychologiquement. Marx eut donc recours à des spéculations logico-dialectiques, d'ailleurs conformes à sa tournure d'esprit, et travailla sur des notions fondamentales et des prémisses complaisantes avec une habileté merveilleuse en son genre, jusqu'au moment où il atteignit sous une forme censément déductive les résultats qu'il avait présupposés et voulus.

Nous avons vu plus haut que Marx a complètement échoué en essayant de démontrer sa thèse par la voie dialectique. Mais n'y aurait-il pas eu moyen d'arriver à l'établir par la voie empirique ou par la voie psychologique ?

Que l'analyse des motifs psychologiques agissant sur la formation de la valeur d'échange des biens conduise à un autre résultat, nous le verrons dans la seconde partie de cet ouvrage, la partie positive. Marx d'ailleurs l'a lui-même reconnu dans le troisième volume de son œuvre (1). Il reste donc la voie empirique, la preuve par les faits expérimentaux. Or, que montrent ceux-ci ?

L'expérience montre que la valeur d'échange n'est pro-

(1) Voir plus loin.

portionnelle au travail nécessité par la production que pour une partie des biens, et que, même pour ceux-là, cette proportionnalité est seulement occasionnelle. L'existence de cette proportionnalité est fort connue, là où elle a lieu, par suite de la publicité des faits lui servant de base. Cependant elle est rarement tout à fait vérifiée. Que l'expérience ne confirme pas complètement le principe du travail, tout le monde l'admet, même les écrivains socialistes. Cependant on voit très souvent exprimer l'opinion que les cas où la concordance a lieu forment l'immense majorité, tandis que ceux où les faits contredisent le principe constituent des exceptions relativement peu nombreuses. Cette opinion est très erronée. Afin de le montrer une fois pour toute, je vais grouper ici les « exceptions » contredisant, comme l'expérience le montre, le principe de la valeur dûe au travail. On verra de combien elles l'emportent et le peu de place qu'elles laissent à la règle soi-disant générale.

1° Il faut exclure du domaine de validité du principe en question tous les « biens rares » qui, par suite d'empêchements de fait ou de droit, ne peuvent pas être reproduits, ou l'être seulement en quantités limitées. Ricardo cite, par exemple, les statues et les tableaux, les livres et les monnaies rares, les vins fins. Il ajoute que ces choses « forment une très petite partie de la masse des biens échangés journellement sur le marché ». Mais la terre et le sol rentrent dans la même catégorie, tout comme les biens nombreux dans la fabrication desquels un brevet d'invention, des droits d'auteur ou un secret technique entrent en jeu. On doit en conclure que ces « exceptions » ne forment nullement un ensemble négligeable (1).

2° Une catégorie plus restreinte d'exceptions est constituée par les biens dont la fabrication exige du travail

(1) Voir Knies, *Kredit, 2e partie*, p. 61.

qualifié et non du travail simple. Dans le produit quotidien d'un sculpteur, d'un menuisier d'art, d'un luthier, d'un constructeur, etc., il n'y a pas plus de travail incorporé que dans le produit d'un jour de travail d'un manœuvre ou d'un ouvrier de fabrique. Cependant le premier produit a souvent une valeur très supérieure à celle du second. Les partisans de la théorie de la valeur dûe au travail n'ont pu naturellement méconnaître ce fait. Or, il est curieux de remarquer qu'ils semblent n'y voir aucune exception réelle, mais simplement une petite variante toujours soumise à la règle générale. Marx, par exemple, se tire d'affaire en considérant le travail qualifié comme un multiple du travail simple. « Le travail qualifié, dit-il p. 19, est équivalent à du travail simple puissancié ou plutôt multiplié, si bien qu'un petit *quantum* de travail qualifié est égal à un *quantum* plus grand de travail simple. Que cette réduction ait constamment lieu, l'expérience le montre. Une marchandise peut être le produit du travail le plus qualifié, sa valeur la rend égale au produit du travail simple et représente seulement, par conséquent, un certain *quantum* de travail simple ».

C'est là vraiment un tour de force théorique d'une naïveté déconcertante ! Qu'on puisse considérer la journée de travail d'un sculpteur comme équivalent, à beaucoup de points de vue, en particulier à celui de sa valeur, à cinq journées de travail d'un terrassier, c'est indubitable. Mais que 12 heures de travail du sculpteur soient réellement 60 heures de travail commun, personne ne le soutiendra. Or, dans les questions théoriques, par exemple dans la recherche du principe de la valeur, il ne s'agit pas des fictions que l'homme peut faire, mais de ce qui a réellement lieu. En bonne théorie, le produit quotidien du travail du sculpteur reste le produit d'un jour de travail. Et si le produit d'un jour de travail possède la même valeur qu'un autre bien ayant coûté cinq jours de travail, cela constitue, quoiqu'on puisse imaginer, une exception à la règle d'après laquelle la valeur d'échange des biens est déterminée par la quantité de travail qu'ils contiennent. Supposons qu'une compagnie de chemin de fer base ses tarifs sur la longueur des trajets parcourus par les voyageurs et les marchandises, mais admettons que, pour un certain parcours, où le transit est particulièrement coûteux, elle compte chaque kilomètre pour deux. Peut-on soutenir alors que la longueur du trajet soit la base exclusive de la détermination des prix? Certainement pas. On *convient* de l'admettre, mais, en réalité, un autre facteur entre aussi en jeu : la nature de la voie. Or, il en est exactement de même pour le principe du travail. En dépit de tous les artifices, il est impossible de défendre son unité théorique (1).

La seconde catégorie d'exceptions, dont nous venons de parler, comprend, comme on le voit facilement, une partie importante des biens échangés sur le marché. Car, dans la production de presque tous les biens, il entre en jeu du travail qualifié : travail d'invention, de direction, de préparation, etc. Or, cela élève la valeur de ces biens un peu au-dessus du niveau correspondant simplement à la quantité de travail fournie.

3° Le nombre des exceptions est encore augmenté par l'existence, en quantité peu importante il est vrai, de biens produits à l'aide de travail mal payé. Comme on le sait, et pour des raisons qui n'ont pas besoin d'être exposées ici, il est des branches de la production dans lesquelles le salaire du travail reste, d'une façon permanente, au-dessous du minimum nécessaire à l'existence. Tel est le cas pour les travaux faits à la main par des femmes : couture, broderie, tricotage, etc. Les

(1) Je me suis exprimé avec plus de détails sur cette question, il y a peu de temps, dans le travail déjà cité à plusieurs reprises, *Zum Abschluss des Marx'schen Systems*, p. 80 et s.

produits de ces travaux ont une valeur trop faible. Il n'est point rare, par exemple, que le produit de trois journées de travail d'une lingère ait une valeur encore inférieure à celle du produit de deux journées de travail d'une ouvrière de fabrique.

Toutes les exceptions citées jusqu'ici sont caractérisées par ce fait qu'elles excluent complètement certaines catégories de biens du domaine de validité de la loi de la valeur dûe au travail. Dès à présent, cette dernière ne peut plus être valable que pour les biens dont la reproduction indéfinie n'est arrêtée par aucune barrière et n'exige que du travail commun. Mais ce domaine restreint lui-même n'est pas régi sans restrictions par la loi de la valeur de Marx ; ici encore on peut trouver de nouvelles exceptions affaiblissant sa portée.

4° Une quatrième exception existe par exemple du fait connu et avoué de tous que les biens, dont la valeur d'échange est en harmonie avec la quantité de travail ayant servi à les produire, ne conservent pas toujours cette valeur. Par suite des oscillations de l'offre et de la demande, leur valeur d'échange devient souvent supérieure ou inférieure à celle qui correspond à la quantité de travail incorporée. Cette quantité de travail détermine seulement le centre d'oscillation de la valeur d'échange, mais pas cette valeur d'échange elle-même. Il me semble que les socialistes partisans de la théorie de la valeur dûe au travail se préoccupent trop peu de cette exception. Ils la constatent, mais la traitent comme une petite irrégularité passagère dont l'existence n'influe nullement sur la grande « loi » de la valeur d'échange. Cependant, on ne peut nier que ces irrégularités ne soient autant d'exemples du cas où la valeur d'échange est déterminée par d'autres facteurs que la quantité de travail de production. Cela aurait dû tout au moins conduire à rechercher s'il n'existe pas un principe plus général de la valeur d'échange auquel on pourrait ramener, non seulement la formation des valeurs d'échange « régulières », mais aussi les valeurs d'échange qui paraissent irrégulières au point de vue de la théorie du travail. C'est en vain qu'on chercherait une telle tentative chez les théoriciens de la doctrine actuellement étudiée.

5° Enfin, abstraction faite de ces oscillations momentanées, la valeur d'échange des biens s'écarte régulièrement et d'une façon notable du niveau déterminé par la quantité de travail incorporée. De deux biens, en effet, dont la production a coûté exactement la même quantité de travail social moyen, celui qui a exigé la plus grande avance de travail préliminaire possède une valeur plus grande. Comme nous le savons, Ricardo a expressément considéré cette exception au principe du travail dans deux sections du premier chapitre de ses « *Principes* ». Au cours de leurs développements, Rodbertus et Marx semblent ignorer ce fait, sans le nier expressément, ce qui serait d'ailleurs impossible (1). On sait trop bien en effet qu'un tronc de chêne de cent ans possède une valeur supérieure à celle correspondant à la demi-minute de temps nécessaire pour planter un gland.

Résumons-nous : Une partie importante des biens n'obéit *pas du tout* à la « loi » d'après laquelle la valeur est déterminée par la quantité de travail incorporée en eux. Les autres biens n'y obéissent, *ni toujours ni exactement*. Ce sont là des faits expérimentaux avec lesquels les théoriciens de la valeur dûe au travail ont à compter.

Quelles conséquences un lecteur impartial peut-il tirer de ces faits ? Certainement pas que le travail est

(1) Marx en tient expressément compte dans le troisième volume seulement. Ce faisant, il se met en contradiction, comme il fallait naturellement s'y attendre, avec les lois qu'il a établies dans le premier volume en ne tenant pas compte de cette exception.

exclusivement l'origine et la mesure de toute valeur. Conclure ainsi ce serait raisonner aussi mal qu'on le ferait en présentant l'électricité comme toujours causée par le frottement, sous prétexte qu'elle en provient souvent, tout en pouvant cependant naître fréquemment d'autres causes.

Par contre, on peut conclure de ce qui précède que la dépense de travail est une circonstance exerçant une grande influence sur la valeur d'échange de beaucoup de biens, mais qu'au lieu d'être la cause ultime commune à toute valeur, elle est seulement une cause seconde. En considérant ainsi l'influence du travail sur la valeur, on n'aura plus à chercher une justification intime absolument introuvable pour cette proposition généralisée. Il peut être d'ailleurs très intéressant et très important d'étudier plus exactement l'influence du travail sur la valeur des biens et d'exprimer les résultats trouvés sous forme de lois. Mais ce faisant, on ne devra point perdre de vue que ces lois de la valeur sont seulement des lois *particulières* de la valeur, sans rapports avec l'essence intime de celle-ci. Pour faire une comparaison, je dirai que les lois formulant l'influence du travail sur la valeur d'échange des biens sont à la loi générale de la valeur comme cette loi : « Le vent d'ouest amène la pluie » est à une théorie générale de la pluie.. Le vent d'ouest est une cause seconde fréquente de pluie, comme la dépense de travail est une cause seconde fréquente de valeur pour les biens. Mais la pluie vient aussi peu du vent d'ouest que la valeur du travail employé.

Ricardo lui-même n'outrepasse que peu les justes limites. Comme je l'ai montré plus haut, il sait très bien que sa loi de la valeur dûe au travail est seulement particulière ; que, par exemple, la valeur des « biens rares » repose sur une autre base. Il se trompe seulement du fait qu'il exagère beaucoup l'étendue du domaine de validité de cette loi et lui attribue une portée à peu près universelle. Il arrive ainsi à ne presque plus penser aux exceptions, négligeables à son sens, qu'il a fort exactement mentionnées au début de son livre, et à parler alors de sa loi comme constituant la règle universelle de la valeur.

Ce sont seulement ses successeurs qui, moins perspicaces, sont tombés dans l'erreur à peine concevable de présenter le travail comme étant le principe absolu et universel de la valeur. Je viens de dire : à peine concevable. On comprend en effet difficilement comment des théoriciens ont pu soutenir, après mûres réflexions, une proposition qu'ils ne pouvaient appuyer sur rien. Point sur la nature des choses, car celle-ci n'indique absolument aucune relation nécessaire entre la valeur et le travail. Point sur l'expérience, car celle-ci montre, au contraire, que la valeur est, le plus souvent en désharmonie avec la dépense de travail. Enfin, pas même sur les autorités, car les autorités invoquées n'ont jamais soutenu la proposition en question avec la généralité qu'on aime à lui donner.

Cependant, les socialistes partisans de la théorie de l'exploitation ne font pas de cette proposition en l'air un élément secondaire et inoffensif de leur doctrine ; ils la placent à la tête de leurs revendications pratiques les plus importants. Ils affirment que la valeur de toutes les marchandises dépend du temps de travail qu'elles contiennent. Ils en concluent immédiatement que toutes les valeurs en contradiction avec cette loi — par exemple la différence de valeur revenant aux capitalistes sous forme de plus-value — sont « illicites », « injustes », « contraires à la nature », et qu'elles doivent être supprimées. Pour arriver à proclamer générale cette loi de la valeur, ils doivent d'abord négliger les exceptions. Cependant, cette généralité une fois obtenue par captation, ils reviennent aux exceptions et les déclarent contraires à la loi. Raisonner de cette façon, c'est aussi illogique que de constater l'existence de fous, en feignant d'ignorer l'existence de gens sensés, pour arriver à cette « loi générale » : « Tous les hommes sont fous », et en conclure que les sages doivent être supprimés comme ayant une existence anormale !

C'est ainsi que j'ai jugé, dans la première édition de cet ouvrage, il y a quelque 15 ans, la loi de la valeur dûe au travail et, tout spécialement, la justification que Marx en donne. Depuis, le troisième volume du *Capital* a paru. Cet événement était attendu avec une certaine impatience dans tous les milieux théoriques. On était curieux de voir comment Marx sortirait d'une certaine difficulté dans laquelle l'avait fait nécessairement tomber la doctrine contenue dans le premier volume et qu'il n'avait provisoirement ni résolue ni expliquée.

En combattant Rodbertus, j'ai déjà fait remarquer que l'hypothèse, conforme à la loi de la valeur, suivant laquelle les biens s'échangent dans le rapport des quantités de travail correspondantes, est absolument en désaccord avec le fait expérimental, considéré comme indubitable par Rodbertus, et consistant en ce qu'il se produit un nivellement du profit du capital (1). Marx devait naturellement trouver la même difficulté sur son chemin. Elle se remarque encore bien plus nettement chez lui, parce que la partie de la doctrine dans laquelle cette pierre d'achoppement se rencontre est formulée de façon à appeler d'elle-même, pour ainsi dire, la difficulté.

Marx distingue en effet deux parties dans le capital employé par le capitaliste pour s'approprier la plus-value. D'abord, la partie qui sert à payer le travail : le « capital variable » ; ensuite, celle qu'on doit dépenser en moyens de production proprement dits : matières

(1) Voir plus haut, p. 64.

premières, outils, machines, etc. Cette dernière partie constitue le « capital fixe ». Comme le travail vivant peut seul réellement créer une nouvelle plus-value, c'est seulement la partie du capital transformée en travail dont la valeur peut changer et s'accroître au cours du procès de production. C'est pourquoi Marx l'appelle le capital « variable ». Lui seul reproduit sa propre valeur et un excédent, la plus-value. La valeur des moyens de production employés reste au contraire constante ; elle réapparaît simplement dans la valeur du produit sous une forme nouvelle, mais avec la même grandeur. C'est pourquoi ces moyens de production constituent le « capital fixe » et ne peuvent fournir aucune « plus-value ». De là découle nécessairement — et Marx ne néglige pas d'insister sur cette conséquence — que la masse de la plus-value pouvant être produite avec un capital donné n'est pas directement proportionnelle à l'importance du *capital total*, mais à celle de la *partie variable* de celui-ci (1). Il en résulte encore que des capitaux d'importance égale doivent produire des plus-values inégales quand ils se décomposent différemment en capital variable et en capital fixe ou, comme Marx le dit, quand leurs « constitutions organiques » sont différentes. Avec Marx, nommons « taux de la plus-value » le rapport de la plus-value à la partie variable du capital consacrée au payement des salaires, et « taux du profit » le rapport de cette plus-value au capital total employé par le capitaliste, comme on le fait d'ordinaire dans la pratique. Il résulte alors de ce

(1) « Pour un taux donné de la plus-value et une valeur également donnée de la force de travail, l'importance de la plus-value produite est directement proportionnelle à la grandeur du capital variable avancé » ! « Pour une valeur donnée de la force de travail et un même degré d'exploitation, les quantités de valeur et de plus-value produites par divers capitaux sont en rapport direct avec les parties variables de ces capitaux, c'est-à-dire avec les parties transformées en force de travail vivante. » (Marx, I, p. 311 et s.).

qui précède que, pour un même degré d'exploitation ou un même taux de la plus-value, des capitaux à « constitutions organiques » différentes doivent rapporter des taux du profit inégaux. Les capitaux pour lesquels la partie variable l'emporte doivent rapporter un taux du profit plus considérable que ceux pour lesquels la partie constante est la plus forte. Or, l'expérience montre que, par suite de la loi de l'égalisation des profits, tous les capitaux sans exception, et quelle que soit leur « constitution organique », finissent avec le temps par rapporter le même taux du profit. Il y a donc contradiction entre ce qui est et ce qui devrait avoir lieu d'après la théorie de Marx.

Marx lui-même n'a point méconnu l'existence de cette contradiction. Il l'avait déjà laconiquement indiquée, dans son premier volume comme une contradiction « apparente », et réservé son explication pour une partie ultérieure de son système (1). Le long délai à l'aide duquel Marx semblait vouloir échapper à ce fatal dilemne a pris fin le jour où le troisième volume a paru. Celui-ci contient une explication détaillée de la difficulté, explication qui, à vrai dire, ne constitue pas une solution. C'est bien plutôt une confirmation de la contradiction et un abandon déguisé et inavoué de la doctrine contenue dans le premier volume.

Marx développe maintenant, en effet, la doctrine suivante : Il reconnaît expressément que, sous l'influence de la concurrence, les taux du profit des capitaux, quelles que soient leurs constitutions intimes, finissent et doivent toujours finir, dans la pratique, par atteindre un niveau commun (2). Il reconnait expressément ensuite qu'un

(1) I, pp. 312 et 542.

(2) « D'autre part, abstraction faite de différences minimes, occasionnelles, qui finissent d'ailleurs par se neutraliser, il est indubitable que, dans la réalité, il n'y a pas et il ne peut pas y avoir divers taux moyens du profit dans les différentes branches de l'industrie, tant qu'on

taux égal du profit n'est possible, pour des capitaux possédant des constitutions organiques différentes, que si les diverses marchandises s'échangent entre elles, non pas dans le rapport des quantités de travail qu'elles ont coûté, mais dans un rapport différent, en d'autres termes, que si les marchandises produites à l'aide d'un capital contenant une plus forte proportion de capital fixe (capital à « constitution supérieure »), se vendent au-dessus de leur valeur, et si les marchandises produites à l'aide d'un capital contenant une proportion plus forte de capital variable (capital à « constitution inférieure »), se vendent au-dessous de ce qu'elles valent (1). Et Marx reconnait enfin que la formation des prix a réellement lieu de cette façon dans la vie pratique. Il nomme « prix de production » d'une marchandise celui qui, outre l'indemnisation pour les salaires payés et les moyens de production employés (coût de

ne supprime pas tout le système de la production capitaliste » (III, p. 132). « Par suite de différences dans la constitution organique des capitaux consacrés aux diverses branches de la production... les taux du profit varient beaucoup, au début, de l'une à l'autre. Ces divers taux du profit s'égalisent sous l'action de la concurrence et le taux commun ainsi obtenu est la moyenne de tous les autres. » (III, p. 136).

(1) Marx développe ces considérations à l'aide d'un exemple portant sur cinq espèces de marchandises et de branches de production pour lesquelles les capitaux ont des constitutions organiques différentes. Il commente alors ainsi les résultats des tables qu'il a dressées : « En somme, les marchandises sont vendues 2 + 7 + 17 = 26 au-dessus et 8 + 18 = 26 au-dessous de leur valeur. Ainsi, les différences de prix se compensent mutuellement par une répartition régulière de la plus-value ou par addition du profit moyen de 22 0/0 du capital avancé aux coûts de production respectifs des marchandises I-V. Une partie des marchandises se vend au-dessous de sa valeur dans la même mesure où l'autre partie se vend au-dessus. Et c'est seulement le fait qu'on vend à ces prix qui rend possible un taux uniforme du profit de 22 0/0 pour les marchandises I-V, si différentes que puissent être les constitutions organiques des capitaux correspondants ». Cette même idée est longuement développée dans les pages suivantes, 135-144.

production), contient encore le profit moyen pour le capital investi. (III, p. 136). C'est « en fait, dit-il, ce que Smith appelle *natural price* ; Ricardo, *price of production* ; les physiocrates, *prix nécessaire*. Et cela parce qu'il est, en fin de compte, la condition nécessaire à l'arrivée sur le marché et à la production des marchandises des diverses branches de l'industrie » (III, p. 178). Ainsi, dans la vie pratique, les marchandises ne s'échangent pas d'après leurs valeurs, mais d'après leurs prix de production ou, pour employer l'euphémisme favori de Marx (par exemple, III, p. 176) : « les valeurs se changent en prix de production ».

Il est impossible de méconnaître que ces concessions et ces constatations du troisième volume sont en contradiction éclatante avec les principes du premier. Dans le premier volume, on explique au lecteur qu'il est logique, nécessaire et conforme à la nature de l'échange que deux marchandises, considérées comme égales lors de l'échange, doivent contenir un élément commun de la même grandeur, et que ce dernier est le travail. Dans le troisième volume, nous apprenons que les marchandises, considérées comme égales lors de l'échange, renferment et doivent renfermer, en fait et régulièrement, des quantités inégales de travail. On lit dans le premier volume (I, p. 142) : « Il peut arriver que des marchandises se vendent à des prix différents de leurs valeurs, mais ces différences apparaissent comme des infractions à la loi de l'échange ». Et maintenant on nous dit que la loi de l'échange des marchandises consiste en ce que celles-ci se vendent à leur prix de production, lequel diffère essentiellement de leur valeur ! Je ne crois pas que le début d'un système ait jamais été en contradiction plus nette et plus flagrante avec sa fin.

Mais Marx ne veut pas entendre parler de contradiction. Il prétend encore dans le troisième volume que la loi de la valeur indiquée dans le premier gouverne les rapports effectifs suivant lesquels les marchandises s'échangent. Il dépense beaucoup de peine et recourt à maintes échappatoires dialectiques pour tâcher de démontrer que cette loi continue à subsister. J'ai étudié ailleurs à fond toutes ces échappatoires et montré leur non valeur (1). Je veux en citer une ici. D'abord, parce qu'elle a à première vue quelque chose de vraiment frappant ; ensuite, parce qu'elle a été invoquée, non seulement par Marx, mais, même avant l'apparition du troisième volume du *Capital*, par l'un des théoriciens socialistes les plus remarquables de la génération actuelle. En 1889, en effet, Conrad Schmidt a essayé de reconstituer par lui-même et dans l'esprit de Marx la partie encore manquante du système de ce dernier (2). Il est arrivé ainsi à une théorie reconnaissant que les marchandises ne peuvent pas s'échanger en suivant la loi de la valeur de Marx à la lettre, c'est-à-dire dans le rapport des quantités de travail qu'elles contiennent. Il a été ainsi tout naturellement amené à se demander dans quelle mesure on peut alors continuer à soutenir la validité de la loi de la valeur de Marx et a tenté de la sauver au moyen d'une argumentation dialectique qui se retrouve dans le troisième volume de Marx.

Cette argumentation consiste en ce qui suit : Les diverses marchandises se vendent, les unes au-dessus, les autres au-dessous de leur valeur, mais ces écarts se compensent ou s'annullent mutuellement, si bien que la somme des prix payés pour toutes les marchandises échangées est égale à la somme de leurs valeurs. Pour l'ensemble de toutes les branches de la production, la loi de la valeur se présente donc comme constituant une « tendance dominante » (3).

(1) *Zum Abschluss*, etc, p. 25-62.

(2) *Die Durchschnittsprofitrate auf Grund des Marx'schen Wertgesetzes*. Stuttgart, 1889.

(3) « Une partie des marchandises s'échange au-dessous de sa valeur

Il est très facile, comme je l'ai montré en une autre circonstance, de réduire à néant toute cette dialectique (1). Quel est, en somme, le rôle de « la loi de la valeur » ? Tout simplement d'expliquer les rapports d'échange des biens tels qu'on les observe dans la réalité. Nous voulons savoir, par exemple, pourquoi un habit vaut juste autant que 20 mètres d'étoffe, pourquoi 10 livres de thé valent autant qu'une demi-tonne de fer, etc. C'est ainsi que Marx lui-même a compris le rôle explicatif de la loi de la valeur. On ne peut évidemment parler de *rapports* d'échange qu'en considérant les diverses marchandises deux à deux. Aussitôt qu'on prend toutes les marchandises *ensemble* et qu'on additionne leurs prix, on fait par là-même nécessairement abstraction des rapports d'échange existant entre les termes de la masse. Les différences relatives de prix se compensent quand on fait la somme. Ce que le thé, par exemple, vaut de plus que le fer, le fer le vaut de moins que le thé et *vice-versa*. Cependant ce n'est pas répondre à la question posée au début, et relativé aux rapports réels d'échange des biens, que d'invoquer la somme des prix. Supposons que nous demandions com-

dans la mesure où une autre partie se vend au-dessus » (III, p. 135). « Le prix global des marchandises I-V » (dans l'exemple employé par Marx) est ainsi égal à leur valeur globale.... Et c'est ainsi que, dans la société elle-même — si l'on considère la totalité des branches de la production — la somme des prix de production des marchandises produites est égale à la somme de leurs valeurs » (III, p. 138). Les divergences entre les prix de production et les valeurs « se ramènent toujours à ce que l'excédent de plus-value entrant dans une marchandise est compensé par un manque de plus-value dans une autre, d'où il résulte que les écarts de valeur présentés par les prix de production s'annullent mutuellement (III, p. 140). C. Schmidt dit semblablement (*loc. cit.*, p. 51) : « Les divergences nécessaires entre les prix réels et les valeurs des diverses marchandises disparaissent aussitôt qu'on considère la somme de toutes les marchandises constituant le produit national annuel. »

(1) Tout d'abord, dans une critique de l'étude ci-dessus mentionnée de Schmidt, *Tübinger Zeitschrift*, 1890, p. 590 et s.

bien de minutes le vainqueur d'une course a employées de moins que ses concurrents pour parcourir l'arène et qu'on nous réponde : la moyenne employée par tous les concurrents a été de 25 minutes et 13 secondes ; nous serions alors exactement dans le même cas que plus haut !

En réalité, les choses sont ainsi : Au problème de la valeur, les marxistes répondent d'abord avec la loi de la valeur, suivant laquelle les marchandises s'échangent dans le rapport des temps de travail correspondants. Puis ils révoquent cette même loi — ouvertement ou tacitement — quand il s'agit de l'échange des diverses marchandises, c'est-à-dire précisément pour le domaine pour lequel la question a un sens. Ils soutiennent cependant que la loi est encore vraie pour le produit national tout entier, c'est-à-dire pour un domaine où la question posée, n'ayant plus d'objet, ne peut plus être posée. Ainsi la « loi de la valeur », en tant que réponse à la véritable question du problème de la valeur, est contredite par les faits. Dans le seul domaine où elle ne l'est pas, elle répond peut-être à quelque chose, mais certainement pas à la question posée.

Or, elle ne répond même pas à une autre question, mais constitue une simple tautologie. Comme tout économiste le sait, en effet, les marchandises finissent toujours par s'échanger contre des marchandises, malgré l'immixtion dans l'échange du terme intermédiaire argent. Toute marchandise entrant dans un échange est à la fois une marchandise et le prix de la marchandise troquée contre elle. La somme des marchandises est donc identique à la somme des prix payés. Ou encore : le prix du produit national global est tout simplement le produit national lui-même. En conséquence, il est absolument exact que la somme des prix payés pour tout le produit national coïncide pleinement avec la somme de travail ou de valeur cristallisé en lui. Mais cette proposition tautologique ne constitue pas un accroissement réel de nos connaissances. Elle ne peut pas davantage servir de contrôle pour la loi suivant laquelle les biens s'échangent dans le rapport des quantités de travail correspondantes. Car on pourrait vérifier exactement de la même façon — avec autant, ou plutôt aussi peu de succès — toute autre loi de la valeur, par exemple, celle-ci : Les biens s'échangent en proportion de leurs *poids*. Car si une livre d'or, considérée à part, s'échange, non point contre une livre, mais contre 40000 livres de fer, la *somme des prix* d'une livre d'or et de 40000 de fer est exactement 40000 livres de fer et une livre d'or. Le prix total, 40000 livres, correspond alors exactement au poids total de la somme des marchandises. Par conséquent, le poids est le véritable étalon servant de base aux rapports d'échange.

C. *La doctrine de Marx chez ses successeurs.*

Si je ne me trompe pas, le troisième volume de l'œuvre de Marx a été le commencement de la fin pour la théorie de la valeur dûe au travail. La dialectique de Marx y fait si nettement naufrage que la confiance aveugle dont elle jouissait chez les partisans de la doctrine devait s'en trouver ébranlée. On s'en aperçoit déjà dans la littérature, du fait qu'on cherche à sauver la doctrine de Marx, qui n'est plus défendable au pied de la lettre, en l'interprêtant de diverses façons.

Des théoriciens sérieux ont fait, tout dernièrement, des tentatives de ce genre. Werner Sombart a ouvertement reconnu que la loi de la valeur de Marx n'est pas soutenable, si on exige qu'elle réponde à la réalité empirique. Mais il interprête la doctrine de Marx comme devant seulement constituer, par sa « notion de la valeur, « un adjuvant pour notre esprit ». La valeur de Marx n'apparaît pas dans les rapports d'échange des marchandises produites sous le régime capitaliste. Elle ne joue pas non plus le rôle d'un facteur de distribution dans la répartition du produit social annuel. Elle est simplement une notion auxiliaire permettant de considérer comme grandeurs commensurables les biens, qui, par suite de la diversité de leurs qualités, ne le sont pas. A ce point de vue, on peut conserver la notion de la valeur de Marx (1).

Je crois, — et j'ai déjà expliqué pourquoi en un autre endroit (2) — que cette proposition de Werner Sombart possède tous les caractères d'un compromis inacceptable pour les deux partis. Elle ne peut satisfaire les marxistes, parce qu'elle contredit les assertions les plus caractéristiques de Marx, et constitue, en fait, un abandon complet de sa doctrine. Une théorie, dont on avoue qu'elle ne correspond pas à la réalité, ne peut évidemment pas permettre d'expliquer et de juger les faits réels. Aussi des voix se sont-elles élevées dans le camp marxiste pour repousser catégoriquement l'interprétation précédente (3). D'autre part, le théoricien impartial, qui se place au point de vue purement théorique, ne peut point s'en trouver satisfait, car les notions auxiliaires introduites dans une théorie doivent provenir de la réalité et ne point la contredire. En conséquence, je considère l'essai d'interprétation de Sombart comme devant difficilement se faire beaucoup d'amis et de défenseurs.

Une seconde tentative d'interprétation, faite il y a peu de temps par Conrad Schmidt, donne davantage matière à la discussion. A l'occasion d'une critique de mon écrit souvent cité : *Zum Abschluss des Marx'schen*

(1) *Zur Kritik des ökonomischen Systems von Karl Marx*, (*Archiv für sociale Gesetzgebung*. Tome VII, Cahier 4, p. 573 et s.).

(2) *Zum Abschluss*, etc., p. 103 et s.

(3) Par exemple, Engels, dans son dernier article de la *Neue Zeit*, nos 1 et 2, XIV année (1895-96), et ayant pour titre : *Ergänzung und Nachtrag zum dritten Buch des Capital*.

Systems — critique dont il faut reconnaître le sérieux et l'impartialité — Schmidt est arrivé à cette conclusion que la loi de la valeur de Marx perd, du fait du troisième volume, la signification « qu'elle paraissait avoir dans l'exposé du premier », signification contre laquelle ma critique était dirigée. Mais la loi de la valeur acquiert précisément par cela « un sens nouveau et plus profond, qui devrait seulement être plus clairement mis en opposition avec la façon primitive de la concevoir ». En interprétant la théorie de la valeur d'une façon « que Marx, à la vérité, n'a pas nettement exprimée », il est possible, « du moins en principe », dit Schmidt, de faire disparaître la contradiction indiquée par moi. Il donne alors l'esquisse de cette interprétation.

Le prix et le temps de travail sont, pense Schmidt, des choses mesurables. On peut donc imaginer entre eux une double relation. « Ou bien le prix est directement proportionnel au temps de travail contenu dans la marchandise, ou bien, pour certaines raisons formulables, du moins d'une façon générale, le rapport en question diffère de cette valeur normale. » Comme la seconde hypothèse est aussi admissible que la première, on ne peut considérer, *a priori*, la loi de la valeur reposant sur la première que comme une simple hypothèse, et l'objet des recherches concrètes doit être de la démontrer ou de la modifier. Les deux premiers volumes de Marx « développent l'hypothèse simple primitive dans toutes ses conséquences », et conduisent à une « description détaillée de ce que serait le régime économique capitaliste si les prix correspondaient aux temps de travail ». Mais cette image, « tout en reflétant dans ses grands traits » la réalité capitaliste, s'en écarte sous certains rapports. Il faut donc — et c'est ce qui a lieu dans le troisième volume — modifier l'hypothèse primitive « de façon à lever l'opposition partielle existant entre elle et la réalité. » La règle générale de la proportionnalité des deux facteurs

— règle dont l'admission était inévitable pour s'orienter au début — doit être maintenant modifiée en ce sens que les prix réels diffèrent de la norme supposée suivant une certaine loi formulable d'une manière générale ». De cette façon, et de cette façon seulement, la véritable relation existant entre les prix et les temps de travail pouvait être reconnue et comprise dans ses détails et, en même temps, le véritable mode d'exploitation caractérisant le mode de production capitaliste (1).

Je ne puis pas émettre sur cet essai d'interprétation un jugement plus favorable que celui que j'ai émis sur l'œuvre même de Marx. En fin dialecticien qu'il est, C. Schmidt essaye de rendre acceptable, par d'adroits détours et des arguments captivants, l'exposé détaillé de la doctrine esquissée plus haut. Cependant, malgré tout l'art de son exposition et de son argumentation, il n'arrive pas à sortir de deux difficultés de fait qu'il doit forcément rencontrer sur sa route, étant donnée l'esquisse précédente. Il s'agit d'une faute de méthode et d'une négligence qui apparaissent déjà dans son programme : une pétition de principe contradictoire et le manque de base du point de départ.

Tout d'abord, une pétition de principe contradictoire. Plaçons-nous, pour un moment, au point de vue que Schmidt nous propose. Considérons la « loi de la valeur » — d'après laquelle le rapport d'échange des marchandises serait seulement déterminé par le travail incorporé — comme une simple hypothèse encore injustifiée, mais devant être vérifiée par l'analyse exacte des faits. Que donne cette analyse ?

Que l'hypothèse ne soit pas complètement vérifiée par la réalité, c'est une chose ouvertement reconnue. On doit même admettre, au contraire, que le *quantum* de travail incorporé n'est pas, en fait, le motif déterminant,

(1) Supplément au numéro du *Vorwärts* du 10 avril 1897.

exclusif des prix payés au propriétaire des marchandises. Qu'on observe maintenant que le trait distinctif, caractéristique de la loi de valeur de Marx est précisément d'affirmer l'influence exclusive du travail sur la valeur, influence que toutes les autres théories reconnaissent *en partie*. On voit alors que la « confirmation incomplète » de l'hypothèse marxiste par les faits revient à sa *non confirmation* dans son unique point important.

Et je demande alors : De quel droit, dans ces conditions, Schmidt peut-il prétendre que l'hypothèse en question — non confirmée en son point principal — « reflète cependant le système économique capitaliste dans ses traits fondamentaux » ? Comment peut-il, en particulier, prétendre que le prélèvement de l'intérêt par les capitalistes repose, en principe, sur une « véritable exploitation » des ouvriers ? Si Schmidt introduisait d'autres considérations de nature à démontrer le caractère d'exploitation de l'intérêt, nous devrions naturellement les examiner. Mais Schmidt n'introduit dans son explication aucune raison de ce genre et, comme nous le verrons dans un moment, il ne peut pas en introduire. Sa seule justification de l'exploitation qui résulterait de l'intérêt, consiste dans l'hypothèse de la loi de la valeur. Mais, d'après cette hypothèse, le caractère d'exploitation de l'intérêt est simplement déduit du fait que la cause et la grandeur de la valeur d'échange doivent être exclusivement cherchées dans le travail incorporé. C'est seulement dans le cas où aucun atome de valeur d'échange n'a d'autre source que le travail, qu'on peut dire que toute portion de la valeur du produit reçue par un non-travailleur est perçue aux dépens des travailleurs, c'est-à-dire constitue une exploitation. Mais si l'on doit admettre que la valeur d'échange des marchandises diffère de la quantité de travail incorporée, il est également clair qu'un facteur causal différent du travail agit encore dans la détermination de la valeur d'échange. Mais alors il n'est plus certain que la part de valeur reçue par le capitaliste provienne de l'exploitation des ouvriers. On peut en effet imaginer — et cela paraît même très vraisemblable — que cette part de valeur provienne de la cause qui agit concurremment avec le travail dans la formation de la valeur d'échange, cause dont la nature est encore absolument indéterminée.

Ainsi, l'hypothèse de « la loi de la valeur » permet ou ne permet pas de considérer le profit du capital comme une exploitation, suivant qu'elle est ou *n'est pas absolument* vérifiée. Pour peu qu'elle soit partiellement inexacte, l'opinion en question cesse absolument d'avoir une base sûre, parce qu'elle a précisément ses racines dans la partie non justifiée de l'hypothèse, à savoir que le travail est le motif déterminant *exclusif* de la valeur d'échange. Schmidt commet donc une pétition de principe flagrante en présentant comme une conséquence ferme de la partie vérifiée de la loi de la valeur cette proposition : « L'hypothèse de l'exploitation reflète dans ses grandes lignes le mode de production capitaliste ».

Et c'est, de plus, une pétition de principe aggravée d'une contradiction. La simple présomption non démontrée du caractère d'exploitation de l'intérêt ne l'aurait pas mené jusqu'au but. Au cours du raisonnement logique qui doit le conduire à une explication de l'intérêt, il est obligé de considérer, tantôt comme vérifiée, et tantôt comme non vérifiée en fait, la proposition fatale qui présente la grandeur de la valeur d'échange comme exclusivement déterminée par la quantité de travail incorporé. Il doit en effet expliquer, non seulement l'origine, mais aussi la hauteur de l'intérêt. Il admet pour cela — comme Marx dans le troisième volume — que la hauteur de l'intérêt se détermine de façon que la masse totale de la plus-value extorquée par les capitalistes se répartisse d'après la loi de l'égalisation des profits sur tous les capitaux investis, au *prorata* de leur importance et de la durée de leur investissement. Or, pour pouvoir procéder à cette partie de l'explication, il reconnaît ouvertement que l'hypothèse provisoire de la loi de la valeur — à savoir que les marchandises s'échangent exactement en proportion du travail incorporé — ne répond pas à la réalité, n'est absolument pas vraie.

Mais cela ne suffit pas pour résoudre le problème de l'intérêt. Il faut encore faire une hypothèse pour expliquer la grandeur du dividende obtenu lors de cette répartition uniforme ou celle de la plus-value totale extorquée par les capitalistes. Pour cette partie de son explication, Schmidt suppose de nouveau, conformément aux trois volumes de Marx, que les capitalistes sont en mesure de vendre les marchandises produites par leurs ouvriers à un prix correspondant pleinement à l'hypothèse de la loi de la valeur, c'est-à-dire dont l'importance répond exactement au nombre des heures de travail incorporées dans ces marchandises. Ainsi, dans deux stades d'un seul et même raisonnement, Schmidt considère la loi de la valeur comme étant, tantôt vérifiée, et tantôt contredite par les faits. Cela serait peut-être possible si les deux stades en question correspondaient à deux stades séparés de la réalité. Cela serait faisable, en d'autres termes, si la formation de la plus-value avait lieu dans un stade préliminaire bien délimité, et sa répartition dans un stade ultérieur bien indépendant du premier. C'est ce qui se passe à peu près dans une société par actions. La hauteur totale du gain y est déterminée par les résultats commerciaux de l'année courante. Quant à la répartition de ce gain, elle n'est déterminée qu'ensuite, par un acte tout à fait indépendant de la réalisation des bénéfices, à savoir par une décision de l'assemblée générale. — Mais les choses ne se passent pas ainsi pour la « plus-value » des capitalistes. Sa formation et sa répartition n'ont pas lieu en deux phases différentes comme le veut la doctrine de Marx et de Schmidt. Elles ont lieu par suite d'un seul et même fait, à savoir par la formation de la valeur d'échange des marchandises. La plus-value se forme de la façon et dans la mesure indiquée par Marx parce que la valeur d'échange des marchandises vendues par les entrepreneurs capitalistes est pleinement et uniquement déterminée par le nombre d'heures de travail incorporées en elles. Mais la valeur d'échange se répartit de la façon indiquée par Marx parce que cette *même* valeur d'échange des marchandises n'est *pas* pleinement et uniquement déterminée par le nombre d'heures de travail incorporées en elles. Ainsi, pour un seul et même fait, — la formation de la valeur d'échange des marchandises — Schmidt affirme à la fois que la loi de la valeur répond pleinement à la réalité empirique et qu'elle ne constitue pas une hypothèse rigoureuse !

Dans le camp marxiste, on s'appuye volontiers sur les analogies que présentent avec la loi de la valeur certaines lois ou hypothèses des sciences naturelles. Dans la réalité, ces lois subissent bien certaines modifications du fait de résistances perturbatrices, mais ne sont pas pour cela erronnées. Si, par exemple, la loi de la gravitation s'appliquait dans sa pleine rigueur, la chute des corps ne serait pas peu différente de ce qu'elle est, en fait, sous l'influence perturbatrice de la résistance de l'air, etc. Cependant, la loi de la gravitation est une loi scientifique, vraie, indubitable. Il en est de même de la « loi de la valeur ». La loi est exacte, mais elle est troublée dans la pratique par l'existence du capitalisme privé qui exige un taux de profit uniforme. De même que la résistance de l'air fait acquérir aux corps qui tombent des vitesses différentes de celles qui correspondent à la loi de la gravitation, de même, l'influence du capitalisme privé — avec sa prétention à un taux uniforme de profit — fait s'écarter la valeur d'échange des marchandises de ce qui correspond exactement à la quantité de travail incorporé en elles.

La comparaison cloche. La logique de Marx présente quelque chose d'anormal dont on ne trouve ni ne peut trouver d'exemple dans la pure logique du physicien. Le physicien est sûr que la gravitation constitue, dans le vide où les résistances disparaissent, la seule cause déterminante de la vitesse des corps qui tombent. Mais il est tout aussi sûr que la vitesse de chûte des corps dans l'air est *a priori* la résultante de plusieurs causes. Il se garde donc de dire pour l'air quoi que ce soit qui s'appuyerait sur la seule hypothèse de la gravitation. Les marxistes opèrent autrement. Après avoir introduit dans leur hypothèse l'existence du capitalisme privé — l'analogue de la résistance de l'air — ils continuent, comme nous l'avons vu, à expliquer l'origine et la grandeur totale de la plus-value en admettant que la valeur d'échange des marchandises est seulement déterminée par les quantités de travail incorporées en elles. C'est seulement pour expliquer la répartition de la valeur totale entre les diverses parties du capital qu'ils se rappellent l'existence des causes perturbatrices. C'est exactement comme si les physiciens soutenaient que la vitesse d'un corps tombant dans l'air reste exactement aussi grande que dans le vide, mais se répartit autrement entre les diverses fractions du temps total de la chûte !

Les physiciens ont d'ailleurs une bonne raison d'admettre que — tout au moins dans le vide — la chûte des corps a exactement lieu d'après la loi de la gravitation. Les marxistes, au contraire, n'ont ni bonne ni mauvaise raison d'admettre que, dans un état social où le capitalisme privé n'existerait point, la valeur d'échange des marchandises suivrait rigoureusement la prétendue loi de la valeur dûe au travail. Et ainsi j'arrive au second péché mortel signalé ci-dessus dans l'explication de Schmidt : à l'absence littérale de toute base à son point de départ.

Je crois que les marxistes admettent d'un cœur un peu trop léger l' « hypothèse » de la valeur dûe au travail. Certainement cette hypothèse ne contient, *a priori*, rien d'impossible ni d'inimaginable. Mais cela ne suffit pas pour pouvoir faire de cette hypothèse la base d'une théorie sérieuse. Il ne serait pas non plus inimaginable, *a priori*, que la valeur d'échange eût pour base le poids spécifique des corps ! Il n'est pas non plus soutenable qu'on puisse considérer une hypothèse comme exacte aussi longtemps qu'on n'est pas arrivé à la mettre en contradiction flagrante avec elle-même. Je pourrais, par exemple, faire cette hypothèse que l'univers est rempli d'une quantité innombrable de lutins invisibles, grands et petits, qui tirent ou poussent les corps, et causent ainsi les phénomènes que les physiciens attribuent à la gravitation universelle, au moyen d'une autre hypothèse. Tout philosophe m'accordera que cette hypothèse, si fantastique qu'elle soit, ne peut cependant pas être rigoureusement controuvée. On n'arrivera jamais à prouver qu'il n'existe point de lutins invisibles tirant et poussant les corps ; on pourra seulement objecter que leur existence est très problématique. Mais cependant, on me rirait au nez — et avec raison — si je voulais prétendre qu'on doit donner la préférence à cette hypothèse aussi longtemps qu'on ne l'aura point rigoureusement contredite. Il semble bien plutôt évident — et c'est ainsi qu'on opère dans toutes les recherches scientifiques — qu'une hypothèse peut être tenue pour vraie seulement quand elle est appuyée par quelques raisons positives faisant d'elle, suivant les cas, une bonne ou une très bonne hypothèse.

L'hypothèse que la valeur des marchandises repose seulement sur la quantité de travail incorporée, n'est appuyée, dans le stade actuel de la discussion, sur aucune raison. Comme nous l'avons vu plus haut, elle n'est certainement pas un axiome immédiatement évident et n'exigeant aucune justification. La seule tentative de justification faite, celle de Marx, n'a pas réussi, et Schmidt semble bien le reconnaître. Il est en effet par trop fort de vouloir nous faire considérer comme une nécessité évidente de l'échange que, dans toute transaction, des quantités égales de travail doivent être échangées, alors que Marx lui-même, dans le troisième volume, nous démontre que, dans certaines conditions, une nécessité économique fait considérer des quantités *inégales* de travail comme se faisant équilibre dans l'échange ! — De coïncidence rigoureuse avec les faits d'expérience, il n'en existe pas, coïncidence qui, dans certaines circonstances, pourrait remplacer une justification complète et doit même la remplacer là où il s'agit des faits ultimes inaccessibles à une analyse plus complète. L'expérience, au contraire, — comme je l'ai déjà dit à satiété — indique des contradictions nombreuses, flagrantes, et, sur toute la ligne, l'absence d'une coïncidence rigoureuse avec l'« hypothèse ». Quant à essayer enfin — ce qui pourrait également dispenser d'une justification complète — d'analyser les motifs qui agissent dans l'échange, pour y trouver ou pour rendre vraisemblable une cause interne d'après laquelle les valeurs se détermineraient — tant qu'on fait abstraction de causes perturbatrices externes — en raison des quantités de travail, cela n'a pas été tenté une seule fois par les marxistes. Ils considèrent même un tel essai comme absolument irréalisable. Bien plus, tout ce que l'expérience nous apprend et tout ce que nous savons des motifs déterminants de l'échange nous oblige, au contraire, à admettre que, dans une société non capitaliste, la valeur serait aussi peu en harmonie avec la quantité de travail correspondante que sous le régime de la propriété privée du capital. Sous tous les régimes économiques, et dans tous les modes de répartition des biens, les gens se laissent guider par des considérations sur l'utilité et le prix de ceux-ci qui, sans nul doute, impliquent en particulier la considération de la dépense de travail, mais qui, sans nul doute aussi, ne se bornent pas là. Par exemple, ils font encore jouer un rôle à l'époque à laquelle les biens donneront leur effet utile, chose à laquelle l'hypothèse anti-naturelle de la valeur dûe au travail ne laisse aucune place.

Tout récemment, une publication remarquable du camp marxiste est venue reculer encore d'un grand pas la ligne défendue par Conradt Schmidt, et a même cessé de prendre la loi de la valeur comme base démonstrative de la théorie de l'exploitation. Sans doute, Ed. Bernstein, l'auteur de l'ouvrage (1), fait bien encore une tiède apologie de la loi de la valeur sous une forme qui tient à peu près le milieu entre les exposés de Sombart et de Schmidt. Cependant, il avoue ouvertement qu'elle n'est point vérifiée aussi longtemps qu'on considère l'échange des diverses marchandises entre elles. Il présente la valeur dûe au travail comme « une pure construction de l'esprit », comme « un fait purement subjectif basé sur une abstraction », comme « n'étant absolument pas autre chose qu'une clef, qu'une image, au même titre que l'atome ». En imaginant que les diverses marchandises se vendent à leur prix, Marx a seulement voulu « rendre sensible », par un « cas particulier imaginé par lui », le phénomène auquel, d'après sa conception, la production globale donne naissance, à savoir le fait du « surtravail ». Ce surtravail, Bernstein ne veut plus en démontrer l'existence à l'aide de la loi de la valeur. Sentant très nettement que celle-ci

(1) *Die Voraussetzungen des Socialismus und die Aufgaben der Socialdemokratie.* Stuttgart, 1899.

est par trop insoutenable pour pouvoir elle-même servir de soutien à quelque chose, il dit : « Pour démontrer l'existence du surtravail, il est absolument indifférent que la théorie de la valeur de Marx soit vraie ou fausse. A ce point de vue, cette théorie ne constitue pas une démonstration, mais seulement un mode d'analyse et de représentation (1).

Et, chose remarquable, il ajoute à cette concession d'autres concessions. « La théorie de la valeur dûe au travail, dit-il, même considérée comme clef, pêche à un certain point de vue, et elle est ainsi devenue fatale à presque tous les élèves de Marx ». « La théorie de la valeur est d'ailleurs aussi peu une norme permettant de juger de la justice ou de l'injustice de la répartition des produits du travail, que la théorie atomique n'est capable d'en être une pour la beauté ou la laideur d'une statue ». « La valeur de l'utilité-limite de l'école de Gossen-Jevons-Boehm » — qui, tout comme la valeur dûe au travail de Marx, a des « rapports réels » pour base, tout en étant édifiée sur des abstractions — peut, comme cette dernière, « pour certaines choses et à l'intérieur de certaines limites, prétendre à l'exactitude ». Tenant compte enfin de ce que Marx, lui aussi, a mis en évidence la signification de la valeur d'usage, Bernstein ajoute « qu'il ne suffit pas pour réfuter la théorie de Gossen-Boehm de quelques phrases méprisantes » (2).

Mais avec quoi Bernstein veut-il remplacer l'appui auquel il renonce et que l'ancien Marxisme avait cherché dans la loi de la valeur, pour arriver à maintenir encore la théorie de l'exploitation ? Il a recours à une prémisse extraordinairement simple, mais dont la vertu démonstrative est tout aussi extraordinairement sujette à caution. Il invoque simplement le fait « qu'une

(1) *Op. cit.*, pp. 38, 41. 42, 44.
(2) *Op. cit.*, pp. 41, 42, 45.

fraction seulement de la collectivité prend une part active à la production et à la distribution des marchandises, tandis que l'autre fraction se compose de gens dont les revenus proviennent de services n'ayant aucun rapport avec la production ou ne proviennent d'aucun travail. Ainsi le travail total de la production fait vivre notablement plus d'hommes qu'il n'y en a d'occupés à cette production. De plus, la statistique des revenus montre que les couches sociales ne prenant point part à la production s'approprient une partie du produit total proportionnellement beaucoup plus considérable que les couches productives. Le surplus de travail fourni par ces dernières est donc un fait empirique prouvé par l'expérience et ne nécessitant aucune démonstration déductive » (1).

En d'autres termes, — puisque Bernstein considère, au sens marxiste, le « surtravail » comme du travail extorqué — du simple fait que tout le produit national n'est pas réparti sous forme de salaires entre les travailleurs productifs, mais qu'il existe, au contraire, d'autres formes de revenu, Bernstein admet comme *empiriquement* démontré que les ouvriers sont exploités, et cela sans que cette conclusion ait besoin du moindre éclaircissement. Mais cette conclusion est, au contraire, si évidemment prématurée, elle contient une pétition de principe si évidente, qu'elle a à peine besoin d'une réfutation en règle. Evidemment, on pourrait, renchérissant encore sur les physiocrates, démontrer exactement de la même manière que toute l'humanité vit de l'exploitation de la population agricole, car c'est un fait que toute une catégorie de gens vivent des fruits de la terre produits par les travailleurs des champs.

Cependant le problème est un peu moins simple. L'expérience montre tout d'abord que le produit natio-

(1) *Op. cit.*, p. 42.

nal provient de l'action combinée du travail humain et de moyens de production matériels, dont l'origine est, pour une part, naturelle, et, pour l'autre, artificielle (sol, capital). L'expérience montre encore que ce produit est partagé d'après une certaine règle entre les parties qui ont fourni les facteurs coopérants. Quelqu'un peut penser — et c'est là une opinion très discutable — que, de tous les participants effectifs à ce produit, un seul *devrait* y avoir droit, si bien que la participation des autres est de prime abord une exploitation de cet ayant droit unique. Dans ce cas, il faudrait alors éclairer les rapports mutuels des facteurs de la production et tâcher de prouver par des raisons intimes comment et pourquoi, en dépit de la multiplicité apparente des facteurs coopérants, l'un deux signifie seul quelque chose, soit d'une façon générale, soit tout au moins pour la question de la distribution et peut alors, à l'inverse des autres, tout revendiquer pour lui. C'est ainsi que Marx a compris le problème. Dans la vie économique, les biens valent d'après leur valeur. C'est pourquoi Marx, pour démontrer le droit absolu de l'ouvrier à toute la valeur du produit, a logiquement cherché à démontrer que la valeur est le produit spécial du travail seul. La loi de la valeur était pour lui un argument permettant d'éliminer les prétentions au partage des propriétaires fonciers et des capitalistes.

Bernstein ne se tire pas d'ailleurs d'affaire sans déduction aucune. Il est clair, en effet, que sa démonstration, censément tout à fait empirique, contient une partie déductive sous-entendue. C'est le théorème de Rodbertus, d'après lequel tous les biens, considérés au point de vue économique, sont uniquement les produits du travail. Si l'on n'avait pas tout au moins cette proposition en vue comme terme de transition, — après que la loi de la valeur de Marx a été expressément exclue des prémisses — le raisonnement de Bernstein n'aboutirait point à une conclusion formelle. Mais cette prémisse déductive à laquelle Bernstein est obligé de revenir, ne peut pas mieux étayer la théorie de l'exploitation que ne le faisait la loi de la valeur de Marx. Elle est, comme nous le savons, positivement fausse, en ce sens qu'elle méconnait et nie l'importance des biens naturels rares pour l'économie humaine et la production (1). D'ailleurs, dans la mesure où elle est vraie, elle n'offre aucun appui à la conception et aux conséquences que la théorie de l'exploitation veut baser sur elle, et c'est là le point le plus important pour la question de l'intérêt du capital. La théorie de l'exploitation, souvenons-nous en, ne se contente pas de réclamer pour les ouvriers tout ce qu'ils produisent, mais elle le réclame plus tôt que les travailleurs ne l'ont produit. Or, pour cette anticipation, tout au moins artificielle, on ne peut invoquer aucune raison naturelle ou de droit naturel dont la non-observance puisse être stigmatisée en principe du nom d' « exploitation ». A vrai dire, les représentants de la théorie de l'exploitation ne s'expliquent pas et n'expliquent pas très clairement à leurs lecteurs l'introduction de cette prétention peu naturelle, pour ne pas dire anti-naturelle dans leurs postulats, lesquels sont censés dériver de principes naturels évidents par eux-mêmes. Je l'ai déjà reproché plus haut, en passant, à Rodbertus, à l'aide d'un exemple concret (1) ; je veux maintenant, au sujet de Bernstein, le faire une fois encore tout au long. Il semble vraiment que les défenseurs de la théorie de l'exploitation, après l'échec subi par la fameuse loi de la valeur de Marx, se réfugient sur les positions défendues par Rodbertus à l'aide de son théorème, et veuillent y livrer le combat décisif.

Bernstein résume le contenu de ces positions avec une

(1) Voir plus haut, tome II, p. 29 et s.
(2) Voir plus haut, tome II, p. 40 et s.

simplicité déconcertante, en disant que d'autres que les travailleurs productifs vivent du produit national. A cette façon de procéder, je veux opposer quelques faits non moins simples et non moins élémentaires.

C'est un fait que les méthodes de production aujourd'hui en usage, et pour lesquelles des matériaux, des outils, des machines, des produits auxiliaires, des moyens de transport, etc. sont préparés à l'avance au moyen de « travail médiat », sont de beaucoup plus productives que celles qui n'ont point recours à ces préparatifs de longue haleine. C'est un fait que si l'on considère l'ensemble de tous les travaux directs ou indirects effectués pour l'achèvement d'un bien, le fruit mûr ne peut être obtenu qu'à la fin d'un procès de production ayant une durée de plusieurs ou même de nombreuses années. C'est encore un fait que les socialistes réclament ce produit total, ou sa valeur totale, exclusivement pour les ouvriers ayant pris part à sa production, comme constituant le « rendement total de leur travail ». Cependant ils ne pensent nullement à reculer la répartition du produit total entre les ouvriers jusqu'au jour où il sera achevé et mûr pour le partage. Ils prétendent, au contraire, que les ouvriers doivent recevoir le complet équivalent en valeur de ce qui résultera de leur travail commun après toute une suite d'années, chacun immédiatement après avoir fourni sa part de travail.

Et ici s'introduit une seconde série de faits. C'est un fait que toute répartition effectuée entre les ouvriers avant l'achèvement du produit de leur travail ne peut avoir lieu que si des biens provenant de quelque autre source existent déjà avant cet achèvement. C'est seulement sous cette condition que le travail peut être appliqué à des buts éloignés, c'est-à-dire qu'on peut recourir à des modes de production avantageux, mais à rendement lointain. Dans le cas contraire, on devrait se contenter du rendement inférieur du travail provenant de méthodes productives moins longuement préparées, mais à effets plus immédiats. Or, il existe de telles réserves de biens entre les mains des capitalistes, réserves qui se transmettent en s'accroissant de génération en génération. Que leur acquisition n'ait été que partiellement légale ou illégale, c'est un point qu'on peut provisoirement ne pas élucider. Mais il est certain que ce stock de biens a été créé et conservé par d'autres services que ceux des ouvriers entretenus et payés à l'aide de ce stock au cours du procès de production.

Ainsi, ce n'est déjà pas du simple fait des ouvriers travaillant aujourd'hui, ce n'est point par *leur* zèle et *leur* habileté seulement, qu'un certain produit d'une valeur supérieure sera obtenu dans tant ou tant d'années. Une partie du mérite revient à un certain nombre de personnes qui ont agi avant eux, qui ont formé et conservé le stock des marchandises mises en réserve. Dans ces conditions, la contribution des ouvriers doit-elle leur donner, non seulement le droit à tout le produit accru, mais encore le droit de le toucher avant même qu'il soit créé ?

C'est ce que la théorie de l'exploitation veut nous faire croire. Cependant, cela n'est pas évident, même pour l'ami le plus chaud des ouvriers, s'il se rend clairement compte de l'état des choses. A la vérité, la théorie de l'exploitation n'y aide pas. Sous toutes les formes qu'elle a revêtues jusqu'ici, elle a évité de mettre en lumière le point délicat, la différence de temps qui s'écoule entre le payement du salaire et l'achèvement du produit, tout comme la signification de cette différence de temps pour la technique de la production et la détermination de la valeur des biens. Ou bien elle n'effleure point cette question, ou bien elle la traite d'une façon inexacte et fautive. A ce sujet encore, Marx a fortement péché. Il explique quelque part « qu'il est absolument indifférent pour la formation de la valeur d'un produit » qu'une partie du travail nécessaire à sa formation ait dû être dépensée à une époque antérieure, « au plus-que-parfait » (1). Une autre fois, il arrive même, au contraire, à démontrer par une dialectique contournée que le mode ordinaire de règlement des salaires entraîne, non pas une anticipation, mais un retard dans le payement de ceux-ci, retard préjudiciable aux ouvriers. Ceux-ci reçoivent en effet habituellement leurs gages à la fin de la journée, de la semaine, du mois pendant lesquels ils ont travaillé pour l'entrepreneur. Ce n'est donc pas ce dernier qui avance le salaire, mais les ouvriers qui avancent leur travail (2).

Cela est absolument exact si l'on admet que la prétention de l'ouvrier à un salaire n'a rien à faire avec le produit futur de son travail ; si l'on admet, en d'autre termes, que l'entrepreneur n'achète pas le produit futur qui résultera du travail, mais simplement la prestation physique actuelle de l'ouvrier, et si l'on déclare que l'utilité, pouvant résulter de ce marché pour l'entrepreneur, est une chose qui le regarde seul et n'a plus rien à faire avec l'ouvrier et sa prétention à un salaire. En acceptant cette manière de voir, on peut certainement dire que, si le salaire est payé après la prestation du travail, c'est l'ouvrier qui avance son travail, et non l'entrepreneur qui avance le salaire. Mais si — comme Marx et les socialistes n'ont probablement pas tort de le faire — on base la prétention au salaire précisément sur le produit qui résultera du travail, et si, par conséquent, on appuie toute sa critique sur le rapport existant entre les salaires payés et le produit final du travail, alors il est un fait qu'on ne doit ni négliger ni nier. Ce fait, c'est que le payement du salaire, même s'il a lieu un peu après la prestation des divers travaux, précède cependant d'une

(1) I, p. 175.
(2) II, p. 197 et s.

façon notable l'achèvement du produit. Si donc la prétention de l'ouvrier au produit de son travail est satisfaite à l'aide d'une anticipation artificielle, celle-ci ne peut pas être sans influence sur la grandeur du salaire payé, étant donnée l'existence d'une différence de valeur entre le présent et le futur.

Dans ce qui précède, je me suis abstenu à dessein de parler des autres fractions sociales participant au produit national, ou je me suis exprimé d'une façon purement négative à leur sujet. Cela était conforme à la nature de ma tâche actuelle. Pour établir l'exactitude ou la fausseté de la théorie de l'exploitation, il ne faut pas voir si la partie du produit national non affectée au payement des salaires est répartie entre les participants d'une façon absolument proportionnelle aux services rendus ; il faut voir tout simplement s'il est possible de démontrer que les services des ouvriers leur donnent le droit absolu de réclamer prématurément la livraison artificielle de tout le produit national. Si cela n'est pas démontrable, la théorie de l'exploitation est fausse. Il reste alors une partie du produit national sur laquelle d'autres que les ouvriers peuvent émettre des prétentions de droit ou d'équité. Dans la mesure où ces prétentions n'existeraient pas, ce serait à une organisation éclairée de disposer sagement de ce surplus pour le plus grand bien de la collectivité. Il se peut — et, en fait, l'évolution de notre droit, les assurances ouvrières modernes, les impôts sur le revenu, l'étatisation croissante, etc., etc., semblent bien agir dans ce sens — il se peut bien, dis-je, que la législation ait toutes les raisons d'augmenter la part de cette portion disponible du produit national qui revient aux classes laborieuses. Elle peut y arriver par des mesures artificielles basées sur l'opportunité, dans le sens le plus élevé de ce mot, et par la réduction directe ou indirecte des revenus de la propriété. Seulement, dans les discussions et les décisions relatives à cette question, les motifs déterminants sont de toute autre espèce que ceux mis en avant par la théorie de l'exploitation. Celle-ci consiste, en dernière analyse, à interrompre la discussion en se retranchant derrière un faux titre de droit, et à empêcher les considérations et les motifs convaincants de se faire jour dans l'étude de la portion du produit national pour laquelle la classe ouvrière n'a point de titres de droit valables.

J'ai consacré à la discussion de la théorie de l'exploitation une place considérable et disproportionnée. C'était dans une bonne intention. Aucune autre doctrine n'a jamais eu, en effet, une influence aussi grande sur les façons de voir et de sentir de plusieurs générations. Notre époque l'a vu atteindre un point culminant, d'où, si je ne me trompe, elle commence maintenant à redescendre. Il faut cependant s'attendre à de nouveaux essais de défense opiniâtre ou à des métamorphoses. C'est pourquoi j'ai cru bien faire en ne me contentant pas d'une critique purement rétrospective des stades déjà écoulés du développement de cette doctrine, mais en cherchant à faire à l'avance la critique des positions sur lesquelles on reconnaît à des signes fort nets que ses partisans essayeront encore une fois de sortir victorieux de la lutte.

Pour ce qui est de la vieille théorie socialiste de l'exploitation, que nous avons étudiée dans la personne de ses deux représentants les plus éminents, Rodbertus et Marx, je ne puis adoucir le jugement sévère que je portais déjà sur elle, il y a quinze ans. Non seulement elle est inexacte, mais, au point de vue de la valeur théorique, elle doit encore occuper l'un des derniers rangs parmi toutes les théories de l'intérêt. Si graves qu'aient pu être les erreurs commises par les représentants de plusieurs autres doctrines, je puis à peine croire qu'on arrive jamais à trouver chez eux les pires fautes réunies en nombre aussi considérable que dans la théorie de l'exploitation : présomptions étourdies et précipitées, dialectique erronnée, contradictions internes, aveuglément au sujet des faits réels. Comme critiques, les socialistes sont forts, mais, comme théoriciens, ils sont exceptionnellement faibles. Cette conviction aurait depuis longtemps déjà conquis le monde si les positions avaient été par hasard changées, si un Marx et un Lassalle avaient poursuivi les théories socialistes avec l'ironie frappante et mordante que ceux-ci ont employée contre les « économistes vulgaires » !

Si la théorie de l'exploitation, malgré sa faiblesse interne, a trouvé et trouve tant de crédit, elle le doit, à mon sens, au concours de deux circonstances. D'abord à ce qu'elle a transporté le débat sur un terrain où non seulement la tête, mais aussi le cœur parlent généralement tous les deux. Ce qu'on aime à croire, on le croit facilement. La situation des classes laborieuses est, en fait, généralement malheureuse, et tout philanthrope doit souhaiter son amélioration. Beaucoup de profits du capital proviennent de sources impures ; tout philanthrope doit souhaiter que ces sources tarissent. Qu'une théorie se présente alors qui conclue au bon droit des malheureux, au mauvais droit des riches — répondant ainsi, en tout ou en partie, aux vœux du philanthrope — et beaucoup prendront immédiatement parti pour elle en apportant à l'examen de ses bases théoriques une partie seulement de la rigueur critique qu'ils y eussent consacrée en d'autres circonstances. Que les grandes masses s'attachent à de telles doctrines, cela va de soi. Elles ne peuvent pas, en effet, se livrer à un examen critique et écoutent simplement leurs désirs. Elles croient à la théorie de l'exploitation parce qu'elle leur plaît, et quoi qu'elle soit fausse. Elles y croiraient encore si sa base théorique était encore plus mauvaise qu'elle ne l'est réellement.

Une seconde circonstance qui a servi la théorie de

l'exploitation et contribué à son extension, c'est la faiblesse de ses adversaires. Aussi longtemps qu'elle a été réfutée scientifiquement avec les arguments non moins attaquables des théories de la productivité, de l'abstinence ou du travail, et dans le ton des Bastiat, des Mc. Culloch, des Roscher ou des Strasburger, la lutte ne pouvait mal finir pour les socialistes. Avec des positions aussi mal choisies, en effet, il était impossible d'atteindre leur vrai point sensible. Les faibles attaques dirigées contre les socialistes étaient rudement repoussées, et l'assaillant victorieusement poursuivi dans son propre camp, chose que les socialistes s'entendaient à faire avec autant d'adresse que de bonheur. Par cela, et presque par cela seulement, le socialisme a servi la théorie. Si beaucoup d'écrivains socialistes ont acquis une renom durable dans l'économie politique, ils le doivent à la force et à l'adresse avec lesquelles ils ont su détruire maintes vieilles erreurs profondément enracinées. Quant à remplacer l'erreur par la vérité, les socialistes l'ont, il faut le dire, encore moins tenté que beaucoup de leurs adversaires si méprisés.

CHAPITRE XIII

LES ÉCLECTIQUES

Les difficultés que la science rencontre dans la solution du problème de l'intérêt ne se réflètent nulle part aussi bien que dans l'impossibilité où sont la majorité des économistes de notre siècle d'avoir une opinion nette sur la question (1).

Quant à la façon dont cette impossibilité s'est manifestée, elle s'est modifiée depuis 1830. Avant cette époque, les irrésolus, qui étaient alors nombreux, évitaient simplement de s'occuper du problème de l'intérêt. Ils constituèrent ainsi la catégorie des « incolores », comme je les ai nommés. Plus tard, lorsque le problème de l'intérêt fut devenu un sujet permanent de discussions scientifiques, cette façon de faire ne fut plus possible ; il fallut avoir une opinion. C'est ainsi que les irrésolus devinrent des éclectiques. Des théories ont été proposées en nombre surabondant. Celui donc qui ne veut point en créer une nouvelle, ou se déclarer absolument et exclusivement pour une des théories existantes, choisit dans deux, trois, ou dans un plus grand nombre de théories hétérogènes les parties qui lui plaisent, pour en faire un ensemble en général assez peu consistant. Ou bien encore, se dispensant de former un tout uniforme, même en apparence, il s'adresse, tantôt à l'une, tantôt à l'autre, des

(1) Ecrit en 1884. Au sujet des derniers développements [de cette littérature, voir l'appendice placé à la fin de ce volume.

diverses théories existantes, dans la mesure où chacune d'elles convient le mieux au but momentané qu'il poursuit.

Il va de soi qu'un tel éclectisme, qui fait bon marché du premier devoir du théoricien, c'est-à-dire de la logique, ne constitue pas un degré supérieur de la théorie. Cependant, ici comme parmi les « incolores », nous rencontrons, à côté de nombreux écrivains d'ordre inférieur, quelques théoriciens de haute valeur. Cela n'est pas étonnant, car la théorie s'est si singulièrement développée que, précisément pour des penseurs de valeur, il est presque impossible de ne pas devenir éclectique. Il existe un si grand nombre de théories hétérogènes, qu'on pourrait croire qu'il n'est plus possible d'en trouver de nouvelles. D'autre part, un esprit critique ne peut se trouver pleinement satisfait d'aucune d'elle. Mais il est aussi indéniable que, dans beaucoup d'entre elles, il existe un grain de vérité. La théorie de la productivité, par exemple, est, dans son ensemble, sûrement insuffisante. Mais, à moins d'être de parti pris, on doit admettre que l'existence de l'intérêt doit cependant avoir quelque chose à faire avec le rendement plus considérable de la production capitaliste ou, comme on dit, avec la productivité des capitaux. Il est tout aussi impossible d'expliquer nettement l'intérêt du capital à l'aide de l' « abstinence des capitalistes ». Cependant, il est également difficile de dire que l'abstinence, généralement pénible à pratiquer, est une chose absolument indifférente pour l'origine et le taux de l'intérêt. Dans de telles conditions, il est tout naturel de chercher à réunir ensemble les parcelles de vérité contenues dans diverses théories. Et d'autant plus que, non seulement le côté théorique, mais encore le côté socialo-politique de l'intérêt du capital est à l'ordre du jour. Le désir de justifier l'intérêt du capital a fait que maint écrivain a plus volontiers renoncé à arriver à une unité théorique qu'à accumuler des raisons justificatives. A vrai dire, les parcelles de vérité réunies par les éclectiques sont restées des parcelles, et les frottements qui existent entre elles ont toujours été assez forts pour qu'on ne pût en faire un tout harmonique.

L'éclectisme présente un riche assortiment de combinaisons des diverses théories. Le plus souvent, la combinaison est formée de deux théories dont la réunion semble s'approcher le plus de la réalité : celles de la productivité et de l'abstinence. Parmi les nombreux écrivains qui ont défendu ce mélange, je veux citer Rossi et entrer à son sujet dans quelques détails. Et cela parce que, d'une part, sa réédition de la théorie de la productivité ne manque pas d'une certaine originalité, et, d'autre part, parce que sa façon de faire peut être considérée comme un exemple caractéristique du manque de logique habituel aux éclectiques.

Dans son *Cours d'Economie politique* (1), Rossi se sert alternativement des théories de la productivité et de l'abstinence, sans jamais essayer de les fondre en une doctrine unique. Il suit, en somme, complètement la théorie de l'abstinence lorsqu'il s'agit du phénomène de l'intérêt et de son origine en général. Il recours plus volontiers, par contre, à la théorie de la productivité dans les détails de la doctrine et, en particulier, pour étudier la hauteur du profit. Je vais résumer les passages essentiels sans me donner la peine — que l'auteur lui-même n'a pas prise — de chercher à les faire concorder.

Rossi reconnait, à la façon ordinaire, le capital comme étant, à côté du travail et du sol, un facteur de la production (I, p. 92). Le capital exige une rémunération pour sa coopération à la production (le profit). Pourquoi ? Rossi l'explique provisoirement à l'aide de ces mots mys-

(1) 4e édit. Paris, 1865.

tiques plutôt interprétables au sens de la théorie de la productivité : « pour les mêmes raisons et au même titre que le travail » (p. 93). Dans le sommaire de la troisième leçon du troisième volume, Rossi s'explique plus clairement et, à la vérité, résolument dans le sens de la théorie de l'abstinence : « Le capitaliste exige l'indemnisation correspondant à l'*abstinence* qu'il a dû s'imposer, » (III, p. 32). Au cours de la leçon suivante, il développe cette idée plus rigoureusement. Il commence par blâmer Malthus d'avoir rangé le profit du capital parmi les frais de production, alors qu'il ne constitue pas une dépense, mais une recette du capitaliste. C'est là un reproche qu'il aurait pu d'ailleurs se faire à lui-même, car, dans la sixième leçon du premier volume il a rangé, lui aussi, le profit du capital, sous toutes ses formes et de la façon la plus formelle parmi les frais de production (1). Maintenant, il présente l'« épargne capitalisée », la non-consommation et l'emploi productif des biens comme constituant de véritables frais de production. Plus loin, il fait de nouveau et à plusieurs reprises (p. e. III, pp. 261, 291) allusion au renoncement à la jouissance du capitaliste comme à une cause active de la formation du profit.

Jusqu'ici Rossi s'est surtout montré partisan de la théorie de l'abstinence. Mais, à partir de la deuxième moitié du troisième volume, on rencontre, d'abord à l'état sporadique, puis de plus en plus souvent, des assertions d'où ressort que Rossi était, lui aussi, sous l'influence de la théorie de la productivité. Pour commencer, il relie en termes encore vagues le profit du capital au fait que « les capitaux contribuent à la production (III, p. 258). Un peu plus loin, il dit déjà très nettement : « Le profit est l'indemnisation dûe à la *force productive* » ;

(1) I, p. 93 : « Les frais de production se composent : 1° de la rétribution dûe aux travailleurs ; 2° *des profits des capitalistes*, etc. »

ainsi, ce n'est plus à l'abstinence. Enfin, il explique tout au long la hauteur de l'intérêt du capital par la productivité de celui-ci. Rossi considère en effet comme « naturel » que le capitaliste reçoive une part du produit égale à ce que son capital a créé ; cette part sera forte si la force productive du capital est forte, faible si la force productive du capital est faible. Rossi arrive ainsi à cette loi : La hauteur naturelle du profit du capital est proportionnelle à la grandeur de la force productive du capital. Il développe d'abord cette loi, dans l'hypothèse d'une production n'exigeant *que* des capitaux et une quantité si petite de travail qu'on peut la négliger, et en considérant exclusivement la valeur d'usage du produit. Ayant fait ces suppositions, il lui semble évident que si l'emploi d'une bêche, par exemple, permet de retirer d'un champ, tous frais payés, un profit de 20 hectolitres de blé, l'emploi d'un capital plus puissant, d'une charrue, permettra de retirer du même champ, tous frais payés, un profit supérieur, 60 hectolitres par exemple. Et cela, « parce qu'on aura employé un capital dont la force productive est supérieure ». Mais cette loi naturelle fondamentale est également valable sous le régime plus complexe de la vie économique réelle. Là aussi il est « naturel » que, lors du partage du produit total entre les ouvriers et le capitaliste, la part de ce dernier soit à celle de l'ouvrier dans le rapport où la force productive du capital est à la force productive de l'ouvrier. Si dans une certaine industrie occupant 100 ouvriers, par exemple, on introduit une machine qui remplace cinquante d'entre eux, le capitaliste a naturellement droit à la moitié du produit total, ou au salaire de cinquante ouvriers.

Une seule chose vient troubler ce rapport naturel : le fait que le capitaliste joue un double rôle. Non seulement, en effet, il fait contribuer son capital au travail commun, mais il trafique encore du travail. De par son premier rôle, il ne toucherait que le gain naturel correspondant à la productivité du capital. Mais comme il achète le travail tantôt cher et tantôt bon marché, il peut encore, ou bien augmenter le profit naturel du capital aux dépens des ouvriers, ou bien en perdre une partie à leur avantage. Si, par exemple, les 50 ouvriers remplacés par la machine font baisser le salaire du travail en offrant de travailler à prix réduit, il peut arriver que le capitaliste achète le travail des 50 ouvriers conservés pour une fraction du produit total inférieure à celle résultant de la comparaison de leur force productive à celle du capital. Il pourra, par exemple, acheter leur travail, non plus pour 50 0/0, mais pour 40 0/0 du produit total. Un profit additionnel de 10 0/0 s'ajoutera ainsi au gain naturel du capital. Mais ce profit est absolument différent, de par sa nature, du gain du capital, avec lequel on le confond généralement et à tort. On doit bien plutôt le considérer comme un profit provenant de l'achat du travail. Ce n'est pas le gain naturel du capital, mais ce supplément de profit qui crée un antagonisme entre le capital et le travail. La considération de ce profit supplémentaire permet seule de dire que le profit augmente quand le salaire diminue, et inversement. Le profit naturel et réel du capital, par contre, n'influe pas sur le salaire du travail et dépend seulement de la productivité du capital (III, Leçons 21 et 22).

Après tout ce que j'ai dit des théories de la productivité, en général, il est inutile de soumettre la doctrine de Rossi à une critique détaillée. Je veux seulement en montrer une conséquence monstrueuse. D'après Rossi, tous les suppléments de rendement provenant de l'introduction et de l'amélioration des machines ou, d'un façon générale, du développement du capital, doivent éternellement entrer, en totalité, dans les poches des capitalistes, sans que les ouvriers aient la moindre part aux heureuses conséquences de ces progrès. Car tout supplément de rendement doit être attribué à l'augmentation de la force productive du capital, et les fruits de celle-ci constituent la part « naturelle » du capitaliste (1).

Molinari (2) et Leroy-Beaulieu (3), parmi les écrivains français, Roscher et ses disciples, ainsi que Schüz et Max Wirth (4), parmi les allemands, se meuvent dans la même voie que Rossi sans ajouter rien de nouveau.

Parmi les représentants italiens de la même école, je signalerai Cossa. Malheureusement, cet excellent écrivain n'a pas étendu à la question de l'intérêt la monographie spéciale qu'il consacre à la notion du capital (5). Nous devons donc avoir recours, pour ce qui est de ses idées sur l'intérêt, aux allusions lapidaires de son ouvrage bien connu : *Elementi di Economia Poli-*

(1) Voir la critique mordante, mais souvent fort exacte de Pierstorff, *op. cit.*, p. 93 et s.

(2) *Cours d'Economie Politique.* 2e édit. Paris, 1863. Sa théorie de la productivité est semblable à celle de Say (l'intérêt est une rémunération pour les services productifs du capital ; p. e. I, p. 302). La théorie de l'abstinence (voir I. pp. 289, 293 et s., 300 et s.) est particulièrement peu satisfaisante, par suite de la forme particulière qu'il donne à la notion de « privation ». Par là, il entend les privations que le capitaliste doit supporter du fait qu'il ne peut point disposer du capital consacré à la production pour satisfaire aux besoins pressants qu'il pourrait avoir. C'est là une base très mal choisie pour une théorie générale de l'intérêt !

(3) *Essai sur la Répartition des richesses.* 2e édit. Paris, 1883. Voir en particulier, p. 236 (théorie de l'abstinence), puis p. 233 et s., p. 238 et s. (théorie de la productivité). Voir aussi plus haut, tome I, p. 164 et s.

(4) Sur Roscher voir plus haut, tome I, p. 157 et s. ; Schüz, *Grundsätze der National-Oekonomie,* Tübingen 1843, en particulier pp. 70, 285, 296 et s. ; Max Wirth, *Grundzüge der National-Oekonomie,* 3e édit. I. p. 324, 5e édit. I p. 327 et s. — Voir de plus Huhn, *Allgemeine Volkswirthschaftslehre,* Leipzig, 1862, p. 204 ; H. Bischof, *Grundzüge eines Systems der National-Oekonomik,* Graz, 1876, p. 459 et s., en particulier p. 465, Remarque 2 ; Schulze-Delitzsch, *Kapitel zu einem deutschen Arbeiter-Katechismus,* p. 23 et s., 27, 28, etc.

(5) *La nozione del Capitale,* dans les *Saggi di Economia Politica,* Milan, 1878, p. 155 et s.

tica (1). A en juger par le contenu de ce livre, Cossa est aussi un éclectique. Cependant, la façon dont il exprime la doctrine ordinaire, me semble nettement indiquer qu'il n'est pas indemne de scrupules à son égard. C'est ainsi, par exemple, qu'il regarde l'intérêt du capital comme étant bien une indemnisation des « services productifs » du capital (p. 119), mais qu'il refuse de reconnaître à ce dernier le caractère d'un facteur primaire de la production, et le présente comme étant simplement un « instrument dérivé » de la production (2). A la vérité, il introduit plus loin, à la façon des partisans de l'abstinence (p. 65), le facteur privations (privazioni) dans les frais de production. Cependant, il en fait usage, dans la théorie de l'intérêt, comme s'il n'exprimait pas sa propre conviction, mais citait la doctrine d'un autre (3).

Mais de toutes les théories éclectiques qui réunissent les doctrines de l'abstinence et de la productivité, c'est la théorie de l'Anglais Jevons que je considère comme la plus intéressante. C'est avec elle que je terminerai l'étude de ce groupe.

Jevons (4) commence par indiquer très clairement, et sans tomber dans le mysticisme de la « force productive », le rôle économique du capital. Celui-ci consiste simplement, pour lui, dans le fait que le capital nous permet de faire des avances de travail. Il nous aide à sortir des difficultés qu'on rencontre au cours du laps de temps qui sépare le début de la fin d'un travail. Il y a une infinité de perfectionnements dans la fabrication des biens

(1) 6e édit. 1883.

(2) P. 34 et plus longuement dans les *Saggi*.

(3) « Duo sono gli elementi dell' interesse, cioè : 1° la retribuzione pel *non uso* del capitale, *o, come altri dice, per la sua formazione*, e pel suo servizio produttivo etc. » (p. 119). Ces citations se retrouvent encore à peu près sans modification dans la dixième édition des *Elementi* de Cossa, la dernière qui parut du vivant de son auteur.

(4) *Theory of Political Economy*. 2e édit. Londres, 1879.

dont l'introduction entraîne nécessairement une prolongation du laps de temps qui sépare le moment de la dépense de travail de celui où l'ouvrage est achevé. Toutes ces améliorations proviennent de l'usage du capital, et le fait de les rendre possibles constitue la grande, pour ne pas dire l'unique utilité de celui-ci (1).

Partant de là, Jevons explique comme suit l'intérêt du capital : Il suppose que toute prolongation de l'intervalle de temps séparant la dépense de travail de la jouissance du produit final permet d'obtenir un produit supérieur avec la même dépense de travail. La différence existant entre le produit qu'on eût pu fabriquer dans un laps de temps plus court et le produit plus considérable qu'on obtient en augmentant l'intervalle en question, constitue le profit du capital dont l'investissement a facilité la prolongation de cet intervalle. Nommons t le plus petit des deux laps de temps, $t + \Delta t$ le laps de temps prolongé par l'investissement d'un capital additionnel. Appelons ensuite $F(t)$ le produit résultant d'une certaine quantité de travail pendant l'intervalle t, et $F(t + \Delta t)$ le produit qu'on obtient par l'emploi de cette même quantité de travail pendant le temps $t + \Delta t$. D'après l'hypothèse, $F(t + \Delta t)$ est supérieur à $F(t)$ et la différence $F(t + \Delta t) - F(t)$ constitue le profit du capital.

Pour déterminer le taux de l'intérêt représenté par ce profit total, on doit chercher le rapport qui existe entre ce dernier et le capital investi ayant permis la prolongation de l'intervalle.

$F(t)$ doit être considéré comme étant le capital investi, car c'est là le produit qu'on aurait obtenu dans l'intervalle de temps t sans investir un capital supplémentaire. La durée de l'investissement supplémentaire est Δt. La grandeur totale de l'investissement supplémen-

(1) P. 243 et s.

taire est donc égale à $F(t) . \Delta t$. Si l'on divise la différence indiquée plus haut par cette dernière grandeur, on obtient le taux de l'intérêt, soit :

$$\frac{F(t + \Delta t) - F(t)}{\Delta t} \cdot \frac{1}{F(t)} \quad (1)$$

Plus un pays est pourvu de capitaux, plus grand est le produit $F(t)$ que l'on peut obtenir sans investir un capital supplémentaire. Le capital sur lequel on doit répartir le gain provenant d'une prolongation additionnelle de l'intervalle est alors d'autant plus considérable, et le taux de l'intérêt qui en résulte d'autant plus petit. De là provient la tendance à la diminution du taux de l'intérêt lorsque le bien-être général augmente. De plus, comme tous les capitaux tendent à avoir le même taux d'intérêt, tous les capitalistes doivent se contenter du taux correspondant au dernier accroissement de capital investi. C'est ainsi que l'avantage dont la production bénéficie du fait du dernier accroissement de capital, détermine à chaque instant le taux général de l'intérêt dans le pays.

On a reconnu la similitude de ce raisonnement avec les développements de l'Allemand Thünen. Il donne lieu aux mêmes critiques. Comme Thünen, Jevons identifie, en effet, trop facilement le « plus de produits » avec un surplus de *valeur*. Ce qui semble vraiment exact dans sa description, c'est l'*increment of produce* par rapport au cas où la production aurait lieu sans l'aide du dernier accroissement de capital. Mais que ce surplus de produits représente aussi un excédent de valeur sur celle du capital investi, Jevons ne l'a pas nettement démontré. Mais prenons un exemple concret : Par l'emploi d'une machine imparfaite mais rapidement construite, quelqu'un peut produire, au cours d'une année de

(1) P. 266 et s. Jevons donne à cette formule d'autres formes que je puis omettre ici.

travail, 1000 objets d'un certain genre. En se servant d'une machine plus parfaite, mais en même temps plus longue à construire, la même personne arrive à produire, en un an, 1200 de ces mêmes objets. Que la différence de deux cents objets soit nettement un surcroît de valeur, cela n'est nullement établi. Il se peut que la machine plus parfaite ayant permis de produire 200 objets de plus, soit, de ce fait, estimée si haut que l'accroissement en question soit absorbé par l'amortissement de la machine. Il se peut encore que la nouvelle méthode de production soit généralement employée, que l'offre des produits devienne plus considérable, et leur valeur assez faible pour que les 1200 objets actuels ne valent pas plus que les 1000 précédents. Dans les deux cas, il n'y a pas de plus-value. Jevons est donc tombé ici dans la vieille faute des théoriciens de la productivité, laquelle consiste à considérer mécaniquement le supplément de produits comme constituant un supplément de valeur.

A la vérité, la doctrine de Jevons contient des passages où il essaye précisément d'expliquer cette différence de *valeur*. Seulement, ces passages ne sont pas conformes à sa théorie de la productivité. Ils ne la complètent pas, mais la contredisent.

Dans l'un de ces passages, Jevons admet certains éléments de la théorie de l'abstinence et cite Senior en l'approuvant. Il explique l'« abstinence » de ce dernier comme étant « le sacrifice temporaire de jouissance corrélatif de l'existence du capital », ou encore, comme « l'endurance du besoin » (endurance of want) à laquelle le capitaliste doit se soumettre. Il cherche alors des formules permettant de calculer la grandeur de cette « abstinence » (p. 253 et s.). Il la compte au nombre des frais de production — de temps à autre, et par suite d'une façon de parler inexacte, il y ajoute même les *intérêts* —, et il lui arrive une fois de désigner expressément le revenu du capitaliste comme une rémunération pour « son abstinence et ses risques » (p. 295).

Une série de considérations ultérieures de Jevons, relatives à l'influence du *temps* sur l'estimation des besoins et de leur satisfaction sont très intéressantes. Il remarque que nous anticipons sur nos peines et nos joies futures. La perspective d'une joie future produit déjà une joie « anticipée ». Mais l'intensité de cette dernière est toujours plus petite que celle de la joie future elle-même et dépend de deux facteurs : l'intensité de la joie future, et la grandeur de l'intervalle de temps qui nous sépare de cette joie future elle-même (p. 36 et s.). Chose étrange, Jevons considère comme injustifiée la différence que nous introduisons dans l'estimation d'une jouissance actuelle et d'une jouissance future. Cela provient seulement, pour lui, d'un défaut de nos facultés intellectuelles et sentimentales, car le temps ne devrait jouer aucun rôle dans la question. Cependant, même si c'est une conséquence de l'imperfection de nos facultés, il est de fait qu'une « sensation future a toujours moins d'influence qu'une sensation actuelle » (p. 78).

Jevons émet ensuite l'opinion fort exacte que cette faculté d'anticipation sur les sensations ultérieures doit exercer une influence considérable sur le terrain économique. Toute accumulation de capitaux, par exemple, repose là-dessus (p. 37). Malheureusement, Jevons se borne sur ce point à des allusions d'une nature très générale et en fait seulement quelques applications partielles (1). Quant à approfondir fructueusement cette idée et à en faire vraiment usage pour la théorie de la valeur et du revenu, Jevons n'y arrive pas. Cette négligence est d'autant plus étonnante que certains traits de

(1) Comme conséquence de ce fait, Jevons explique, par exemple, que dans la répartition d'un stock de biens entre le présent et le futur, la part correspondant aux temps à venir sera d'autant plus petite que l'époque considérée sera plus lointaine (p. 78 et s.).

sa théorie de l'intérêt du capital invitent fortement à expliquer celui-ci à l'aide du facteur temps. Il a, en effet, mis en lumière, plus énergiquement qu'on ne l'avait jamais fait avant lui, le rôle joué par le *temps* dans l'emploi du capital (1). C'eût été certainement résoudre une question très voisine que de rechercher si la considération de la différence de temps ne peut pas avoir une influence immédiate sur l'estimation des produits du capital, influence d'où pourrait résulter l'explication de la différence de valeur formant la base de l'intérêt du capital. Au lieu de cela, Jevons persiste, comme nous le savons, à expliquer l'intérêt du capital par une simple différence dans la *masse* du produit. — Il eût été peut-être encore plus indiqué de relier la notion de l'« abstinence » — qu'il effleure aussi — à la différence que nous introduisons dans l'estimation des jouissances actuelles et futures, et de ramener le sacrifice entraîné par la remise de la jouissance à la moindre estime que nous accordons aux utilités futures. Non seulement Jevons n'exprime point positivement cette idée, mais il l'exclue même indirectement. Comme je l'ai remarqué plus haut, en effet, il explique, d'une part, que cette moindre estime est une simple *erreur* provenant de l'imperfection de nos facultés et, d'autre part, il présente l'« abstinence » comme un *sacrifice réel et véritable* consistant dans la prolongation pénible du besoin.

Ainsi, les idées souvent très intéressantes et très sagaces émises par Jevons sur notre sujet ne sont pas fertiles en résultats, et cet auteur n'est pas autre chose qu'un éclectique de valeur.

Un second groupe d'éclectiques ajoutent au mélange précédent telle ou telle nuance de la théorie du travail.

(1) Ecrit en 1884. Depuis, les travaux de Rae ont été mis en lumière. Suivant toutes les probabilités, Jevons a ignoré l'existence de cet éminent précurseur. Voir plus haut tome I, Chap. XI.

Parmi eux, je nommerai tout d'abord Read, dont le travail — publié à l'époque la plus troublée de la littérature économique anglaise — constitue une mixture particulièrement illogique de diverses opinions (1).

Read attribue tout d'abord une très grande importance à la productivité propre du capital, productivité dont il est fermement convaincu. « Comme il doit paraître absurde, dit-il p. 83, de soutenir que le travail crée tout et constitue la source unique de toute richesse ! Comme si le capital ne créait rien et n'était pas, lui aussi, une source réelle et distincte (*a real and distinct*) de richesse ! » Un peu plus loin, il termine une exposition de ce que le capital peut fournir dans certaines branches de la production par une explication absolument conforme à la théorie de la productivité. Tout ce qui reste après payement des ouvriers ayant pris part à l'ouvrage peut être justement considéré, dit-il, comme *le produit et la rémunération du capital* (may fairly by claimed as the produce and reward of capital).

Plus tard, cependant, il voit les choses sous un jour essentiellement différent. Il met en évidence le fait que le capital a pris naissance par le travail et l'épargne, et il base là-dessus une explication de l'intérêt du capital conçue à moitié dans l'esprit de la théorie du travail de James Mill et à moitié dans celui de la théorie de l'abstinence de Senior. « Quelqu'un, dit-il p. 310, a préalablement *travaillé* et *épargné* le produit de son travail au lieu de le consommer. Ce produit sert maintenant à entretenir un autre travailleur productif. Le travailleur antérieur a autant droit à un profit ou intérêt — rémunérant son travail passé et l'épargne et la conservation des fruits de ce travail — que le travailleur actuel a droit au salaire constituant l'indemnisation de son travail actuel ».

(1) *An Inquiry into the natural grounds of right to vendible property or Wealth.* Edimbourg, 1829.

Il va de soi que Read ne peut point effectuer ces oscillations éclectiques sans toutes sortes de contradictions. C'est ainsi, par exemple, qu'il ramène maintenant le capital à du travail préliminaire, chose contre laquelle il a jadis protesté avec un entêtement extrême (1). Il considère maintenant le profit du capital comme le salaire du travail passé, alors qu'il a précédemment (2) blâmé Mc. Culloch de la façon la plus grossière pour avoir méconnu la différence existant entre les notions de « profit » et de « salaire ».

C'est à Read que je puis le mieux relier l'Allemand Gerstner. Celui-ci répond affirmativement à la « question connue » : Le capital produit-il de lui-même et indépendamment des deux autres sources de biens ? Il croit qu'on peut déterminer avec une exactitude mathématique la participation de cet instrument de production, le capital, à la formation du produit total, et considère cette portion de la production comme étant tout naturellement « la partie du produit total devant revenir au capital sous forme de rente » (3). A cette théorie très lapidaire de la productivité, Gerstner mêle des éléments de la théorie du travail de Mill. Page 20, par exemple, il présente les instruments de la production comme « une sorte de travail anticipé » et, partant de là, « la rente du capital, revenant aux instruments de production, comme le salaire d'un travail antérieurement fourni » (p. 23). Quant à la question connexe de savoir si le travail déjà fourni n'a pas déjà son salaire dans la valeur du capital, et pourquoi il doit encore indéfiniment recevoir un salaire supplémentaire sous forme d'intérêt, Gerstner y pense aussi peu que Read.

(1) Par exemple, p. 131 et surtout dans toute sa polémique contre Godwin et l'écrit anonyme : *Labour defended*, etc.

(2) *Loc. cit.* Note de la page 247.

(3) *Beitrag zur Lehre vom Kapital.* Erlangen 1857, pp. 16, 22 et s.

Les Français Cauwès (1) et Joseph Garnier appartiennent à la même direction.

J'ai déjà indiqué plus haut (2) comment Cauwès se montre, en termes assez modérés il est vrai, partisan de la théorie du travail de Courcelle-Seneuil. Mais il développe aussi toutes sortes de vues qui ont leurs racines dans la théorie de la productivité. En polémisant contre les socialistes, il attribue au capital, à côté du travail, un « rôle actif » propre dans la production (I. p. 235 et s.) Il voit dans la « productivité du capital » le motif déterminant de la hauteur du taux de l'intérêt du prêt (3), et finit par faire dériver, d'une façon générale, l'existence de la « plus-value » de la productivité du capital. Il base en effet quelque part l'explication de l'intérêt du capital sur le fait que son emploi productif entraîne une certaine plus-value (4).

Joseph Garnier réunit éclectiquement les éléments de trois théories différentes (5). La base de ses considérations est évidemment la théorie de la productivité de Say. Il va même jusqu'à en conserver le point depuis longtemps condamné par la critique, et qui consiste à compter l'intérêt du capital parmi les frais de production (6). A côté de cela, et à l'exemple de Bastiat, il cite la privation, à laquelle le prêteur du capital se soumet en aliénant ce dernier, comme constituant une justifi-

(1) *Précis d'Economie politique*, 2e édit. Paris 1881.
(2) Voir plus haut, tome I, p. 363.
(3) « Le principe est donc que le taux de l'intérêt est en raison directe de la productivité du capital » (II, p. 110).
(4) « Nous avons vu que la valeur réelle de l'intérêt dépendait *de l'emploi productif donné au capital* ; *puisqu'une certaine plus-value est due au capital*, l'intérêt est une partie de cette plus-value présumée fixée à forfait que reçoit le prêteur pour le service par lui rendu » (II, p. 189).
(5) *Traité d'Economie politique*. 8e édit. Paris 1880.
(6) *Op. cit.*, p. 47.

cation de l'intérêt. Enfin, il explique que cet intérêt provoque et rémunère le « travail d'épargne » (1).

Tous les éclectiques cités jusqu'ici réunissent une multitude de théories dont les bases ne s'harmonisent pas, mais qui concordent au moins dans leurs résultats pratiques. Elles réunissent, en d'autres termes, des théories toutes favorables à l'intérêt. Mais, chose étrange, il existe également une série d'écrivains qui relient à une ou plusieurs théories favorables à l'intérêt des éléments de la théorie adverse de l'exploitation.

J. G. Hoffmann, par exemple, défend une théorie qui, d'un côté, est favorable à l'intérêt du capital et le présente comme étant une indemnisation de certains travaux d'utilité générale fournis par les capitalistes (2) ; mais, d'un autre côté, il repousse nettement la théorie de la productivité, qui, de son temps, était déjà en question. « Car, penser que des forces créatrices résident dans la masse morte du capital ou du sol », c'est un non-sens (3). Là-dessus il explique en termes arides que le capitaliste engrange, sous forme d'intérêt du capital, les fruits du travail d'autrui. « Le capital, dit-il, peut être aussi bien employé à accélérer le travail personnel que celui d'autrui (4). Dans ce dernier cas, le propriétaire a droit à un prix de location *qui peut être seulement payé à l'aide des fruits du travail*. Le prix de la location, l'intérêt, est de la nature de la rente du sol, car, comme cette dernière, *il provient du fruit du travail d'autrui* ».

Le chaos des opinions contradictoires est encore plus frappant chez J. St. Mill (5). J'ai déjà souvent remarqué

(1) p. 522.

(2) *Kleine Schriften staatswirthschaftlichen Inhalts*, Berlin 1843, p. 566. Voir plus haut, tome I, p. 360.

(3) *Loc. cit.*, p. 588.

(4) *Loc. cit.*, p. 576.

(5) *Principles of Political Economy*. Je cite d'après la traduction de Soetbeer. Leipzig 1869.

que Mill prend place entre deux directions très divergentes de l'économie politique, entre l'école dite de Manchester et le socialisme. Il va de soi que, d'une façon générale, une position intermédaire ne peut pas être très favorable à l'élaboration d'une doctrine rigoureusement unitaire. Mais cela est encore moins possible quand on se place sur le terrain où les armées « capitaliste » et « socialiste » se trouvent aux prises. En fait, la théorie de l'intérêt du capital de Mill présente une telle confusion qu'on ferait tort à ce penseur remarquable en jugeant de sa valeur scientifique par cette partie très mal réussie de son ouvrage.

De même que Mill étend en tous sens les vues économiques de Ricardo, de même il lui emprunte cette idée que le travail est la source principale de toute valeur. Mais ce principe est contredit par l'existence en fait de l'intérêt du capital. Par amour pour l'intérêt du capital, Mill recours donc à une modification. Il présente la valeur des biens comme déterminée, non par le travail, mais par les frais de production. A côté du travail — « l'élément le plus important et presque unique » — il introduit dans ces frais le profit du capital, qui en constitue, pour lui, le second élément constant (1). Cependant, du seul fait qu'à l'exemple de Malthus, il présente un excédent de production comme étant un sacrifice de production, il se contredit fortement. Cela est d'autant plus étonnant que cette erreur avait été depuis longtemps fort exactement critiquée dans la littérature anglaise, en particulier par Torrens et Senior.

Mais d'où vient le profit du capital ? Mill répond à cette question, non par une, mais par *trois* explications contradictoires.

La théorie de la productivité y joue le plus petit rôle, et c'est seulement avec toutes sortes de précautions que

(1) Livre III, Chap. IV. §§ 1, 4, 6, Chap. VI, § 1, Nr. VIII et *passim*.

Mill y a recours. Tout d'abord et avec une certaine réserve, il présente le capital comme constituant le troisième facteur indépendant de la production. A la vérité, il est le produit du travail ; son rôle actif dans la production est donc, à proprement parler, celui d'un travail indirect. Malgré cela, Mill trouve « nécessaire de lui donner une place spéciale » (1). Il ne s'exprime pas d'une façon moins contournée au sujet de cette question connexe : « Le capital possède-t-il une productivité propre ? On parle souvent, dit Mill, de la force productive du capital. A proprement parler, cette expression est inexacte. C'est seulement le travail et les forces naturelles qui sont productives. Si l'on veut dire d'une partie du capital qu'elle possède une force productive propre, c'est seulement des outils et des machines qu'on peut prétendre qu'ils facilitent le travail (comme le vent et l'eau). L'entretien de l'ouvrier et les matériaux de la production n'ont pas de force productive... (2). — Ainsi les outils sont vraiment productifs et les matières premières ne le sont pas. C'est là une distinction aussi étonnante qu'insoutenable !

Mill est beaucoup plus nettement partisan de la théorie de l'abstinence de Senior. Celle-ci constitue son opinion officielle sur l'intérêt ; il l'expose expressément et d'une façon approfondie dans la section consacrée au profit du capital. Il y fait d'ailleurs appel à maintes reprises dans le cours de l'ouvrage. « De même que le salaire de l'ouvrier est une indemnisation du travail, dit Mill, dans le chapitre XV du Livre II de ses *Principes*, de même le profit du capitaliste est — pour employer la juste expression de M. Senior — le salaire de l'abstinence. Son gain prend naissance du fait qu'il renonce à employer son capital pour lui-même, et le laisse mettre en valeur à son

(1) Livre I, Chap. VII. § 1, p. 107.
(2) I, V. § 1.

profit par des travailleurs productifs. C'est pour ce renoncement qu'il exige une rémunération ». Ailleurs, il dit tout aussi catégoriquement : « En étudiant les nécessités de la production, nous avons trouvé qu'un élément différent du travail lui est encore nécessaire : le capital. Comme le capital est le résultat de l'abstinence, le produit ou sa valeur doivent être suffisants pour indemniser, non seulement tout le travail fourni, mais aussi l'abstinence des personnes qui ont fait les avances nécessaires au payement des différentes catégories d'ouvriers. Le revenu de l'abstinence constitue le profit du capital (1). »

Mais Mill expose encore une troisième théorie dans ce même chapitre XV du Livre II relatif au profit du capital. « La vraie cause du profit du capital, dit-il, dans le § 5 de ce chapitre, consiste en ce que *le travail produit plus que son entretien n'exige*. La raison pour laquelle le capital agricole donne naissance à un profit, c'est le fait que les êtres humains peuvent produire plus de moyens de subsistance qu'ils n'en consomment pour leur entretien au cours de cette production, au cours de celle des instruments nécessaires, et pendant les travaux préparatoires. En conséquence, si un capitaliste entreprend de nourrir des ouvriers sous la condition de recevoir en échange le produit de leur travail, il touchera, en plus de la récupération de ses avances, un certain surplus. En d'autres termes, si le capital fournit un profit, c'est parce que les aliments, les vêtements, les matières premières et les outils durent plus que le temps nécessaire à leur fabrication. Si donc un capitaliste pourvoit un certain nombre d'ouvriers de toutes ces choses, sous la condition de toucher tout le rendement de leur travail, ces ouvriers, après avoir travaillé suffisamment pour reproduire ce qu'ils ont consommé et

(1) III. Chap. IV, § 4. Voir de plus, I, pp. 42, 228 ; III, p. 320 et *passim*.

les outils qu'ils ont usés, auront encore *le temps de travailler pour le capitaliste.* » Ici, « la cause véritable du profit du capital » ne consiste plus en une force productive de celui-ci, ni dans la nécessité d'indemniser un sacrifice spécial, l'abstinence du capitaliste. Elle réside simplement dans le fait que « le travail produit plus que n'exige son entretien », d'où résulte que « les travailleurs peuvent consacrer une partie de leur temps à travailler pour le capitaliste ». En un mot, le profit du capital est considéré, au sens de la théorie de l'exploitation, comme une appropriation par les capitalistes de la plus-value créée par le travail.

Les socialistes de la chaire en Allemagne adoptent une position bâtarde analogue et se placent à la limite entre le « Capitalisme » et le « Socialisme ». La conséquence de cette façon de faire est souvent encore une sorte d'éclectisme plus voisin de la théorie de l'exploitation que celui de Mill. Je m'occuperai seulement ici d'un des chefs du socialisme de la chaire, que nous avons rencontré plusieurs fois au cours de cet ouvrage, de Schäffle.

Dans les œuvres de Schäffle, on peut distinguer, à propos du sujet qui nous occupe, trois tendances distinctes. Dans la *première*, Schäffle suit la théorie de l'utilisation de Hermann en la corrompant au point de vue théorique par une interprétation subjective de la notion de l'utilisation. Cette première tendance domine dans le *Gesellschaftliches System der menschlichen Wirtschaft*, mais elle laisse encore des traces nettes dans le *Bau und Leben des sozialen Körpers* (1). La *seconde* tendance consiste à considérer l'intérêt du capital comme un revenu professionnel correspondant à certaines prestations des capitalistes. Cette conception, déjà exposée dans le *Gesellschaftliches System*, est nettement confirmée dans

(1) Voir plus haut, tome I, p. 270 et s.

le *Bau und Leben* (1). Par contre, on remarque dans ce dernier ouvrage de nombreuses propositions appartenant à la théorie de l'exploitation. Tout d'abord, le fait de ramener tous les frais de production au travail. Alors que, dans son *Gesellschaftliches System*, Schäffle reconnaissait encore l'utilisation du capital comme constituant, à côté du travail, un facteur élémentaire indépendant des frais (2), il dit maintenant : « Les frais se composent de deux parties : Dépense de biens personnels, par suite de prestations en travail, et dépense de capital. Mais cette seconde partie peut être aussi ramenée à une dépense de travail Car la dépense productive des biens objectifs se laisse ramener à la somme des dépenses de travail particulières des périodes antérieures. *On peut, en conséquence, considérer tous les frais comme des dépenses de travail* » (3).

Si l'on admet que le travail est le seul sacrifice économique à considérer dans la production des biens, on est très près de réclamer le résultat total de cette production pour ceux qui ont fait ce sacrifice. Aussi Schäffle donne-t-il à entendre, à maintes reprises, par exemple, III, p. 313 et s., que l'idéal de la répartition économique des biens consisterait, pour lui, à répartir ceux-ci entre les citoyens au *prorata* du travail fourni. A la vérité, la réalisation de cet idéal est aujourd'hui encore empêchée par toutes sortes de difficultés. Entre autres choses, par le fait que la possession du capital sert à l'appropriation, pour une part illégale et immorale, pour l'autre légale et morale, des produits du travail (4). Schäffle ne condamne pas absolument cette « appropriation de la plus-value » par les capitalistes, mais il la considère cependant comme étant seulement un expédient commode aussi longtemps

(1) Voir plus haut, tome I, p. 386 et s.
(2) I, pp. 258, 268, 271 et *passim*.
(3) *Bau und Leben*, III, p. 273 et s.
(4) III, p. 266 et s.

« qu'on n'aura pas remplacé la fonction économique du capital privé par des services publics plus parfaits et moins « voraces de plus-value » (1).

Mais, malgré cet opportunisme indulgent, Schäffle expose en termes crûs le dogme de l'exploitation, à savoir que l'intérêt du capital est une appropriation du produit du travail d'autrui. C'est ainsi qu'il dit, immédiatement à la suite du passage précédent : « Quoi qu'il en soit, l'organisation économique qui repose sur la spéculation et l'intérêt privé n'est pas le *nec plus ultra* de l'histoire économique. Elle ne répond que médiatement à un but social. Elle n'a pas comme but immédiat le plus grand bien de la collectivité, mais, *la plus grande appropriation possible par les propriétaires privés des moyens de production et la plus grande jouissance possible de la famille capitaliste*. La possession des moyens de production mobiliers et immobiliers est seulement utilisée par eux *pour s'approprier le plus possible du rendement du travail national*. La critique de Proudhon a déjà mis en pleine évidence que *le capital extorque de cent manières différentes*. Les capitalistes ne laissent aux salariés que la portion du rendement dont a besoin un animal de trait bien portant et pourvu d'intelligence, — c'est-à-dire ayant un peu plus que des besoins purement physiques — pour se conserver dans l'état déterminé à chaque époque historique par les nécessités de la concurrence entre les entrepreneurs ».

(1) III, p. 423. Voir aussi III, pp. 330, 386, 428 et *passim*.

CHAPITRE XIV

DEUX NOUVELLES TENTATIVES

J'ai présenté la grande extension de l'éclectisme comme un symptôme du caractère peu satisfaisant de la théorie économique de l'intérêt du capital. Si l'on mêle ensemble les éléments de plusieurs théories, c'est parce qu'on ne considère aucune des théories existantes comme suffisant à elle seule pour résoudre le problème.

Un second symptôme du même genre, c'est le fait qu'en dépit du grand nombre des théories existantes, l'activité littéraire relative à l'intérêt du capital n'arrive pas à se calmer. Depuis que le socialisme scientifique a soulevé des doutes au sujet des vieilles doctrines, il ne s'est point passé cinq ans, et, dans ces derniers temps, pas une année sans qu'une nouvelle théorie de l'intérêt n'ait vu le jour (1). Tant que celles-ci ont conservé au moins quelqu'une des bases des anciennes théories et ne se sont montrées originales que dans les détails, j'ai cherché à les faire rentrer dans l'une ou l'autre des catégories principales, et à les exposer en même temps que ces dernières au cours des chapitres précédents.

Mais quelques nouvelles tentatives procèdent par des voies totalement différentes, et deux d'entre elles me semblent assez remarquables pour justifier une exposition plus complète. L'une d'elle, qui présente dans ses prin-

(1) Ecrit en 1884. Au sujet des derniers développements de la science, voir aussi l'Appendice.

cipes fondamentaux quelque similitude avec la théorie de la fructification de Turgot, et que j'appellerai par suite la « nouvelle théorie de la fructification », provient de l'Américain Henry George ; l'autre, qui constitue une modification de la théorie de l'abstinence, vient de l'Allemand Robert Schellwien.

A. *Nouvelle théorie de la fructification de George.*

George (1) développe sa théorie au cours d'une polémique dirigée contre Bastiat et son exemple connu du prêt d'un rabot. Un charpentier, Jacob, s'est fabriqué un rabot et l'a prêté pour une année à un autre charpentier Guillaume. Jacob ne se contente pas de la restitution d'un rabot de même qualité, car il ne serait pas ainsi dédommagé de l'avantage que lui aurait procuré l'usage du rabot prêté, et il réclame, à titre d'intérêt, une planche neuve. Bastiat explique et justifie le payement de la planche en disant que Guillaume « a reçu la force inhérente à l'outil, grâce à laquelle on peut augmenter la productivité du travail (2) ». Pour divers motifs internes et externes qui ne nous intéressent pas ici, George n'admet pas la validité de cette explication basée sur la productivité du capital, et il continue alors de la façon suivante :

« Si tous les biens étaient analogues à des rabots et tous les genres de production semblables à celle des charpentiers, c'est-à-dire, si tous les biens consistaient seulement en produits naturels bruts, et si la production consistait seulement à les transformer de diverses façons, je croirais que l'*intérêt est simplement un vol commis aux dépens de l'activité industrielle et qu'il ne peut subsister longtemps... Mais tous les biens ne sont pas de la nature du rabot, de la planche ou de l'argent.* En

(1) *Fortschritt und Armuth*, Traduction allemande de Gütschow. Berlin, 1881, p. 153 et s.

(2) *Capital et Rente*, voir plus haut, tome I, p. 369.

outre, la production ne consiste pas seulement en une transformation des matériaux naturels. Il est vrai que si je plante de l'argent, il ne s'accroîtra pas. Mais admettons que je mette du vin de côté. A la fin de l'année, j'aurai une augmentation de valeur, car le vin aura gagné en qualité. Ou bien encore, supposons que j'élève des abeilles dans une contrée appropriée. A la fin de l'année, j'aurai plus d'essaims qu'au début et, de plus, le miel récolté par les abeilles. Ou bien, admettons que je fasse paître des moutons, des veaux ou des porcs dans une prairie. A la fin de l'année, mon troupeau se sera, en général, augmenté de quelques têtes. Dans ces différents cas, ce qui cause l'augmentation exige bien, en général, du travail, mais c'est une chose différente de ce travail, à savoir : *la force active de la nature, le principe de la croissance, de la reproduction, qui caractérise sous toutes ses formes cet état ou cette chose mystérieuse que nous nommons la vie. Et cela me paraît être la cause de l'intérêt, c'est-à-dire de l'augmentation du capital au-dessus de ce qui est dû au travail* ».

Le fait que du travail est aussi nécessaire pour la mise en valeur des forces naturelles productives et que, par exemple, les produits agricoles sont, dans un certain sens, les produits du travail, n'est pas en état de faire disparaître la différence essentielle qui existe, d'après George, entre les différents genres de production. Dans les genres de production « qui consistent seulement dans un changement de forme ou de lieu de la matière, comme le rabotage d'une planche ou les travaux du houilleur », le *travail* est *la seule* cause agissante. « Si le travail s'arrête, la production s'arrête aussi. Si le charpentier dépose son rabot au coucher du soleil, l'augmentation de valeur qu'il crée à l'aide de cet outil s'arrête jusqu'au lendemain matin, moment où il le reprend. Pour ce qui est de la production, le temps intermédiaire pourrait être anéanti. Le cours des jours, le changement des saisons *ne sont pas des éléments de la production*, laquelle dépend simplement de la somme de travail fournie ». Dans les autres genres de production, qui, par contre, « tirent profit des forces reproductives naturelles », *le temps est un élément*. La semence germe et pousse dans le sol, que le laboureur dorme ou qu'il laboure d'autres champs (1).

Jusqu'ici, George a expliqué comment certaines espèces de capitaux naturellement fertiles rapportent un intérêt, mais, comme on le sait, tous les capitaux, même ceux qui sont naturellement stériles, en produisent également. George explique ce fait par la simple action de la loi de l'égalisation des profits. « Personne ne voudrait conserver son capital sous une certaine forme s'il pouvait l'échanger contre une forme plus avantageuse... Et ainsi la faculté d'accroissement, que la force créatrice ou vitale de la nature donne à certaines sortes de capitaux, doit se répartir entre toutes les autres sortes en présence sur le marché. Celui qui prête ou échange de l'argent, un rabot, une planche ou des habits, arrive ainsi à toucher un surplus, tout comme s'il avait prêté ou utilisé dans un but reproductif un capital égal mais susceptible d'accroissement ».

Appliquons ce qui précède à l'exemple de Bastiat. La raison pour laquelle Guillaume doit rendre à Jacob, à la fin de l'année, plus qu'un rabot pareil au rabot prêté, ce n'est pas force plus grande fournie sous forme de rabot. La vraie raison, c'est l'intervalle de temps, l'année, s'écoulant entre le prêt et la restitution du rabot.

(1) D'après George, la mise à profit *par l'échange* des différences existant entre les forces naturelles et celles de l'homme, agit dans le même sens que « les forces vitales naturelles ». Elle aussi conduit à un surplus qui, « *dans une certaine mesure*, ressemble à celui que produisent les forces vitales naturelles. » (p. 161 et s.). Je n'ai pas besoin d'entrer ici dans des détails plus complets sur cet élément un peu obscur, car George lui-même ne lui attribue qu'un rôle secondaire dans la formation de l'intérêt du capital.

Si l'on borne cette considération à un seul exemple, « rien ne montre l'action de ce facteur, car un rabot n'a pas plus de valeur à la fin de l'année qu'au début. Mais, au lieu d'un rabot, imaginons un veau. Si Jacob doit se trouver à la fin de l'année dans le même cas que s'il n'avait rien prêté, il est clair que Guillaume doit lui rendre, à l'issue de celle-ci, non pas un veau, mais une vache. Ou bien encore, si nous supposons que les dix jours de travail ont été consacrés à ensemencer du blé, il est évident que Jacob ne sera pas complètement indemnisé s'il ne reçoit, au bout de l'année, que l'équivalent de la semence, car, pendant ce temps, le grain aurait germé, aurait poussé et se serait multiplié. Or, le rabot de Jacob, s'il avait été destiné à l'échange, aurait pu être échangé plusieurs fois au cours de l'année et rapporter chaque fois un supplément de valeur à son propriétaire... *En dernière analyse, l'avantage obtenu grâce au délai de temps correspond aux forces créatrices naturelles* et aux facultés modificatrices de la nature et de l'homme ».

Cette doctrine présente une analogie visible avec la théorie de la fructification de Turgot. Toutes deux partent du principe que certaines espèces de biens ont la faculté naturelle de provoquer un surcroît de valeur. Toutes deux démontrent que, sous l'influence de l'échange et de la tendance des trafiquants à employer ce qu'ils possèdent de la façon la plus productive possible, cette faculté naturelle doit artificiellement s'étendre à toutes les espèces de biens. Les deux théories diffèrent seulement en ce que Turgot place le principe de l'accroissement de valeur tout à fait en dehors du capital, dans la terre et le sol affermés, tandis que George le cherche dans le capital lui-même, dans certaines espèces de biens naturellement fertiles.

George échappe par cette différence à la principale

objection que nous avons faite à Turgot. Ce dernier avait négligé d'expliquer pourquoi on peut acheter les parcelles de terre, qui rapportent peu à peu une somme infinie de rentes, à un prix relativement faible, et donner ainsi au capital improductif l'avantage d'une fructification indéfinie. Chez George, au contraire, il va de soi qu'on puisse échanger des quantités égales de biens fertiles et non fertiles. Car, les premiers pouvant être créés par la production en quantité arbitraire, la possibilité d'augmenter l'offre qu'on en fait ne leur permet pas d'atteindre un prix supérieur à celui des biens improductifs ayant coûté autant qu'eux à produire.

Par contre, la théorie de George prête le flanc à deux autres objections qui, comme je le crois, sont capitales.

Tout d'abord il est impossible de diviser toutes les branches de la production en deux groupes, suivant que les forces vives naturelles y forment ou non un élément spécial à côté du travail. George reproduit ici, sous une forme un peu différente, la vieille erreur des physiocrates, qui ne voulaient admettre la contribution de la nature au travail de production que dans une seule branche : l'agriculture. Les sciences naturelles nous ont depuis longtemps convaincus que la collaboration de la nature est universelle. Toute la production repose, en effet, sur ce que nous arrivons à donner des formes utiles à la matière impérissable par l'emploi des forces naturelles. Que les forces naturelles, dont nous nous servons, soient végétatives, inorganiques, mécaniques ou chimiques, cela ne change rien au rapport existant entre les forces naturelles et notre travail. Il est tout à fait contraire à la science de dire que, dans la production à l'aide d'un rabot, « le travail est la seule cause agissante ». Les mouvements musculaires du menuisier auraient peu d'effet si les forces naturelles et les propriétés tranchantes de la lame du rabot ne leur venaient en aide. Et, est-il seulement vrai que, de par la nature du travail de rabotage. « travail n'ayant pour but que le changement de forme ou de lieu de la matière », la nature ne puisse ici rien faire sans l'aide du travail ? Ne peut-on pas fixer le rabot dans un mécanisme mû par un cours d'eau, et arriver ainsi à un rabotage continu, même pendant le sommeil du menuisier ? Qu'est-ce que la nature fait de plus dans la culture du grain ? Et cependant la coopération de la nature serait, d'après George, un élément de la production dans ce dernier cas, et ne jouerait aucun rôle dans le premier.

De plus, George n'a même pas expliqué l'apparition primordiale de l'intérêt par laquelle il veut expliquer toutes les autres apparitions de celui-ci. Il dit que toutes les sortes de biens doivent rapporter des intérêts, parce qu'on peut les échanger contre des semences, du bétail ou du vin qui rapportent des intérêts. Mais pourquoi ces biens rapportent-ils des intérêts ?

Beaucoup de lecteurs penseront probablement, à première vue que cela est évident, et George partage évidemment la même conviction. Il semble aller de soi que les dix grains de blé provenant d'un grain de semence ont plus de valeur que ce grain seul, et la vache adulte plus de valeur que le veau qu'elle a d'abord été. Mais il faut bien se dire que les dix grains de blé ne sont pas le produit du grain de semence seul, que le sol et qu'une certaine dépense de travail ont pris part à leur formation. Mais alors, il n'est plus évident que les dix grains de blé aient plus de valeur qu'*un grain de semence augmenté des prestations du sol et du travail dépensé*. Il est tout aussi peu évident que la vache ait plus de valeur *que le veau augmenté de sa nourriture au cours de la croissance et du travail nécessité par sa garde*. Et cependant, c'est seulement sous cette condition qu'un intérêt du capital peut revenir au propriétaire du grain de semence ou du veau.

Même dans le cas du vin, qui bonifie par le repos, il n'est absolument pas évident que le vin devenu meilleur ait plus de valeur que le vin nouveau. Car, dans notre façon d'estimer les biens que nous possédons, nous suivons, sans aucun doute, le principe de l'anticipation de l'utilité future (1). Nous n'estimons pas nos richesses, ou nous ne les estimons pas seulement par l'utilité qu'elles ont actuellement pour nous, mais aussi d'après l'utilité qu'elles auront un jour. Nous accordons une valeur à un champ actuellement en friche en tenant compte de la moisson qu'il donnera un jour. Nous accordons une valeur à des tuiles, à des poutres, à des clous et à des crochets, qui, sous cette forme, n'ont aucune utilité, en considération de celle qu'ils *auront* le jour où ils seront devenus parties constitutives d'une maison. Nous accordons une valeur au moût en fermentation, sans pouvoir cependant l'employer dans cet état, parce que nous savons qu'il deviendra plus tard du vin. Et, de même, nous pourrions estimer le vin nouveau d'après l'utilité future qu'il aura en tant que vin vieux, car nous savons qu'il deviendra excellent par le repos. Cependant, si nous lui accordons dès maintenant la valeur correspondant à ses qualités futures, il ne reste plus de place pour un accroissement de valeur, pour un intérêt. Or pourquoi ne pouvons-nous pas le faire ?

Si nous ne le faisons pas, ou ne le faisons pas complètement, cela ne provient certainement pas, comme George le pense, de la considération des forces naturelles que le vin possède. Car, si le moût en fermentation — qui est une substance presque nuisible — et le vin nouveau — qui a par lui-même peu d'utilité — contiennent encore des forces naturelles actives capables de conduire à des produits précieux, cela ne pourrait être,

(1) Voir les développements sur la « Computation des richesses » dans mes *Rechte und Verhältnisse*, p. 80 et s.

de par la nature des choses, qu'une raison d'estimer *davantage*, et non *moins*, les supports de ces forces. Si cependant nous les estimons moins, ce n'est point *parce qu'ils* servent de supports à des forces naturelles utiles, mais en *dépit* de ce fait. Ainsi, la plus-value des produits qualifiés par George de « naturels » n'est certainement pas évidente par elle-même.

George fait, à la vérité, une légère tentative d'explication, et cela en disant que le temps constitue, à côté du travail, un élément indépendant de la formation de la plus-value. Mais est-ce là vraiment une explication, et non pas, bien plutôt, une façon de l'esquiver ? Comment celui qui jette un grain de semence dans le sol est-il amené à introduire dans la valeur du produit, non seulement son travail, mais aussi le « temps » de la germination et de la croissance du grain ? Le temps fait-il l'objet d'un monopole ? On serait presque tenté, en présence d'une telle justification, d'en revenir à l'idée naïve des vieux canonistes présentant le temps comme un bien commun à tous, au débiteur comme au créancier, au producteur comme au consommateur !

Il est vrai que George pense, non pas au temps à proprement parler, mais aux forces naturelles végétatives qui agissent utilement au cours du temps. Mais comment le producteur peut-il arriver à se faire payer ces forces naturelles végétatives au moyen d'une plus-value spéciale du produit ? Ces forces naturelles sont-elles l'objet d'un monopole, ou ne sont-elles pas bien plutôt accessibles à tous ceux qui possèdent un grain de semence ? Et chacun ne peut-il pas entrer en possession de ce dernier ? Etant donné que le blé à semer peut être produit à volonté par le travail, n'augmenterait-on pas toujours sa masse, aussi longtemps qu'un monopole des forces naturelles existant en lui ferait paraître sa possession avantageuse ? Mais alors, l'offre de blé à semer ne devrait-elle pas croître jusqu'à disparition du gain supplémentaire correspondant, et jusqu'au moment où la production de grain à semer deviendrait ni plus ni moins rémunératrice que les autres ?

Le lecteur remarquera que nous sommes ici ramenés à l'ordre d'idées développées lors de la critique de la théorie de la productivité de Strasburger (1). Dans cette partie de sa théorie, George a, tout à fait comme Strasburger, mais plus fortement et plus naïvement encore que ce dernier, rapetissé le problème de l'intérêt. Tous deux voient trop vite la cause de l'intérêt dans les forces naturelles. Cependant Strasburger a du moins tenté d'établir exactement la relation causale existant censément entre les deux faits et de la motiver jusque dans ses détails. George, au contraire, ne donne comme motif que la phrase présomptive d'après laquelle le temps constituerait un « élément » de certaines productions. A vrai dire, il ne devait pas compter trouver à si bon compte la solution d'un problème aussi important.

B. *La théorie modifiée de l'abstinence de Schellwien.*

Les vues de Schellwien restent pendant un certain temps parallèles à la théorie socialiste de Marx (2).

La valeur des biens apparaît dans leur prix, qui en constitue l' « essence », la « substance ». Les facteurs déterminants du prix sont l'offre et la demande, c'est-à-dire, la production et la consommation, qui leur servent respectivement de base. Mais ces deux derniers facteurs influent sur la valeur de façon différente. La consommation est un facteur de la valeur en ce sens qu'on n'attribue aucune valeur aux biens qui ne sont ni consomptibles ni utiles. Elle est donc une *condition* de la valeur. Seulement, comme les besoins et

(1) Voir plus haut, tome I, Chap. VII, p. 239 et s.
(2) *Die Arbeit und ihr Recht*, Berlin, 1882, p. 195 et s.

les agréments et, par suite, les utilités des biens ne sont pas mesurables, l'utilité ne peut point servir d'*étalon* de la valeur. L'étalon de la valeur se trouve exclusivement dans le second domaine, dans celui de la production ou du travail et, à vrai dire, dans le temps de travail. On ne peut sagement estimer les diverses marchandises que par le temps de travail nécessaire à leur production et, à la vérité, d'après le travail simple auquel tous les travaux compliqués peuvent être ramenés (1).

A partir de ce moment, Schellwien se sépare de Marx. Il trouve que Maux n'a pas donné l'importance qui lui convenait à une modification particulière du résultat du travail, qui devient la cause de l'intérêt du capital. Ce n'est pas seulement, en effet, la consomptibilité ou l'utilité des biens, mais encore leur consommation réelle qui jouent un rôle important dans la détermination de la valeur. La valeur de tous les biens n'est *réalisée* que par la consommation à laquelle ils tendent toujours ; c'est seulement par elle que les biens sont *mis en valeur*. Si un bien n'est pas consommé, ou est consommé trop tard, il *perd sa valeur*. La non-consommation, qui fait perdre la valeur aux biens, possède donc un caractère pathologique au point de vue de cette valeur. Cependant, elle joue dans l'économie un rôle absolument régulier « consistant, non à détruire, mais à élever la valeur ». Cela a lieu dans deux séries de cas.

Tout d'abord là où la non-consommation temporaire d'un produit est nécessaire pour que celui-ci puisse entrer, ou entrer avec certaines qualités dans la consommation. On doit, par exemple, laisser aux fruits de la terre le temps dont ils ont besoin pour mûrir, au vin le temps de reposer en cave pendant plusieurs années. Dans la mesure où un tel intervalle de temps entre

(1) *Op. cit.*, pp. 195-201.

l'achèvement du produit et sa mise en valeur est nécessaire, il conduit à une élévation de cette valeur. Car la non-consommation temporaire entraîne une « diminution du résultat du travail », et cela a, pour le prix, la même signification qu'une élévation du temps de travail nécessaire. « Le temps de non-consommation nécessaire » forme, par suite, et tout aussi bien que le temps de travail, une partie constitutive du « temps de travail socialement nécessaire » qui détermine la valeur (1).

Un second groupe comprend les cas dans lesquels la production d'un bien exige que d'*autres* produits ne soient pas consommés. Cela a lieu chaque fois qu'un capital est nécessaire à la production, c'est-à-dire en règle générale. On assiste alors au processus suivant :

« Le capital n'est pas consommé, tout au moins au point de vue de sa nature. Les différentes portions du capital sont, à la vérité, consommées au cours de la production et entrent ainsi dans la valeur du produit, du fait même qu'elles ont été consommées. Le produit, dans la valeur duquel réapparait celle du capital consommé, fournit une compensation pour ce dernier. Mais le capital consommé doit être aussi réellement remplacé; le capital économiquement nécessaire doit être continuellement conservé, ne doit pas être consommé. Comme le capital servant dans la production ne peut absolument pas être consommé, le produit doit aussi fournir une compensation pour cette non-consommation, et cela entraîne une élévation correspondante de la valeur du produit. Si la valeur du produit ne contenait que l'équivalent de la valeur introduite en lui par la consommation du capital et pour le nouveau travail nécessaire à sa production, la non-consommation du capital ne serait pas indemnisée, et cela est inconcevable au point de vue économique. La non-consomma-

(1) P. 203 et s.

tion organisée ne peut avoir lieu, en effet, que si la mise en valeur des biens non consommés, et qui par cela même perdent leur valeur, se fait indirectement, grâce à la mise en valeur de nouveaux produits (1) ». Cette partie de la valeur, indemnisant la non-consommation du capital, constitue l'intérêt de ce dernier.

Il est moins difficile d'emmêler une pelote de fil que de la démêler. Aussi ai-je bien peur de devoir employer plus de temps pour démêler le tissu serré d'erreurs et de contradictions constitué par l'exposition précédente que Schellwien n'en a mis à le tisser.

La faute capitale commise par Schellwien, c'est le jeu de mots presque comique auquel il se livre au sujet de la « consommation du capital », et sa façon non moins comique de réclamer une double indemnisation pour le capital consommé et pour le capital non consommé.

Schellwien part de cette idée que la non-consommation, même simplement temporaire des biens, « fait perdre à ceux-ci leur valeur », et que, dans le cas où cette non-consommation est nécessaire à la production d'autres biens, elle doit être indemnisée par l'acheteur de ces derniers. Cette prémisse est déjà très contestable. Dans le cas où la non-consommation temporaire ne provoque point une détérioration naturelle ou un changement de forme, elle n'enlève pas, en général, sa valeur à un bien. Mais admettons cette hypothèse.

Dans la production, on consomme des capitaux. Pour fabriquer du drap, par exemple, on consomme de la laine. Seulement, pour continuer régulièrement à produire, l'entrepreneur remplace tout de suite les portions consommées du capital par des portions nouvelles semblables. A la place de la laine employée, par exemple, le fabricant de drap achète d'autre laine. Schellwien

(1) P. 204 et s.

considère ce fait très simple à un double point de vue. Tout d'abord, il considère les *portions concrètes du capital*. Comme celles-ci sont consommées, il déclare que *le capital est consommé*. Mais, d'autre part, il fait abstraction de ces portions concrètes et ne considère que l'espèce du capital. Or, comme cette espèce continue à exister, par suite du remplacement des portions usées, il déclare que *le capital n'est pas consommé*. — Cette dernière façon de voir soulève de nouveaux doutes. Elle me semble bien plutôt reposer sur un jeu de mots que sur la nature du phénomène. Mais je veux ne pas y faire d'objection et j'aborde le point capital.

Au lieu de se décider définitivement pour une de ces deux façons de voir, Schellwein agit à l'instar d'un prestidigitateur. Il fait voir tantôt l'une et tantôt l'autre, et finit par réclamer, *à deux titres opposés*, une indemnité pour le capitaliste. Il considère d'abord le capital comme étant consommé et dit que le produit doit en fournir l'équivalent, en d'autres termes, que l'acheteur doit payer la valeur entière de ce produit. Un instant après, Schellwien considère le même capital comme étant « absolument non consommé ». Le produit, dit-il alors, doit aussi fournir une indemnisation pour cette « non consommation », c'est-à-dire que l'acheteur doit payer un supplément de prix à titre de prime de non-consommation !

Que dirait Schellwien de l'exemple suivant ? — J'ai un vieux serviteur qui a malheureusement le défaut de trop boire. Pour lui faire perdre cette mauvaise habitude, je conclus avec lui le contrat suivant : S'il continue à boire, je consens à lui payer le vin qu'il boit, mais jusqu'à concurrence d'un litre par jour. Si, par contre, il ne boit pas, je lui donne, pour chaque jour d'abstinence, la valeur de deux litres de vin. Mon domestique, une fois le marché conclu, boit un litre de vin, en achète un second sans le boire et me réclame, en vertu du contrat, la valeur de trois litres. La valeur d'un litre, parce que je lui ai promis de payer le vin qu'il boit réellement. Or, au point de vue « concret », il a bien bu un litre. La valeur de deux litres, parce qu'il a immédiatement remplacé le litre de vin bu par un autre qu'il n'a pas bu. Au point de vue de l'espèce, il n'a donc pas consommé le vin, et je dois le récompenser de cette non-consommation ! — Je crains bien que Schellwien ne puisse nier la complète analogie de cet exemple avec sa doctrine !

D'ailleurs, pour ne point élucider une question aussi importante par de simples comparaisons et pour aller au fond des choses, je prendrai un exemple concret, conçu dans l'esprit de la théorie de Schellwien. Imaginons qu'un fabricant transforme, au cours d'une année, pour 100000 francs de laine en drap. Faisons abstraction des frais de production relatifs aux machines, aux salaires, etc., et concentrons notre attention sur cette question : Quelle doit être la valeur du drap pour indemniser convenablement l'entrepreneur de la coopération du capital laine ?

Schellwien dit que la laine est consommée quant à ses différentes parties, mais qu'elle ne l'est pas quant à sa nature. Mais alors, de deux choses l'une : Du fait que la laine est soumise à une non-consommation temporaire, elle perd de sa valeur ou elle n'en perd pas. Admettons, avec Schellwien, qu'elle en perde vraiment et estimons cette perte à 5 0/0 de sa valeur, c'est-à-dire à 5000 fr. J'accorde tout de suite que, dans ce cas, la valeur du produit doit fournir une indemnité pour cette perte de valeur, qu'un excédent de valeur de 5000 francs doit réellement avoir lieu. Mais un excédent à quoi ? A la valeur de la laine employée quant à ses parties. Mais cette dernière a perdu 5000 francs de sa valeur par suite de la « non-consommation temporaire » ; elle ne vaut donc évidemment plus que 95000 francs, et l'indemnisation totale, que la valeur du produit doit fournir, monte, malgré le supplément de 5000 francs, à 100000 francs seulement. Une plus-value par rapport au capital initial de 100000 francs n'est donc évidemment pas motivée.

Ou bien la non-consommation temporaire ne fait point perdre sa valeur à la laine. Dans ce cas, la laine entrera dans le produit pour 100000 francs, mais il n'y a aucune raison d'augmenter cette somme d'un excédent destiné à indemniser la non-consommation. Schellwien, en effet, en réclame seulement un parce que la non-consommation entraîne avec elle une « perte de valeur », une « diminution du résultat du travail » (1).

Ainsi, on peut faire l'hypothèse qu'on veut, dans aucun cas on n'arrive à expliquer l'existence d'un excédent de valeur sur la valeur initiale du capital employé. On ne peut point d'ailleurs s'attendre à voir ce fait découler logiquement du raisonnement de Schellwien. Car, d'après Schellwien, l'indemnité de non-consommation doit être simplement l'équivalent d'un dommage que le produit du travail subit par perte de valeur, équivalent « sans lequel le calcul ne serait pas exact ». Mais comment le fait de *couvrir une dépense* peut-il conduire à *un excédent* ? Si ayant 100 pommes j'en perds cinq et couvre ma perte en ajoutant à ce qui me reste autant de pommes que j'en ai perdues, j'obtiens

(1) On pourrait peut-être encore présenter les choses autrement : La *laine tissée dans le drap* est vraiment consommée ; elle doit donc figurer dans les frais avec sa valeur. Mais la laine qu'*on se procure ensuite*, restant temporairement non consommée, perd de sa valeur et a, par suite, droit à une indemnisation de non consommation. Mais, par cette variante, on n'atteint évidemment pas davantage le but souhaité. Pour s'en convaincre, il suffit simplement de faire entrer en ligne de compte la période suivante de la production. La laine qu'on s'est maintenant procurée sera consommée, « quant à ses parties », dans la période suivante. Si elle a perdu de sa valeur, elle ne doit entrer dans les frais, au cours de cette nouvelle période, que par sa valeur réduite, et nous arrivons alors au même résultat que dans le texte. Mais si elle n'a point perdu de sa valeur, elle n'a point droit, dans la première période, à une indemnisation pour perte de valeur.

100 — 5 + 5 pommes, c'est-à-dire toujours 100 et non 105 !

Qu'une théorie aussi peu claire ne puisse être exposée clairement, cela va de soi. Si Schellwien l'avait expliquée avec précision, les contradictions qu'elle renferme se seraient montrées en toute évidence. A la vérité, Schellwien entre dans les détails, il y entre même trop. Seulement, son amour de la minutie ne consiste pas à dire le fond de sa pensée, mais à se répéter plusieurs fois d'une façon aussi trouble qu'ambiguë. Ce faisant, il se trompe d'une façon toute spéciale sur les rapports de sa théorie avec celle du travail. Quoiqu'il présente la non-consommation comme étant, à côté du temps de travail réellement employé, un second élément indépendant de la valeur des biens, il croit cependant avoir fourni une théorie « découlant de la nature du travail et de la valeur », et « formant la suite nécessaire de la théorie de la valeur basée sur le travail ».

Mais, précisément à cause de ses fautes, la théorie de Schellwien est extraordinairement instructive. Elle complète d'une façon frappante cette idée que la théorie de la valeur dûe au travail est incapable de fournir l'explication de l'intérêt du capital. Rodbertus et Marx ont essayé de s'appuyer directement sur ce principe fondamental que la quantité de travail est la seule base régulière déterminant la valeur des biens. Ils ne l'ont pu, cependant, que dans la mesure où ils ont ignoré le terrain le plus important de l'intérêt du capital, c'est-à-dire la plus-value subie par les produits qui, pour une même dépense de travail, exigent un temps plus long de production. Schellvien est assez impartial pour reconnaître qu'il ne sert à rien d'ignorer les faits, et il s'est donné la peine de tâcher de les expliquer réellement par la théorie de la valeur dûe au travail. Mais on ne peut point concilier des choses inconciliables. Avec toutes ses distinctions factices de capital consommé et, en même temps, non consommé, de « temps de non consommation », faisant partie du temps de production, et de « compensation » constituant un excédent, Schellwien n'est arrivé à rien. Il n'est arrivé qu'à être infidèle à son point de départ, au lieu de réussir à en tirer une explication logique de l'intérêt du capital. Fausse dans son principe, la théorie de la valeur dûe au travail est démentie par les faits de la vie économique.

Je voudrais encore tirer un autre enseignement de la théorie de Schellwien. Nous autres économistes, nous aimons beaucoup à séparer nos concepts scientifiques des simples éléments matériels où ils apparaissent d'abord et à les élever au rang d'êtres idéaux indépendants. La « valeur » des biens, par exemple, nous semble trop distinguée pour rester toujours attachée aux objets matériels qui lui servent de support. Nous la libérons de ces attaches indignes, nous en faisons un être indépendant suivant sa propre voie, ayant un sort spécial et même opposé à celui de son méprisable support. Nous vendons la « valeur » sans vendre le bien, ou le bien sans la valeur ; nous détruisons des biens sans que leur « valeur » cesse d'exister, et nous laissons des « valeurs » disparaître sans que leurs supports cessent d'exister. De même, il nous paraît beaucoup trop simple de faire correspondre la notion de capital à un amas de biens. Nous l'en séparons. Le capital est pour nous une chose planant au-dessus des biens et continuant à subsister même si les éléments de cet amas disparaissent. « Avant tout, dit Hermann, on doit séparer le capital de l'objet qui le représente (1) ».

C'est une « métaphore », dit Mc. Leod, que d'employer le mot capital pour désigner des biens (2).

(1) *Staatsw. Unters.*, 2e édition, p. 605.

(2) La notion du « true capital » du Prof. J. B. Clark, opposée à celle des « concrete capital goods » (*The genesis of capital*, Yale Review, Nov. 1893, p. 302 et s). me paraît appartenir à la même caté-

Noblesse oblige. Vive une science qui ne cherche pas à maintenir dans le lit de Procuste d'une conception mécanico-matérialiste les véritables facteurs idéaux qui agissent sur notre existence ! Mais il faudrait cependant savoir distinguer. Nos biens réels et leur utilité, nos capitaux réels et leur action productive appartiennent vraiment au monde matériel, s'ils ne s'y réduisent pas. Les idéaliser, ce n'est pas élever le débat, mais le fausser. C'est se donner une licence dangereuse que d'expliquer des choses appartenant au monde sensible et soumises aux lois de la matière sans tenir compte de ces lois et même contrairement à ces lois.

Et on ne se donne pas cette licence quand on n'a pas l'intention de l'utiliser. Celui qui veut simplement et fidèlement expliquer naturellement le naturel n'a pas besoin de phrases idéalisatrices, qui sont plutôt de nature à le gêner. Mais celui qui veut faussement expliquer les choses naturelles, trouve dans cette phraséologie un précieux adjuvant. Ce qu'on ne peut pas expliquer d'après la nature des choses, on le fait *sortir* du domaine de la nature pour l'expliquer alors contre elle.

Je me suis depuis longtemps accoutumé à considérer les fausses idéalisations que je rencontre comme des signaux d'alarme. Et je l'ai rarement fait à tort. Chaque fois qu'une notion courante, comme celles de bien, de fortune, de capital, de rendement, d'utilisation, de produit, etc., ayant de profondes racines dans le monde sensible, est séparée par idéalisation de sa base matérielle originaire et même opposée à celle-ci, on est rarement éloigné de quelque fausse conclusion provenant de de ce changement de sens. Je ne veux pas retarder la conclusion de cet ouvrage en dressant, pour appuyer mon dire, une longue liste d'erreurs de ce genre puisées

gorie de conceptions mystiques. Voir à ce sujet mon article « *The positive theory of capital and its critics* », dans le *Quaterly Journal of Economics*, tome IX, Januar 1895, p. 113 et s.

dans la littérature de notre science. Le lecteur attentif les trouvera bien sans moi. Je ne citerai qu'un exemple, celui ayant donné immédiatement naissance à la présente digression, celui de Schellwien. A peine Schellwien a-t-il séparé par la pensée le « capital » de ses « parties » constitutives et l'a-t-il opposé à celles-ci, que les jeux de mots commencent : Le capital se consomme et, en même temps, ne se consomme pas ; il entre en ligne de compte avec toute sa valeur et, en même temps, sans sa valeur ; enfin, cette perte de valeur est compensée en donnant naissance à un excédent !

CHAPITRE XV

CONCLUSIONS

Après nous être si longtemps appliqués à considérer les détails, jetons, pour finir, un regard sur l'ensemble. Nous avons vu une foule bigarrée de théories de l'intérêt du capital prendre successivement naissance. Nous les avons toutes attentivement examinées et éprouvées. Aucune ne contenait l'entière vérité. Ont-elles été, de ce fait, absolument stériles ? Ne forment-elles, dans leur ensemble, qu'un amas de contradictions et d'erreurs, au bout duquel on n'est pas plus près de la vérité qu'on n'en était au début ? Ou bien ne perçoit-on pas dans le chaos des doctrines contradictoires une direction qui, sans avoir conduit à la vérité, a du moins montré le chemin qui y mènera ? Et, dans ce cas, quelle est-elle ?

Avant de répondre à ces questions, je veux prier le lecteur de se rémémorer une fois encore l'énoncé de notre problème. Que doit et que veut le problème de l'intérêt ? *Il doit chercher et exposer les raisons qui conduisent dans les mains du capitaliste une partie du flux de biens qui prend annuellement sa source dans la production nationale* Il est, en conséquence, — et aucun doute ne subsiste sur ce point — un problème de *répartition des biens.*

Mais dans quelle partie du flux principal ce courant dérivé prend-il naissance ? Sur ce point, le développement historique des théories a fourni trois opinions essentiellement différentes, qui ont conduit à trois conceptions fondamentales tout aussi différentes du problème de l'intérêt dans son ensemble.

Conservons encore un instant notre comparaison d'un courant, qui permet de bien expliquer les choses. La source du courant représente la production des biens ; l'embouchure, la répartition finale sous forme de revenus permettant de satisfaire aux besoins. Quant au cours moyen du fleuve, il représente le stade intermédiaire entre la naissance et la répartition finale des biens. Pendant ce cours moyen, les biens vont de main en main et acquièrent la valeur que leur donne l'estimation humaine.

Les trois opinions en question sont les suivantes:

La première considère la part des capitalistes comme étant déjà produite dès le début. Trois sources distinctes : la nature, le travail et le capital donnent chacune naissance, par suite de la force productive qui lui est inhérente, à une quantité déterminée de biens pourvus d'une certaine quantité de valeur. Les possesseurs de chacune des trois sources touchent, sous forme de revenu, exactement autant de valeur que cette source en a produit. Ce n'est donc pas tant *un* fleuve que *trois* qui, coulant pendant un temps et sans se confondre dans le même lit, se séparent à l'embouchure dans le rapport où ils sont sortis de leurs sources respectives. Cette opinion reporte toute l'explication à la source, c'est-à-dire dans la production des biens ; elle considère le problème de l'intérêt comme un *problème de production*. C'est la thèse des théories naïves de la productivité.

Une seconde opinion, plaçant la séparation seulement et exclusivement à l'embouchure, est exactement opposée à celle-là. Pour elle, il n'y a qu'une source donnant naissance à tout le courant des biens, le travail ; le cours moyen est un et indivisible ; il n'existe rien dans la valeur des biens qui puisse motiver le partage de ceux-ci entre différents co-partageants, car toute valeur se mesure seulement d'après le travail. C'est seulement à l'embouchure, au moment où le courant des biens va, comme il le doit, former le revenu des ouvriers qui l'ont fait naître que, de deux côtés opposés, les propriétaires du sol et les capitalistes établissent le barrage de leurs monopoles dans le fleuve et contraignent une partie de ses eaux à s'épandre sur leurs terres. C'est là l'opinion des partisans de la théorie socialiste de l'exploitation. Elle refuse à l'intérêt une préhistoire au cours des stades antérieurs de la formation des biens ; elle le considère comme le simple résultat d'une prise de possession inorganique, accidentelle et opérée de vive force ; elle fait du problème de l'intérêt une pure question *de répartition, dans le sens le plus brutal de ce mot.*

La troisième opinion tient le milieu. D'après elle, les biens sortent de deux, certains disent même de trois sources différentes, pour se réunir aussitôt en un courant unique. Mais bientôt les biens subissent l'influence de la formation de la valeur, et le courant tend à se séparer en diverses branches donnant naissance à tout un réseau fluvial. Les hommes expriment en effet par la valeur d'usage et, comme conséquence, par la valeur d'échange, l'intérêt qu'ils prennent aux différents biens et aux différentes espèces de biens, en tenant compte, d'une part, de la quantité et de l'intensité de leurs besoins, de l'autre, de la quantité des moyens de les satisfaire. Ce faisant, ils introduisent des différences entre les biens, élèvent les uns et abaissent les autres. Il en résulte des différences de niveau, des tensions et des attractions compliquées, sous l'influence desquelles la masse des biens se sépare peu à peu en trois bras dont chacun possède une embouchure spéciale. Le premier forme le revenu des propriétaires fonciers, le second, celui des ouvriers, le troisième, celui des capitalistes. Mais ces trois bras ne sont ni identiques ni égaux aux deux ou trois courants initiaux. Ce n'est pas la puissance de chaque source qui détermine celle de chacun des bras à son embouchure, mais la quantité du courant total que la formation de la valeur a déversé dans chacun d'eux. Toutes les autres théories de l'intérêt sont d'accord sur ce point. Du fait qu'elles voient la répartition finale déjà esquissée dans le stade de la formation de la valeur, elles croient devoir ramener l'explication théorique sur ce terrain ; elles complètent et élargissent le problème de la répartition de l'intérêt et en font un *problème de valeur*.

Laquelle de ces trois conceptions fondamentales est exacte ? — Pour un observateur sensé et impartial, la réponse ne peut pas être douteuse.

Ce n'est certainement pas la première. Tout d'abord, en effet, le capital n'est pas la source des biens, puisqu'il est lui-même le fruit de la nature et du travail. Ensuite, et comme nous nous en sommes suffisamment convaincus, il n'existe point de facteur de la production ayant le pouvoir de donner de lui-même une valeur déterminée à ses produits. L'intérêt du capital ne surgit pas plus tout fait dans la production des biens que la valeur, d'une façon générale, et la plus-value, en particulier, n'y apparaissent. Le problème de l'intérêt n'est pas un simple problème de production.

Mais la seconde conception ne peut pas non plus être exacte, car les faits la contredisent. Ce n'est pas seulement au moment de la répartition, mais déjà lors de la formation de la valeur qu'un élément différent du travail s'introduit. Un tronc de chêne, qui pendant sa longue croissance, n'a exigé qu'un jour de travail de surveillance, a cent fois plus de valeur que la chaise résultant d'un jour de travail appliqué à deux planches. Et le tronc de chêne n'a pas acquis tout d'un coup cent fois plus de valeur que le meuble ayant coûté un jour de travail. Cela s'est fait jour par jour et année par année. Il en est exactement de même pour la valeur de tous les biens dont la production a coûté, non seulement du travail, mais aussi du temps.

Les forces agissant d'une façon lente, mais continue, qui ont peu à peu fait différer la valeur du tronc d'arbre de celle de la chaise, ont, par là même, déjà donné naissance à l'intérêt du capital. Agissant longtemps avant la répartition des biens, ces forces ont esquissé à l'avance la délimitation qui existe entre le salaire du travail et l'intérêt du capital. Car le travail ne peut être rémunéré que suivant la formule : « A travail égal, salaire égal ». Si donc des biens créés à l'aide d'une même quantité de travail acquièrent des valeurs inégales sous l'influence des forces en question, un même salaire du travail ne peut couvrir ces valeurs inégales. C'est seulement la valeur des biens non favorisés qui tombe au niveau du salaire du travail et qui est épuisée par le taux général du salaire déterminée par elle. Tous les biens favorisés dépassent ce niveau dans la mesure où ils ont été avantagés par la formation de la valeur, et ils ne peuvent être épuisés par le taux universel du salaire. Quand le moment de la répartition finale arrive pour ces biens, ils doivent donc, après que tous les ouvriers ont reçu un salaire égal pour un travail égal, laisser d'eux-mêmes un excédent, que le capitaliste peut justement s'approprier. Et cet excédent, ils le laissent, non parce qu'à la dernière heure le capitaliste a subitement et artificiellement abaissé le niveau du salaire au-dessous de celui de la valeur des biens, mais parce que les lois de la formation de la valeur ont, bien auparavant, élevé la valeur des biens dont la formation exige du travail et du temps au-dessus de celle des biens dont la formation coûte *seulement* un travail momentané, et parce que la valeur de ces derniers — qui doit suffire à couvrir le travail de formation — détermine le taux universel du salaire.

Ainsi parlent les faits. Les conséquences qu'ils entraînent sont claires. Le problème de l'intérêt est un problème de répartition. Mais cette répartition a une préhistoire par laquelle on doit l'expliquer. Les biens ne se séparent pas brusquement les uns des autres lors de la répartition ; les lignes de partage ont déjà pris naissance lentement et progressivement dans les stades antérieurs de l'histoire des biens. Celui qui veut réellement comprendre et expliquer la répartition, doit suivre dès leur naissance ces divisions lentes mais perceptibles. Cette façon de faire conduit sur le domaine de la valeur des biens. C'est là que la partie capitale de l'explication de l'intérêt doit être fournie. Celui qui traite le problème de l'intérêt comme un pur problème de production, interrompt son explication avant d'avoir atteint le point capital. Celui qui le traite comme étant seulement un problème de répartition fait commencer son explication après le moment essentiel. Celui qui entreprend d'éclaircir ces élévations et ces abaissements remarquables de la valeur des biens, qui par leurs différences font naître la « plus-value », celui-là seul peut avoir l'espoir d'expliquer par eux l'intérêt d'une façon vraiment scientifique. Le problème de l'intérêt est, en dernière analyse, un *problème de valeur*.

Si nous admettons ce qui précède, il devient facile de déterminer le rang qui revient aux divers groupes de théories et de tracer la courbe représentative du développement historique.

Deux théories ont complètement méconnu le caractère du problème de l'intérêt ; elles doivent donc occuper, en se faisant pendant, le degré le plus bas de l'échelle. C'est la théorie naïve de la productivité et la théorie socialiste de l'exploitation. Ce rapprochement est de nature à étonner. Combien différentes, en effet, sont les conséquences de ces deux doctrines ! Combien au-dessus des naïves présomptions des théoriciens de la productivité les partisans de la théorie de l'exploitation ne se croient-ils pas? Avec quelle fierté ne pensent-ils pas constituer une direction critique avancée?

Et cependant le rapprochement est justifié. D'abord, les deux théories concordent au point de vue négatif. Ni l'une ni l'autre n'abordent le problème proprement dit; ni l'une ni l'autre ne consacrent un seul mot à l'explication de ces oscillations caractéristiques que la valeur des biens fait naître et d'où la plus-value provient. La théorie de la productivité se contente de dire de ces oscillations qu'elles ont lieu, tandis que la théorie de l'exploitation — et cela est presque plus mauvais encore — ne les prend pas en considération. Pour elle, elles n'existent pas; pour elle le niveau de la valeur des biens coïncide exactement avec celui de la dépense de travail, et cela en dépit de tous les faits du monde économique (1).

Non seulement les deux théories sont reliées l'une à l'autre par leurs parties négatives, mais elles le sont également, et plus qu'on ne pourrait le croire, par leurs parties positives. Elles sont, à vrai dire, les fruits d'un même arbre, les enfants d'un même préjugé naïf, à savoir que la valeur sort de la production comme le blé sort de la terre.

Ce préjugé a une longue histoire dans la littérature économique. Sous des formes toujours changeantes, il a dominé notre science depuis 130 ans et, en donnant une fausse direction à l'explication du phénomène fon-

(1) Ecrit en 1884, avant l'apparition du troisième volume du *Capital* de Marx. Loin d'améliorer les choses, le néo-marxisme les empire du fait qu'il complique la négation initiale de la différence de valeur en la reconnaissant tardivement. Car cette négation est poussée jusqu'au moment où toutes les conséquences fausses pouvant seulement résulter de cette négation ont été tirées. La prise en considération du mode réel de formation de la valeur a lieu trop tard pour rectifier les résultats déjà obtenus, mais assez tôt, cependant, pour les contredire. Ainsi le système tout entier ne devient pas plus exact, mais seulement plus contradictoire. Voir plus haut, tome II, chap. XII, p. 106 et s.

damental dont elle s'occupe, il a entravé ses progrès. Il a d'abord paru dans la doctrine physiocratique sous cette forme que la terre et le sol donnent naissance, par leur productivité, à tous les excédents de valeur. Smith lui porta un premier coup, et Ricardo le déracina complètement. Seulement, avant qu'il eût complètement disparu sous cette première forme, Say l'introduisit une seconde fois dans la science sous une forme nouvelle et élargie. Au lieu de l'unique force productive des physiocrates, il y en eût dès lors trois pour créer la valeur et les excédents de valeur, exactement à la façon dont les physiocrates se figuraient la création du « produit net ». Sous cette forme, le préjugé en question a longtemps dominé la science économique. Il fut enfin anéanti, grâce surtout à la critique passionnée, mais méritante, des théoriciens socialistes. Cependant, il sut de nouveau montrer sa vitalité. Changeant seulement d'aspect sans changer d'essence, un singulier hasard le conduisit à se refugier précisément dans les écrits de ceux qui l'avaient le plus impitoyablement combattu sous ses formes antérieures, chez les socialistes. Les *forces* créatrices de valeur ont disparu, mais la *force* créatrice de valeur du travail est restée. Avec elle a persisté la vieille erreur consistant à ne laisser, pour expliquer les causes étroites de la formation de la valeur — explication qui devait être la tâche et la gloire de notre science — qu'une grossière présomption ou, dans la mesure où cette présomption ne voulait pas convenir, une négation plus grossière encore des faits.

En ce sens, la théorie naïve de la productivité du capital et la théorie émancipée des socialistes sont jumelles. La dernière peut bien se donner pour une théorie critique ; elle l'est vraiment, mais elle est aussi, comme on vient de le voir, une théorie naïve. Elle critique un extrême pour tomber dans l'extrême opposé, non moins naïf que le premier. Elle n'est pas autre chose que le contrepoids attardé de la théorie naïve de la productivité.

Par contre, les autres théories de l'intérêt peuvent se vanter d'occuper un rang plus élevé. Elles cherchent en effet la solution du problème sur le terrain où on doit vraiment le chercher, sur celui de la valeur des biens. Et cela avec plus ou moins de mérite.

Les théories qui cherchent à expliquer l'intérêt par le moyen extrême de la théorie du prix, traînent encore à la remarque une forte dose du préjugé d'après lequel la valeur sort de la production. Leur explication ne peut point aller sans plus. S'il est certain que la cause fondamentale qui provoque tous les efforts économiques des hommes est l'amour du bien-être — pour eux ou pour les autres —, il est tout aussi certain qu'aucune explication des phénomènes économiques ne peut être satisfaisante tant qu'elle ne va pas, sans solution de continuité, jusqu'à ce motif initial incontestable. Et les théories du prix pêchent en ce sens. Du fait qu'elles croient trouver le principe de la valeur — terme intermédiaire universel des actions économiques des hommes — en dehors du bien-être humain, et dans un simple fait de l'histoire externe de la formation des biens, dans les conditions techniques de leur production, elles conduisent l'explication sur une voie latérale et sans issue, ne permettant plus de parvenir aux motifs phychologiques auxquels toute explication satisfaisante *doit* aboutir. Ce jugement s'applique — malgré les différences qu'elles présentent dans les détails — à l'immense majorité des théories de l'intérêt que nous avons considérées.

Enfin, les théories qui ont su se libérer complètement de la vieille superstition qui présente la valeur des biens comme provenant de leur passé, et non de leur avenir, occupent un rang plus élevé encore. Ces doctrines savent ce qu'elles veulent expliquer, et dans quel sens elles doivent l'expliquer. Si donc elles n'ont pas trouvé toute la vérité, c'est plutôt par hasard, tandis que les précédentes ne pouvaient pas la trouver, du fait qu'un préjugé la leur faisait chercher dans une fausse direction. Le plus haut degré de l'échelle est occupé par certaines formes de la théorie de l'abstinence et par les dernières théories de l'utilisation. Ici encore, c'est la théorie de Menger qui me semble constituer le point culminant du développement actuel. Et cela non point parce que sa *solution* positive du problème est la plus parfaite, mais parce que sa façon de *poser* celui-ci est la plus exacte. Or, ce sont là deux choses dont la seconde, ici comme en beaucoup de cas, peut être plus importante et plus difficile que la première.

Sur ce terrain ainsi préparé (1), je veux maintenant essayer de trouver une solution du problème si souvent abordé qui n'emploie ni fictions ni présomptions, mais qui s'efforce, au contraire, de déduire simplement et fidèlement l'apparition de l'intérêt du capital des fondements naturels et psychologiques les plus simples de l'économie humaine, en passant par ceux de la formation de la valeur. Je veux nommer une fois encore l'élément qui me paraît conduire à la pleine vérité : c'est l'influence du temps sur l'estimation de la valeur des biens.

(1) C'est le sujet de la deuxième partie de cet ouvrage. Nous espérons en donner prochainement la traduction (*Note des éditeurs*).

APPENDICE

L'INTÉRÊT DU CAPITAL DANS LA LITTÉRATURE ACTUELLE (1884-1899).

I

Depuis l'apparition de la première édition de cet ouvrage, le problème de l'intérêt a été sans discontinuer l'objet de discussions vives et nombreuses. Aussi la littérature relative à l'intérêt s'est-elle relativement beaucoup plus enrichie au cours de ces 15 dernières années qu'au cours de toute période antérieure de même durée. Cependant — j'allais dire naturellement — cette dernière période n'a point fourni de solution incontestée de notre grand problème. Par contre, on peut percevoir certaines modifications des forces en présence sur le champ de bataille littéraire, modifications qui me semblent caractériser un stade du débat plus avancé et plus voisin de la solution finale. La mêlée est moins confuse qu'il y a 15 ans. A la vérité, de nouvelles opinions prennent maintenant part à la lutte, mais plusieurs théories anciennes ont été, par contre, complètement, ou presque complètement écartées et le combat n'a plus lieu qu'autour de quelques positions sérieusement défendues et entre lesquelles la victoire est indécise. Et il me semble aussi qu'on est plus près de décider entre ces dernières. Non seulement on ne tiraille plus à distance, on ne combat plus aux avant-postes, mais les opérations préparatoires ont été poussées si loin, les prémisses et les conséquences des théories en présence sont si bien mises en lumière, que la lutte ne peut plus guère s'égarer sur des points auxiliaires, et que la solution imminente devra avoir trait à l'essence même de la question.

Pour des motifs connus, il est toujours mal aisé d'être l'historien de son époque. Quand on est au milieu d'une forêt, il est difficile de jeter sur elle un regard d'ensemble. Dans mon cas, deux circonstances supplémentaires viennent s'ajouter aux autres pour m'empêcher de bien décrire l'état actuel de la littérature relative à l'intérêt. Tout en visant de mon mieux à l'impartialité, le fait que je suis l'auteur d'une des théories en présence, me rend inévitablement partial. De plus, il est doublement difficile de juger exactement de l'importance des différences existant entre diverses théories, quand on en est trop près et quand on possède des préférences personnelles. Enfin, les économistes de la génération actuelle sont indubitablement en train de modifier leurs vues relativement au problème de l'intérêt. Quelle que soit la théorie destinée à rester maîtresse du champ de bataille, il est certain que ce que nous léguerons aux générations à venir, comme étant l'opinion de notre époque, sera foncièrement différent de ce que nous avons lu et appris dans les livres de notre jeunesse. Tous, même les plus conservateurs d'entre nous, transforment les aperçus dont ils ont hérité. Dans ces conditions, il est tout particulièrement difficile de juger exactement, au point de vue historique, la littérature actuelle. On y rencontre en effet quantité d'opinions de transition pouvant tout aussi bien constituer des variantes sans conséquences de théories expirantes — et c'est vraisemblablement le cas pour le plus grand nombre — que des termes transitoires et pleins d'avenir du développement ultérieur. Il serait donc souvent nécessaire de posséder le don de prophétie pour décider à coup sûr si l'une ou l'autre forme théorique doit être rangée dans la première ou dans la seconde de ces deux catégories.

Cependant, je croirais laisser une lacune importante dans cet ouvrage si je me laissais influencer par cette crainte jusqu'au point de ne pas même essayer d'orienter le lecteur sur l'état actuel de la littérature relative à l'intérêt. On n'écrit une histoire critique des théories que pour faciliter les recherches futures, et ce serait, par conséquent, agir tout à fait contrairement au but poursuivi que de laisser à dessein dans l'ombre la dernière partie du chemin parcouru et le point à partir duquel on doit pousser plus loin. Par contre, je ne puis entreprendre cette partie de ma tâche sans faire à l'avance les réserves les plus expresses au sujet de ma faillibilité et de mon insuffisance.

Etant donné le développement de la littérature actuelle, je veux me borner dès l'abord à essayer d'orienter le lecteur. J'éviterai donc, en règle générale, d'exposer et d'expliquer en détail des doctrines qui se présentent comme simples nuances d'une théorie capitale. Ce faisant, je ne veux pas dire que je considère ces nuances comme sans intérêt, ou la doctrine type correspondante comme dénuée d'importance. Seulement, je ne veux soumettre à une exposition et à une critique approfondies que peu des nouvelles théories et, à vrai dire, celles-là seules qui sont d'une espèce assez spéciale pour se séparer par des traits tout à fait essentiels de toutes les théories types étudiées jusqu'ici, ou qui, tout en étant simplement des nuances et des combinaisons d'autres théories, sont si nettement formulées ou poussées si à fond que leur portée saute nettement aux yeux.

II

J'ai déjà dit que, dans les derniers temps, de nouvelles opinions sont venues se poser en rivales des anciennes.

C'est la théorie expliquant l'intérêt par *une différence de valeur entre les biens actuels et les biens futurs* qui constitue l'élément le plus important de ce nouveau groupe.

Galiani et Turgot avaient déjà effleuré cette idée. Un demi-siècle plus tard, John Rae lui avait donné une forme très remarquable, sous laquelle elle n'était pas arrivée cependant à influencer le développement littéraire ultérieur. Quarante ans plus tard, Jevons a de nouveau repris, sous une forme modèle et magistrale, la plus grande partie des prémisses servant de base à la théorie de Rae. Il a, par contre, négligé de développer les termes intermédiaires conduisant de ces prémisses à l'apparition de l'intérêt, ce en quoi il est resté en arrière de son prédécesseur méconnu. Par contre, il égale à peu près ce dernier dans le développement de la partie psychologique des prémisses, et lui est indubitablement supérieur dans la reconnaissance des prémisses techniques de la production.

Tout à côté de Jevons, il faut nommer Launhardt (1) et Emil Sax (2). L'un et l'autre dépassent Jevons dans la mesure seulement où ils développent expressément la pensée, préparée, au fond, par cet auteur, mais non exprimée formellement par lui, que l'intérêt a ses racines dans la différence de valeur qui existe entre les biens actuels et futurs, différence provenant de causes psychologiques (3). C'est là, à vrai dire, une idée que j'avais

(1) *Mathematische Begründung der Volkswirtschaftslehre*, Leipzig, 1885 ; voir en particulier pp., 5-7, 67 et s., 129.

(2) *Grundlegung der theoretischen Staatswirtschaft*. Vienne, 1887, p. 178 et s., 313 et s.

(3) « Le taux de l'intérêt exigé repose sur l'estimation de la moins value d'une jouissance future comparée à une jouissance égale offerte à l'époque présente » (Launhardt, p. 129). « La grandeur de la valeur du capital dérive de la valeur des biens d'usage qui en découlent. Mais, comme le besoin auquel le capital sert indirectement est un besoin futur, cette valeur transmise doit être inférieure à celle accordée à un

présentée dans l'intervalle, en 1884, comme devant servir de programme à ma théorie de l'intérêt.

Mais Launhardt et Sax ont exprimé cette idée sans la développer. Le manque de détails les empêcha, en particulier, de voir si les motifs psychologiques d'une moindre estimation des biens futurs sont en mesure de fournir une base suffisante pour la pleine explication du phénomène de l'intérêt, ou si l'on ne doit pas bien plutôt introduire dans le cours de l'explication certains faits techniques de la production laissés par eux de côté.

Les travaux de Launhardt et de Sax se placent, au point de vue chronologique, entre l'apparition du premier volume de mon ouvrage, *Kapital und Kapitalzins* (1884) et celle du second (1889). La « théorie positive du capital », exposée dans le second volume, contenait une tentative ayant pour objet de ramener toutes les formes de l'apparition de l'intérêt à une différence de valeur entre les biens actuels et futurs. Quant à cette différence de valeur elle-même, elle était déduite de l'action combinée d'une série de motifs, les uns psychologiques, les autres techniques. Cette tentative a rencontré beaucoup d'opposition, mais aussi beaucoup d'approbation et de soutien. Des idées connexes ont apparu à peu près exactement à la même époque chez des penseurs américains, en particulier, chez Simon N. Patten (1), chez S. M.

bien d'usage égal actuel ou, ce qui revient au même, plus petite que la valeur que le bien concret d'usage possèdera, le jour où il existera, par rapport au besoin, lequel sera alors un besoin présent. Car la valeur du bien d'usage futur dont dérive la valeur du capital provient du besoin futur qui, dans l'estimation présente, est plus faible que celui-là. Dans la différence de valeur existant entre le capital et le bien d'usage qui en découle, réside ce qu'on appelle la productivité du capital ». (Sax, pp., 317, 321 ; voir aussi p. 178 et s.).

(1) *The fundamental idea of capital*, dans le *Quarterly Journal of Economics*. Janvier 1889.

Macvane (1) et chez J. B. Clark (2). Cependant, elles n'ont pas été poussées aussi à fond et n'ont pas été sciemment séparées de l'ordre d'idées propre aux vieilles théories de l'abstinence. L'impulsion donnée par les brillants travaux de Jevons, travaux que les théoriciens des nationalités les plus diverses estiment de plus en plus, ne s'est pas arrêtée là. Il est de fait que la théorie de la différence de valeur existant entre les biens actuels et futurs — s'il était besoin de la désigner par un mot caractéristique, je l'appellerai la théorie de l'agio (3) — a pris racine d'une façon ou d'une autre dans les littératures de toutes les nations civilisées, et l'emporte même déjà dans beaucoup d'entre elles. En particulier, certaines vues connexes me semblent avoir acquis, sous une nuance ou sous une autre, une extension importante dans les littératures anglo-américaine (4),

(1) Voir sa notice très courte mais très remarquable : *Analysis of cost of production*, dans le *Quarterly Journal of Economics*, Juillet 1887 ; puis quelques autres notices ultérieures publiées dans le même journal en Octobre 1890 et Janvier 1892.

(2) La série des nombreux articles dans lesquels ce théoricien clairvoyant et infatiguable a, au cours de ces dix dernières années, approfondi la théorie du capital et de l'intérêt du capital, commence par l'écrit : *Capital and its Earnings*, 1888. La plupart de ses articles ultérieurs se trouvent dans le *Quarterly Journal of Economics* ; D'autres aussi dans les *Annals of the American Academy* (Juillet 1890) et dans la *Yale Review* (Novembre 1893).

(3) Macfarlane (*Value and distribution*, p. XXII, puis p. 230 et s.) veut l'appeler théorie de l'échange (*Exchange theory*), parce qu'elle repose sur l'idée que l'intérêt provient d'un échange entre des biens actuels et futurs. Mais cette désignation me parait peu caractéristique. — Par suite d'un singulier mal-entendu, Zaleski (*Lehre vom Capital*, Kazan 1898) considère le titre « *Positive Theorie des Capitales* », que j'ai donné à la seconde partie de mon ouvrage, contenant l'exposition positive dogmatique — et cela par opposition à la première partie, critique et historique — comme étant un attribut caractéristique choisi par moi pour désigner le fond de ma théorie.

(4) En dehors des écrivains nommés dans le texte, on en peut citer d'autres ayant exposé des idées plus ou moins semblables. Ce sont, par exemple, J. Bonar (*Quarterly Journal of Economics*, Avril et Octobre 1889, Avril 1890) ; W. Smart (*Introduction to the theory of*

italienne (1), hollandaise (2) et scandinave (3).

value, Londres, 1891, *The new theory of interest*, *Economic Journal* 1891), F. Y. Edgeworth (*Economic Journal*, Juin 1892); E. B. Andrews (*Institutes of Economics*, Boston 1889) ; Lowrey *Annals of the American Academy*, Mars 1892) ; Ely (*Outlines of Economics*, New-York 1883) ; Carver (*Quarterly Journal of Economics*, Octobre 1893) ; Taussig (*Wages and capital*, New-York 1896) ; Irving Fisher (*Economic Journal*, Décembre 1896, Juin et Décembre 1897); Mixter (*A forerunner of Boehm-Bawerk*, *Quart. Journ. of Ec.*, Janvier 1897); Macfarlane (*Value and distribution*, Philadelphie 1899). Pour le fond, on peut aussi citer Hobson (*Evolution of modern Capitalism*, Londres 1894), et Hadley (*Economics*, New-York 1896, et *Annals of the American Academy*, Novembre 1893). Giddings s'est également exprimé en partie dans le même sens. Il croit cependant devoir ajouter quelque chose pour compléter et approfondir la théorie, et cela pour expliquer l'insuffisance constante de l'offre de biens actuels ou de capitaux. Cela provient, d'après lui, de ce que ce sont au fond, les dernières heures de travail, — correspondant à un déplaisir et à une peine croissants — qui servent à la formation du capital. Ce supplément de peine dans le travail constitue le coût additionnel de la formation du capital — par comparaison avec les frais de production des biens de jouissance immédiate. Ces frais supplémentaires trouvent leur idemnisation dans l'intérêt. Je n'arrive à me convaincre ni de l'existence de toutes les suppositions de fait de cette théorie, ni de ce qu'elles auraient pour effet l'apparition de l'intérêt du capital, si elles avaient vraiment lieu. Voir d'ailleurs la discussion approfondie insérée dans le *Quarterly Journal of Economics* de Juillet 1889 à Avril 1891, à laquelle prirent part, en plus de Giddings lui-même, Bonar, David, J. Green, H. Bilgram et l'auteur du présent ouvrage.

(1) Ricca-Salerno (*Teoria del Valore*, Rom 1894); Montemartini (*Il rispàrmio nell' economia pura*, Milan 1896); Crocini (*Di alcune questioni relative all' utilità finale*, Turin 1890); Graziani (*Studi sulla teoria dell' interesse*, Turin 1898). Au point de vue du fond, on peut également citer : Barone (*Sopra un libro di Wicksell*, *Giornale degli Economisti*, Novembre 1895, et *Studi sulla distributione*, *loc. cit.*, Février et Mars 1896); enfin, au moins en partie, Benini (*Il valore e la sua attribuzione ai beni strumentali*, Bari 1893).

(2) Il faut tout d'abord citer ici le livre classique de N. G. Pierson, *Leerbock der Staathuishoudkunde*, 2e édit. Harlem 1896, et un article antérieur du même auteur dans *De Economist* (Mars 1889, p. 193 et s.).

(3) Knut Wicksell traite le sujet tout à fait à fond et *ex professo* (*Ueber Wert, Capital und Rente*, Iena 1893; *Finanztheoretische Untersuchungen*, Iena 1896). Le Dr Wicksell a eu l'amabilité de venir en aide à ma connaissance insuffisante de la littérature scandinave et

III

Parmi les nombreuses opinions qui se sont autrefois déjà trouvées en présence, quelques-unes n'ont reçu aucun renfort dans la période actuellement considérée. D'autres n'en ont reçu que très peu. Le premier sort a été surtout celui des théories qui traitaient le problème, soit avec trop de naïveté, soit, au contraire, avec des raffinements trop évidents. C'est pour le premier de ces deux motifs que la théorie « naïve » de la productivité, les « théories incolores » (1), celles de la « fructification »

à mes recherches par quelques communications privées. D'après lui, on peut considérer comme représentant des conceptions analogues : en Danemark, les professeurs Westergaard et Falbe Hansen ; en Suède, le comte Hamilton, David Davidson et Johann Lefler ; en Norwège, les professeurs Aschehoug et Morgenstierne, le Dr Oskar Jaegen et le Dr Einarsen.

Comme travaux originaux de la littérature allemande se mouvant dans le même orbite, je citerai encore particulièrement l'ouvrage de Effertz (*Arbeit und Boden*, Berlin 1889), qui a paru presque en même temps que ma *Positive Theorie*, et l'ouvrage si riche en idées du Suisse Georg Sulzer (*Die wirtschaftlichen Grundgesetze in der Gegenwartsphase ihrer Entwicklung*, Zürich 1895). Effertz exprime la pensée, que l'intérêt doit son origine à une différence de temps, sous cette forme toute particulière que « l'âge » du travail et du sol est un « élément de la valeur d'échange », et l'intérêt « l'indemnisation pour les qualités d'âge du travail et du sol » (p. 190 et s., p. 198 et s., p. 278). La nécessité d'un « supplément » pour l'âge des éléments de la production est, à la vérité, très insuffisamment, sinon fort mal expliquée, par le fait que le vieux travail et le vieux sol sont « plus rares » que le travail et le sol actuels (pp. 190, 195, 198 ; voir aussi pp. 218, 221, 351). L'absence voulue de citations relatives à la littérature ne laisse pas reconnaître si, et dans quelle mesure, l'ouvrage d'Effertz, paru en 1889, a été influencé par les nombreux développements antérieurs de la même pensée fondamentale. — La façon dont Sulzer traite la question me paraît constituer quelque chose d'intermédiaire entre la théorie de Jevons et la mienne. — Sur la position prise maintenant par Adolf Wagner, voir plus loin le paragraphe V.

(1) Je pourrais presque qualifier d'incolore la toute récente théorie de l'intérêt de Lehr (*Grundbegriffe und Grundlagen der Volkswirtschaft*. Leipzig 1893, VII Partie, Chap. 6). Je ne suis pas du moins

de Turgot et d'Henry George n'ont pas trouvé de nombreux adeptes. C'est pour le second que le même sort est échu aux théories du genre de celle de Schellwien.

Parmi les théories ayant reçu — pour autant que je connais la littérature actuelle — seulement peu de renfort, il faut citer tout d'abord l'intéressante théorie de l'utilisation. Son représentant le plus remarquable, Carl Menger, ne lui a fourni aucune nouvelle contribution. A la vérité, cet auteur s'est livré, dans l'intervalle, dans un article excessivement intéressant : *Zur Theorie des Capitals* (1), à une recherche approfondie et féconde relative à la notion du capital, mais il n'a pas cependant étendu cette étude jusqu'à la question en litige de l'intérêt du capital. Walras, qui, depuis longtemps, a déjà formulé la théorie de l'utilisation d'une façon rappelant celle de J.-B. Say, s'en tient toujours là (2).

Quant aux travaux nouveaux se plaçant clairement et résolument au point de vue de la théorie de l'utilisation, l'ouvrage de Ladislas Zaleski : *Lehre vom Capital*, paru

arrivé à trouver quelque chose de caractéristique dans ses développements passablement verbaux sur le problème de l'intérêt. Il refuse son approbation à la plupart des théories courantes de l'intérêt, mais n'apporte, quant à lui, que des explications ayant pour base, soit un appel aux faits existants, aux convenances, à l'équité et à la justice de certains phénomènes, soit des considérations très générales. Il cite, par exemple, l'argument de Smith, à savoir qu'on n'accumulerait pas de capitaux, ou qu'on ne les emploierait pas à la production et ne les prêterait pas, sans l'espoir d'en tirer un intérêt (p. 332). Quant à une explication à proprement parler, on n'en trouve pas.

(1) *Jarbücher*, de Conrad, N. S, Tome XVII (1888).

(2) *Eléments d'Economie politique pure*. 1re édit. Lausanne, 1874, 2e édit. 1889. Walras considère l'intérêt du capital comme étant une indemnisation pour le « service producteur » du capital, lequel serait un certain bien immatériel (p. c. pp. 201, 211 et XIII, seconde édition). Pareto (*Cours d'Economie politique*, I, p. 40 et s.) se range au fond à l'avis de Walras, mais non cependant sans faire en passant quelques allusions à la différence de valeur existant entre « les biens actuels et les biens futurs » (p. c. p. 50).

en langue russe, est le seul qui soit venu à ma connaissance (1). On rencontre souvent, par contre, des réminiscences occasionnelles de cette théorie chez les éclectiques (2). Ma connaissance de l'ouvrage de Zaleski se borne à quelques extraits qu'on m'a traduits. Je dois donc me borner à enregistrer le fait que cet auteur se réclame expressément de la théorie de l'utilisation et cherche à lui donner une base scientifique en partant de l' « unité de la matière et de la conservation de l'énergie ». Dans quelle mesure la théorie de l'utilisation de Zaleski s'écarte-t-elle par cette innovation de celle de Menger et s'approche-t-elle de la théorie motivée de la productivité, c'est une chose qui échappe à ma compétence.

IV

La théorie de l'abstinence a été, pendant ces dernières quinze années, l'objet d'efforts théoriques très vifs et pour ainsi dire inattendus.

Elle a — pour commencer par quelques détails — reçu un renfort intéressant du fait qu'elle a été vigoureusement défendue par quelques écrivains contre l'objection qui a joué le rôle le plus retentissant dans la polémique dirigée contre elle, surtout par les socialistes. Cette objection consiste à dire que les grands capitalistes sont précisément ceux qui ont eu le moins à « s'abstenir », d'où, par conséquent, une désharmonie

(1) Kazan 1898.

(2) Par exemple, chez Conrad, *Grundriss zum Studium der politischen Oekonomie*, Ire partie, Jena 1896, § 67 ; chez Dietzel, dans les passages des *Göttinger gelehrten Anzeigen* qui seront indiqués plus loin en détail ; chez Diehl, *Proudhon, seine Lehre und sein Leben*, II. Jena 1890, p. 204 et s.) ; chez M. Block, *Progrès de la science Economique depuis Adam Smith*, Paris, 1890 II, Chap. XXIX ; chez Gide, *Principes d'Economie politique*, 5e édit. Paris, 1896, p. 451), et chez beaucoup d'autres.

évidente entre la grandeur de la cause prétendue du capital, l'abstinence, et celle de sa prétendue conséquence, l'intérêt du capital.

En ayant recours à une idée commune à la théorie de Ricardo et à celle de l'utilité-limite, on a prétendu de différents côtés, et non sans raison, que cette désharmonie n'est pas de nature, quand on l'examine de plus près, à fournir un argument décisif contre la théorie de l'abstinence. Il faut en effet tenir compte de ce que l'indemnisation, constituée par le prix de vente des produits pour le sacrifice consacré à leur production, tend, quand ce sacrifice varie d'une production à l'autre, à indemniser le plus grand d'entre eux. Il ne faut alors pas s'étonner que le taux uniforme de l'intérêt — suffisant à rémunérer même les plus grands sacrifices d'abstinence — contienne une rémunération supplémentaire (le « savers surplus » de Marshall) pour ceux qui ont fait un sacrifice d'abstinence relativement moins grand pour former et conserver le capital (1). Mais on ne réfute ainsi qu'une des objections dirigées contre la théorie de l'abstinence et, à la vérité, la plus superficielle. Quant à l'objection plus profonde tirée de motifs logiques internes sur laquelle j'ai basé ma réfutation de cette théorie, elle n'est pas ébranlée par ces considérations (2).

Une innovation terminologique non sans importance

(1) C'est Macfarlane qui a le plus employé ce mode de raisonnement pour faire l'apologie de la théorie de l'abstinence : *Value and distribution*, Philadelphie 1899, pp. 175-177. On peut citer, comme partageant, au fond, la même manière de voir : Loria (*La rendita fondiaria*, Milan 1880, p. 619 et s.), Marshall avec sa théorie du « savers surplus » (*Principles* 3e édit. Londres, 1895, p. 606) ; ensuite, Carver, Barone et, en général, tous les théoriciens qui admettent la théorie de la « valeur limite ». Voir plus haut, tome I. Chap. IX, p. 353 et suivantes.

(2) Une remarque de Macfarlane à ce sujet (*op. cit.*, p. 179), ne me paraît pas aller jusqu'au fond des choses et me semble constituer plutôt une affirmation qu'une tentative ayant pour but de refuter l'objection par un argument.

fut introduite ensuite par Macvane qui remplaça l'expression sujette à caution d' « abstinence » par le terme plus faible et plus exact d' « attente » (waiting) (1). De ce fait, la théorie de l'abstinence se rapproche, dans une certaine mesure, de celles qui prennent comme facteur principal de l'explication de l'intérêt l'intervalle de temps séparant les biens et les jouissances actuelles des biens et des jouissances futures. Il est à remarquer que, depuis cette époque, beaucoup des nouveaux représentants de la théorie de l'abstinence considèrent celle-ci, comme étant, au fond, identique à la théorie de l'agio (2). Cependant une difficulté essentielle s'oppose aujourd'hui comme avant à la fusion des deux théories. C'est le fait que l'abstinence, maintenant ramenée à l' « attente », est présentée par Macvane et ses successeurs comme un sacrifice indépendant du travail et dont on doit tenir compte.

Les théoriciens de l'abstinence des époques antérieures avaient déjà une tendance à introduire dans leur solution du problème de l'intérêt des considérations éclectiques appartenant à d'autres groupes d'idées. On peut retrouver cette inclination chez les représentants actuels de cette théorie. On rencontre tout d'abord souvent — et cela s'explique facilement par ce qui vient d'être dit — un mélange de la théorie de l'abstinence et de certains éléments de celle de l' « agio ». Mais on

(1) *Analysis of cost of production* (*Quart. Journ. of Ec.* Juillet 1887) ; voir aussi plus haut p. 196.

(2) Macfarlane, par exemple, pense qu'il y a seulement lieu d'exposer sous une forme meilleure et plus achevée ce qu'il appelle, en l'approuvant en somme, « l'Exchange-theory » (Voir plus haut, p. 196, note 3). « The theory here proposed is, after all, but an extension of Böhm-Bawerk's analysis, dit-il, *op. cit.*, p. 231 ». Pour cette forme perfectionnée, il propose la désignation également perfectionnée de *Normal Value theory*. Carver pense de la même manière au sujet des rapports existant entre les deux théories (Voir plus loin). Le Pr. Marshall lui-même est peut-être du même avis.

peut encore trouver d'autres combinaisons éclectiques : chez Loria, par exemple, la théorie de l'abstinence se combine avec des éléments de la théorie de l'exploitation (1).

Dans la série des exposés positifs cohérents appartenant au groupe actuellement considéré, il en est deux que je crois devoir soumettre à une étude spéciale. Le premier, parce qu'il constitue l'exposé modèle de la théorie de l'abstinence sous sa forme la plus développée à l'époque actuelle et, ensuite, parce qu'il est revêtu de l'autorité d'un savant des plus remarquables. Son auteur, possédant toutes les qualités nécessaires à l'étude et à l'exposition, s'est évidemment efforcé de fournir une explication complètement fermée et tenant cependant

(1) Je ne crois pas faire erreur en considérant l'opinion de Loria — qui, à la vérité, ne me semble pas très claire — comme étant surtout une théorie de l'abstinence. Les passages les plus détaillés de ses anciens ouvrages permettent du moins de conclure dans ce sens (*Rendita fondiaria*, p. 610 et s., *Analisi della proprietà capitalista*, Turin 1889, *passim*). Cette opinion est corroborée par le fait que, dans son nouvel et important ouvrage (*La constituzione economica odierna*, Turin 1899), il désigne l' « astenzione » des capitalistes comme un élément jouant un rôle important dans la distribution du produit (p. e. p. 36 et s., p. 75). Les explications de l'auteur sur les motifs et les limites de l'accumulation laissent conclure dans le même sens (p. e. *Constituzione*, p. 73 et s., 98 et s.). Cependant, on trouve aussi dans tous les ouvrages de Loria des assertions d'où résulte que, dans l'esprit de l'auteur, le phénomène de l'intérêt, tout au moins dans sa forme et avec son extension actuelles, est causé, pour une large part, par l'exploitation (p. e. *Costituzione* p. 34 et s., p. 821). Une des caractéristiques connues de Loria consiste en ce qu'il attribue à l'appropriation du sol une influence particulièrement décisive et étendue sur la formation et la hauteur du profit du capital (p. e. *Costituzione*, pp. 35, 37, 67, et s.). Je considère cette opinion comme absolument erronée (On en trouve une exposition et une réfutation plus approfondies dans les judicieuses *Studi sulla teoria dell' interesse* de Graziani, Turin 1898, pp. 46-50. D'une façon générale, d'ailleurs, je ne puis m'empêcher de dire que les spéculations théoriques de Loria me semblent beaucoup plus fantaisistes qu'exactes, et qu'elles me paraissent souvent contenir des malentendus très superficiels quant à l'opinion des autres théoriciens.

compte de tous les faits exerçant une influence. Le second exposé réclame notre attention parce qu'il constitue une tentative originale ayant pour but de donner au « sacrifice d'abstinence » une signification toute nouvelle.

La première de ces deux doctrines est celle d'Alfred Marshall.

Le Pr. Marshall voit les causes fondamentales de l'intérêt du capital dans deux choses qu'il désigne par les mots caractéristiques de « prospectiveness » et de « productiveness » du capital. La « prospectiveness » consiste en ce que le capital n'a d'utilité que pour le futur. Pour former un capital, les gens doivent faire un acte de prévoyance (men must act propectively) ; ils doivent « attendre » et « épargner » ; ils doivent « sacrifier le présent au futur » (1). La « productiveness » provient des avantages productifs qu'offre l'aide du capital : il rend la production plus facile et plus fructueuse (2). La productivité du capital fait qu'on le recherche (demand). Par contre, le sacrifice lié à la « prospectiveness » du capital maintient son offre si bas que l'usage du capital acquiert un prix et devient la source d'un gain (3).

Tout ce qui suit ressort alors de la loi générale de l'échange, dont le problème de l'intérêt n'est, pour Mar-

(1) *Principles of Economics*, 3e édit. pp. 142, 662. La 4e édit., parue depuis, concorde sur tous les points essentiels avec la 3e.

(2) Pp. 142, 622, 751. En ces endroits et, d'une façon générale, partout où il explique la « productiveness », le Pr. Marshall la conçoit très exactement comme une productivité technique se manifestant par une augmentation de la quantité des produits qu'on aurait obtenus à l'aide des mêmes forces productives originaires. Ainsi, il la comprend exactement comme je comprends, moi aussi, la productivité physique ou technique dans ma théorie de l'intérêt. Il semble que le Pr. Marshall est également d'accord avec moi pour considérer la production capitaliste comme une production par « détours », par « round about methods » (Voir p. e. *Principles*, p. 612, mais aussi la note de la page 664 qui indique plutôt un dissentiment).

(3) P. 662.

shall, qu'un simple cas particulier. Suivant cette loi générale, la valeur « normale » des marchandises finit, avec le temps, par atteindre le niveau où la demande fait équilibre aux frais de production. A cette occasion, Marshall insiste particulièrement sur la coordination de ces deux facteurs s'influençant mutuellement. Les frais réels sont constitués par l'ensemble des « efforts et des sacrifices » qu'on doit s'imposer pour fabriquer le bien. En plus du travail, ils comprennent encore le « sacrifice » lié à l' « attente », à la remise de la jouissance, inséparables de toute formation et de tout emploi du capital (putting off consumption, postponement of enjoyement) (1). On agit de façon peu exacte et on s'expose à des malentendus quand on désigne ce sacrifice par le nom d' « abstinence », comme l'ont souvent fait les anciens économistes. L'accumulation des capitaux est surtout, en effet, l'œuvre de gens très riches qui ne se soumettent certainement pas de ce fait à une « abstinence » au sens de privation. Il est donc plus exact, à l'exemple de Macvane, de faire consister ce sacrifice dans un simple ajournement de la jouissance, dans une « attente » (waiting). Quoiqu'il en soit, cette attente constitue, à côté du travail employé, un vrai sacrifice dont il faut tenir compte (p. 668).

Ce sacrifice doit, tout comme le travail, trouver son indemnisation dans le prix normal des marchandises et, à la vérité, d'après son « marginal rate » (p. 607). En d'autres termes, cette indemnisation doit être suffisamment grande pour rémunérer convenablement la partie la plus désagréable et la plus répugnante du sacrifice, partie dont l'accomplissement était encore nécessaire pour provoquer l'offre (p. 217). Cette indemnisation est l'intérêt du capital qu'on peut ainsi convenablement expliquer comme étant le salaire du sacrifice lié à l'attente

(1) *Op. cit.*, pp. 216, 315.

(reward of the sacrifice involved in the waiting, p. 314). A la vérité, bien des gens épargneraient encore si ce salaire n'existait pas, tout comme beaucoup travailleraient encore sans salaire, et tout comme le capital se formerait encore, en grande partie, si le taux de l'intérêt devenait inférieur au taux dominant. Cela conduit seulement à ce que — en vertu du théorème fondamental, d'après lequel le prix doit encore rémunérer la partie la plus pénible de l'offre — les gens plus économes touchent une indemnisation supérieure au sacrifice plus faible qu'ils ont fait, indemnisation que Marshall appelle « saver's » ou « waiters's surplus ». Seulement, comme peu de gens feraient des économies importantes en l'absence du salaire constitué par l'intérêt, on est également autorisé à présenter celui-ci comme le « reward of waiting » (p. 314). Se tournant alors vers les socialistes, qui soutiennent que la valeur des marchandises dépend seulement de la quantité de travail employée à leur fabrication, Marshall expose avec emphase que cette façon de voir serait vraie dans le seul cas où le service fourni par le capital serait offert sans sacrifice comme un « bien gratuit » (p. 669). Elle est donc inexacte, puisque la remise des satisfactions exige, en général, un sacrifice de la part de ceux qui y consentent (the postponement of gratifications involves *in general* a sacrifice on the part of him who postpones; p. 668).

Je ne crois pas faire erreur en désignant l'opinion défendue par le Pr. Marshall comme étant, au fond, une théorie de l'abstinence formulée avec soin et améliorée quant à la terminologie. Par son idée fondamentale, elle concorde complètement avec celle de Senior. La formation du capitale exige de la part des capitalistes un sacrifice réel consistant dans la remise de la jouissance, sacrifice qui forme, à côté du travail, un élément indépendant des frais de production. Cet élément doit trouver, par conséquent, son indemnisation propre dans le prix des biens, à la façon et d'après les lois — d'ailleurs formulées par Marshall avec plus de soin — suivant lesquelles le coût détermine, en général, le prix des biens (1).

Dans ces conditions, mon jugement sur la théorie de l'intérêt du Pr. Marshall ne peut naturellement pas beaucoup différer de celle que j'ai émise dans une partie antérieure de cet ouvrage sur la théorie de l'abstinence en général. Je suis absolument d'accord avec le Pr. Marshall pour dire que la « prospectiveness » et la « productiveness » du capital ont, l'une et l'autre, quelque chose à faire dans l'explication de l'intérêt du capital. Je crois cependant que son raisonnement intermédiaire, tout comme celui des autres théoriciens de l'abstinence, affecte une forme sous laquelle il est, d'une part, non conforme aux faits et, d'autre part, en conflit inévitable avec les lois de la pensée.

Avant tout, je trouve inexact de considérer comme un sacrifice indépendant du travail et devant être compté à part la remise de la jouissance qui est liée à la consécration du travail à un but futur. J'ai déjà amplement expliqué plus haut les raisons de cette façon de voir (2). A vrai dire, elles ne semblent pas avoir paru suffisamment convaincantes au Pr. Marshall qui, tout en les connaissant pleinement, reste fidèle à une théorie identique, au fond, à celle de l'abstinence. Je veux, par conséquent, tenter de les appuyer par quelques explications supplémentaires, et, à vrai dire, j'y serai tout naturellement conduit par certaines remarques qui se rencontrent dans la doctrine même de Marshall.

A la façon de Jevons (3), le Pr. Marshall a introduit dans sa théorie un certain nombre de remarques psycho-

(1) Voir plus haut, tome I, p. 347 et s., l'exposition de la théorie de Senior.

(2) Dans le chap. IX.

(3) Voir plus haut, tome II, p. 148 et suiv.

logiques relatives à l'estimation des joies et des peines futures. Étant donnée la nature humaine, la plupart des hommes n'estiment pas tout à fait autant une joie future, si sûre soit-elle, qu'une joie actuelle absolument égale. Ils l'estiment au contraire, et pour ainsi dire, en « escomptant » sa grandeur, en en soustrayant une fraction différant beaucoup d'un individu à un autre, et dépendant du degré de patience et d'empire sur lui-même que chacun possède (1). La valeur actuelle d'une joie future et par suite aussi l'utilité limite actuelle d'une source de jouissances éloignée dans le temps (the present marginal utility of a distant source of pleasure) est, par conséquent, inférieure à la valeur d'une joie actuelle égale ou à celle de la même joie future à l'époque où elle sera réellement ressentie. Si quelqu'un, par exemple, est ainsi constitué qu'il escompte les joies futures au taux de 10 0/0, il estimera aujourd'hui à 10 la valeur actuelle d'une joie future encore éloignée d'une année et devant avoir alors en fait une valeur réelle de 11 (2). De nombreuses assertions de Marshall, il résulte encore que le fait psychologique, consistant en ce que la grande majorité des hommes préfèrent les satisfactions actuelles aux satisfactions futures, est précisément la base sur laquelle il s'ap-

(1) *Principles*, pp. 193-197 ; de même p. 794 et *passim*. Marshall distingue à cette occasion, avec autant de clarté que d'exactitude, cette moindre estime accordée aux joies futures, des autres différences d'estimation qui peuvent également provenir de la considération d'une différence de temps mais possèdent une autre origine. C'est, d'une part, la moindre estime accordée aux joies et aux biens futurs par suite de l'incertitude où on est de les obtenir. C'est, d'autre part, la moindre estime provenant de ce qu'un changement de circonstances altère le caractère ou la grandeur de la joie future, p. ex., une modification prévoyable de la faculté de jouir (une ascension dans les Alpes à l'âge mûr !), ou, encore, une modification influençant la qualité de la jouissance (des œufs mis de côté pour l'hiver).

(2) En négligeant l'intérêt de l'intérêt, Marshall lui-même donne à ce sujet une formule algébrique exacte dans la note V de l'appendice à ses *Principles*.

puis pour admettre l'existence d'un sacrifice dans l'attente (1). Que nous préférions, en général, des joies actuelles aux joies futures de même grandeur, et que nous considérions, en général, l'attente des joies futures comme un sacrifice augmentant leur prix, ce sont là, pour Marshall, des façons différentes de formuler un seul et même fait psychologique.

En fait, cependant, il n'y a pas là deux expressions différentes, mais deux façons distinctes de concevoir les choses. Et, chose importante pour la question qui nous occupe, ces deux conceptions sont inconciliables, contradictoires. L'une est vraie, l'autre est fausse, et, dans tous les cas, il est impossible de les défendre en même temps. Cela va résulter de ce qui suit.

C'est un fait expérimental incontesté de tous que le phénomène psychologique, dont il s'agit de trouver ici la vraie signification, se manifeste en particulier sous cette forme que nous sommes enclins à faire des sacrifices inégaux de travail ou d'argent pour des jouissance égales mais éloignées les unes des autres dans le temps. Si, par exemple, le montant objectif d'une jouissance est dix, nous serons enclins à faire pour son obtention immédiate un sacrifice de travail de 10, ou un sacrifice en argent équivalent, mettons 10 francs. Si, au contraire, la même jouissance de 10 est éloignée de nous d'une année, et si le fait psychologique en question a chez nous une intensité correspondant à un taux de l'escompte de 10 0/0, nous ne serons plus enclins à faire, pour l'obtenir, qu'un sacrifice de travail égal à 9 (exactement, 9,09), ou un sacrifice en argent au plus égal à 9 francs (exactement, 9,09 francs). Si cette jouissance ne doit avoir lieu que dans cinq ans au plus, nous ne serons

(1) P. 313 et s., p. 429. Note I, pp. 662, 663. Note I, p. 688 ; indirectement aussi, p. 794, Note V, en ce sens que « l'intérêt », présenté ailleurs comme « reward of waiting », est relié là au « discounting » des « future pleasures ».

plus disposés, pour l'obtenir, qu'à un sacrifice actuel de travail égal à 6 (exactement 6,21) ou à payer 6,21 francs (1).

Ce fait, sur la réalité duquel, comme je l'a dit, il n'existe aucune divergence d'opinion entre Marshall et moi (2), peut être interprété de deux façons. La première consiste à dire que la distance *diminue* à nos yeux la *grandeur de la jouissance* à acquérir ; que nous estimons moins une utilité future, parce qu'elle est éloignée, qu'une utilité égale actuelle. C'est là l'interprétation qui ressort des remarques psychologiques de Marshall citées plus haut sur l'estimation des joies futures. La valeur actuelle de la joie future est plus petite que 10 ; pour un intervalle de temps d'une année, elle est égale à 9 ; pour un intervalle de temps de cinq années, elle n'est plus que 6 environ. La valeur du but n'étant plus, pour nous, que 9 ou 6, nous ne faisons plus, pour l'atteindre, qu'un sacrifice représenté, soit par le chiffre 9, soit par le chiffre 6.

Il est de toute évidence que, dans cette interprétation, les chiffres 9 et 6 désignent et déterminent, non seulement la grandeur d'une *partie du sacrifice* de travail ou d'argent, mais la grandeur du *sacrifice total* que nous sommes disposés à faire pour obtenir la jouissance future. En d'autre termes, cette interprétation ne laisse aucune place pour un sacrifice additionnel de « waiting » s'ajoutant au sacrifice en travail ou en argent. Il n'est pas moins évident, en effet, qu'il serait contraire à toutes les

(1) Pour la simplicité du raisonnement, je suppose ici et dans ce qui suit que tout le sacrifice de travail ou d'argent est fait en une seule fois et, de plus, au moment actuel.

(2) Marshall le reconnait, en particulier, dans un exemple ayant trait à la construction d'une maison. « L'utilité » de celle-ci, dit-il, « when finished » doit couvrir les « efforts required for building », à côté d'un « amount increasing in geometrical proportion (a sort of compound interest) for the period that woud elapse beetween each effort and the time when the house would be ready for his use », (p. 429).

règles du trafic économique de nous imposer, pour obtenir une joie estimée 9 ou 6, un ensemble de sacrifices de travail et d'attente, ou d'argent et d'attente, dont le montant serait supérieur à la valeur du but poursuivi, égal, par exemple, à 10.

Par contre, la seconde interprétation imaginable conduit précisément à admettre l'existence d'un sacrifice aussi élevé. C'est l'interprétation qui apparaît dans les assertions de Marshall relatives à l'existence d'un sacrifice de « waiting » distinct du travail. Elle présente les choses de la façon suivante : La perspective d'une jouissance future devant avoir une valeur 10, soit après un an, soit après cinq ans, nous décide à faire une somme de sacrifices de travail et d'attente dont nous estimons le montant total à 10, en tenant compte de l'ennui que nous causera cette attente.

Il me semble encore de toute évidence qu'en interprétant les faits de cette façon, on suppose que la perspective de la jouissance future souhaitée agit sur notre résolution actuelle avec la pleine intensité qu'elle aura plus tard. C'est seulement dans le cas où nous estimons la jouissance future à son entière valeur 10, que nous pouvons intelligemment et économiquement nous résoudre à faire, pour l'obtenir, un sacrifice total d'une grandeur 10. La théorie de l'abstinence exprime même cette idée avec une insistance particulière. Elle enseigne que la valeur des produits et des jouissances futures ne peut précisément pas être réduite au dessous de 10 — pour prendre le chiffre de notre exemple — parce que l'introduction du sacrifice d'attente élève précisément jusque-là le montant des frais totaux, si bien que le producteur ne se sentirait pas suffisamment indemnisé de son sacrifice par une valeur moindre du produit. Or, c'est là un mode de raisonnement supposant de la manière la plus expresse que la valeur du produit futur figure dans le calcul du producteur avec sa valeur non réduite de 10.

Il est manifeste, en d'autres termes, que nous pouvons seulement recourir à la seconde interprétation dans le cas où nous tournons le dos à la première. De deux choses l'une. Ou bien nous pouvons admettre que l'éloignement nous fait moins estimer l'utilité d'un but futur, ou bien que cet éloignement augmente, dans notre esprit, les sacrifices à faire pour l'obtenir du montant du « sacrifice d'attente ». Mais une chose est certaine, à savoir que nous ne pouvons pas admettre les deux choses en même temps. Ce serait un non-sens à la fois économique et mathématique du producteur, que de trouver la production rémunératrice si, dans ses calculs, il avait réduit à 6 une utilité future de 10, mais avait estimé en même temps son sacrifice total à 10 en tenant compte d'un sacrifice d'attente, ! (1).

(1) Pour empêcher à l'avance toute déviation du débat, je veux réfuter, dès maintenant, une contre-objection possible. Un examen superficiel des choses pourrait en effet conduire à se les représenter de la façon suivante : L'utilité 10, obtenable seulement dans cinq ans, n'entre dans l'estimation actuelle qu'après réduction à 6,21. Mais à cette valeur actuelle de 6,21, ne correspond qu'un sacrifice actuel — de travail ou d'argent — de 6,21. Le sacrifice d'attente n'aura lieu, au contraire, que dans l'avenir, et y trouvera sa compensation du fait de la pleine valeur 10 *alors* acquise par l'objet du sacrifice. Par conséquent, la valeur actuelle et le sacrifice actuel, d'une part, la valeur future et le sacrifice total futur — comprenant aussi le sacrifice futur —, d'autre part, sont en pleine harmonie. Mais en raisonnant ainsi, on oublierait que, dans tout calcul économique rationnel, on doit introduire dans les comptes, et *tout de suite*, aussi bien les sacrifices non encore échus que les sacrifices déjà échus. Quand je me demande si je dois acheter une maison qu'on m'offre pour 20000 francs, payables à raison de 1000 francs par année, je ne dois pas me contenter de comparer la valeur actuelle de la maison à celle du sacrifice échéant actuellement, c'est-à-dire aux 1000 francs d'arrhes que je dois payer maintenant. Je dois, au contraire, et cela va de soi, comparer la valeur de la maison à la valeur des 20 payements actuels et futurs pris tous ensemble. Dans cette comparaison, les annuités échéant dans l'avenir entreront naturellement en ligne avec un certain escompte les ramenant à leurs valeurs actuelles. D'une manière analogue, le sacrifice à faire pour obtenir une jouissance éloignée se décompose, au sens de la théorie de l'abstinence, en un premier sacrifice, échéant de suite, de tra-

Cependant, il faut bien reconnaître la nécessité de choisir entre les deux conceptions que le Pr. Marshall associe dans sa doctrine. Mais alors, le choix ne peut pas être un seul instant douteux, même, comme je le crois, pour le savant remarquable dont je dois combattre ici l'opinion. D'une part, l'expérience apprend trop bien pour qu'on puisse le nier que les gens, surtout les gens insouciants, taxent la perspective d'une jouissance éloignée plus bas qu'une jouissance immédiate égale. D'autre part, étant donnée la nécessité de faire un choix, les considérations qui militent contre l'existence d'un sacri-

vail ou d'argent, et en une série de « sacrifices d'attente partiels » s'échelonnant tout le long de la période qui précède l'obtention de la jouissance. Ces derniers ne doivent naturellement entrer dans le calcul actuel — tout comme les annuités successives dans le cas de la maison — qu'en subissant une certaine réduction correspondant à leur éloignement dans le temps. Mais ils doivent, dans tous les cas, entrer en ligne de compte, d'autant plus que, comme nous le savons, c'est précisément leur considération qui doit, au sens de la théorie de l'abstinence, retenir les producteurs de donner à la production un but futur de valeur moindre. Dans notre exemple, cette conception s'exprimerait par les chiffres suivants : Le travail (ou l'argent) à fournir immédiatement monte à 6, 21. La somme des sacrifices d'attente de cinq années, qui feront monter le sacrifice à dix, est, par suite, de 3,79. Mais comme ces sacrifices d'attente sont encore futurs et ne devront être « subis » qu'après une période moyenne de 2 ans 1/2, leur valeur actuelle doit être estimée à moins. Sous l'hypothèse d'un taux de réduction de 10 0/0, elle serait à peu près égale à 2,96. Par suite, la valeur actuelle de tous les sacrifices à considérer serait 6,21 + 2,96 = 9,17 et la valeur actuelle du but poursuivi seulement 6,21. C'est là un rapport qui ne peut évidemment pas servir de base à une opération économique intelligente. — Je suis extrêmement étonné que le Pr. Marshall ne se soit pas senti troublé pendant qu'il traitait mathématiquement la question par ces incongruences, qui ont dû se présenter inévitablement au cours de ses calculs. Je suis malheureusement trop peu mathématicien pour pouvoir déterminer en détail comment le Pr. Marshall, au cours des formules mathématiques compliquées dans lesquelles il fait entrer à la fois les réductions d'escompte des utilités futures et le sacrifice d'attente croissant en progression géométrique, est arrivé à se dissimuler ou à négliger la faute que ces calculs contiennent cependant à coup sûr (Notes XIII et XIV de l'appendice mathématique).

fice propre d'abstinence ou d'attente — considérations que j'ai développées dans le chapitre IX de ce livre — acquéreront plus de poids aux yeux de ceux qui n'y ont pas encore cédé. Pour peu qu'on y réfléchisse avec un supplément d'attention, il me semble impossible de pouvoir indéfiniment persister à considérer la non jouissance comme une souffrance, et un travail dépensé en pure perte comme constituant un infiniment grand, c'est-à-dire, comme se décomposant en une quantité limitée de peine dûe au travail, et en un sacrifice d'attente illimité se continuant dans toute l'éternité, etc. Pour le cas cependant où il resterait quelques doutes là-dessus pour des lecteurs particulièrement sceptiques, j'ajouterai, pour finir, les considérations suivantes :

Si au sens de la théorie de l'abstinence on considère l'attente comme un sacrifice indépendant, il faut admettre une conséquence que ce fait entraîne. Il faut admettre que même les gens insouciants et ne pensant point à l'avenir seront disposés à faire un sacrifice aussi grand pour obtenir une jouissance éloignée qu'une jouissance immédiate. Seulement, le sacrifice total, égal dans les deux cas, se décomposerait de façons différentes dans l'un et dans l'autre. Dans le cas de la jouissance immédiate, en du travail seulement ; dans l'autre cas, en un peu moins de travail et en un « waiting » ramenant la grandeur totale du sacrifice au même niveau !

Encore une remarque. Il est indubitable, même pour le Pr. Marshall que le phénomène psychique actuellement en discussion ne s'étend pas seulement à l'estimation des joies, mais encore à celle des peines futures (1). Admettons que quelqu'un soit menacé d'un mal qui, en l'absence de mesures préventives prises mainte-

(1) P. 769, le Pr. Marshall relie expressément l'action de la « telescopic faculty » à une estimation également haute des « future *ills* and benefits ».

nant, deviendra réel dans un an avec une intensité 10. Si l'individu en question escompte les événements futurs au taux de 10 0/0, il est certain qu'il ne sera pas disposé à faire, pour écarter ce mal futur, un sacrifice de travail supérieur à 9. S'il s'agissait de la préparation d'une jouissance positive, je pourrais encore, à la rigueur, m'imaginer que l'attente de cette jouissance donne l'impression d'un sacrifice faisant peu à peu monter la dépense totale à 10. Mais je ne puis absolument pas m'imaginer le sacrifice qui peut résider dans le fait qu'au cours du laps de temps pendant lequel le mal ne m'atteint pas, je ne suis pas encore en état de l'écarter. Quelle attente douloureuse constituée par la « continuation de l'état de besoin » (1) peut bien, par exemple, résider dans le fait que je ne possède pas encore, au milieu de l'été, le vêtement d'hiver en préparation sur quenouille ou le métier à tisser ? Ou bien encore, dans le fait qu'un homme de 30 ans qui, à l'âge de cinquante ans aura besoin d'une paire de lunettes pour remédier à son presbytisme d'alors, doit encore « attendre » vingt ans la confection de cette paire de lunettes, confection dont les travaux préliminaires — travaux de mine, fabrication de machines, etc. — sont déjà commencés ! Pour un lecteur non prévenu, la connexion est claire comme le jour. Le plateau de la balance où se trouve le sacrifice ne s'alourdit pas de plus en plus parce que l'attente douloureuse du moment où on pourra écarter un mal, qui n'existe pas, s'ajoute au sacrifice de travail consenti primitivement, de façon à peser à la fin exactement 10. Les deux plateaux de la balance étaient, au contraire, en équilibre dès le début, dès le moment, seul décisif, du calcul économique et de la résolution corrélative. Et cela de la façon suivante : On a estimé le mal futur en lui faisant subir une

(1) « Endurance of want », Jevons, *Theory of Pol. Ec.*, 2e édit. p. 254.

réduction perspective. Sa mise à l'écart a été, par suite, considérée comme une utilité réduite dans le même rapport et, comme conséquence finale, on n'a considéré comme lui faisant équilibre qu'un sacrifice de travail réduit dans la même proportion ! (1).

La théorie de l'abstinence commet une erreur fondamentale en inscrivant du mauvais côté les différences qui influent désagréablement sur le bilan de notre bien-être, et qui proviennent incontestablement de différences de temps. Là où existe en fait un *moins* d'utilité, elle veut inscrire un *plus* de sacrifice. Elle choisit ainsi erronément entre les deux interprétations imaginables des faits. Quant au Pr. Marshall, et à tous les savants qui veulent amalgamer le fait psychologique, introduit dans la science depuis Rae et Jevons, de la moindre estimation des joies et des souffrances futures avec

(1) Quelqu'un objectera peut être ici qu'on pourrait employer à la préparation d'une jouissance positive actuelle le travail qu'on a consacré par avance à la mise à l'écart d'une souffrance future, et que la « privation » de cette autre jouissance constitue précisément la base du sacrifice d'attente. A cela je répondrai tout d'abord qu'on élude ainsi la question fondamentale, mais qu'on ne la résoud pas. J'ajouterai ensuite qu'on peut éviter cette objection en choisissant convenablement son exemple. Admettons que le sujet de cet exemple soit un prisonnier ne possédant aucun vêtement d'hiver et sachant qu'il sera mis en liberté dans un an à l'époque des froids les plus rigoureux. Les règlements de la prison où il est détenu sont tels qu'il peut — sans y être cependant contraint — se procurer en travaillant la somme nécessaire à l'achat d'un vêtement d'hiver. Cependant il ne peut disposer de cette somme, tant que dure son arrestation, pour se procurer une jouissance antérieure. Dans ce cas, il ne reste, à côté du sacrifice de travail, aucune place possible pour un sacrifice d'attente provenant de ce que notre prisonnier a consacré son travail à l'acquisition d'un vêtement d'hiver. A moins de nier tout simplement que, chez un individu ainsi placé, le souci de l'avenir puisse être moins actif que celui du présent, on est bien obligé de considérer comme seule admissible la seconde interprétation, suivant laquelle l'éloignement dans le temps diminue dans notre estimation actuelle la grandeur des joies et des peines futures ! Cette interprétation se recommande d'ailleurs par beaucoup d'autres raisons.

la théorie de l'abstinence (1), ils se trompent sur un second point. Ils ne voient pas, en effet, la nécessité de faire un choix entre deux conceptions qu'il est impossible de maintenir à côté l'une de l'autre.

Telles sont les raisons les plus importantes — sinon toutes — qui m'empêchent de voir une solution satisfaisante du problème de l'intérêt dans la façon de le traiter du Pr. Marshall. Comme nous l'avons appris dans une circonstance précédente (2), le Pr. Marshall est enclin à donner très peu de poids à de simples différences ou à de simples imperfections dans la façon d'exprimer une pensée. Il est enclin, en même temps, à donner une portée très étendue à l'expression « variante dans la forme ». Ici, il y a incontestablement plus qu'une façon moins bonne d'exprimer une idée juste ; il s'agit d'un terme essentiel et caractéristique de la chaîne logique devant conduire à l'explication de l'intérêt du capital. Que le Pr. Marshall lui-même considère ce terme critique comme étant très important, cela ressort de ce qu'il fait dépendre — à tort selon moi — toute la distinction entre sa conception et celle des socialistes de cette unique question : Existe-t-il, oui ou non, à côté du travail, un sacrifice d'attente indépendant (3). Quant au fait qu'il existe, en tous cas, une différence matérielle entre sa conception et la mienne, cela ressort de ce qui suit : D'après Marshall, la suppression du motif psychologique s'affirmant par la préférence accordée aux jouissances actuelles sur les futures entraînerait, comme conconséquence, la disparition de l'intérêt (4). D'après

(1) Par exemple, autrefois, J. St. Mill et Jevons. De nos jours, Macfarlane et aussi Carver. Au sujet de ce dernier voir également plus loin.

(2 Voir ma préface à la seconde édition.

(3) P. 668 et s.

(4) Marshall lui-même ne considère nullement un tel changement de nos dispositions physiques et morales comme une chose

ma conception, au contraire, une des multiples sources du phénomène de l'intérêt tarirait bien dans ce cas,

inconcevable. Comme suite très logique de sa définition de l'intérêt en tant que « reward of the *sacrifice* involved in the waiting », il laisse nettement connaître son opinion sur ce point en disant que, dans un tel cas, « interest would be negative all along the time ». Il considère même cet événement comme possible pour le cas où — sans cesser complètement de préférer les jouissances actuelles à des jouissances futures égales — la prévoyance pour la vieillesse et la famille serait devenue assez forte chez assez d'hommes pour que les sommes épargnées de ce fait surpassassent la demande de capitaux nécessaires aux nouveaux placements avantageux (new openings for the advantageous use of accumulated wealth, p. 663, note 1). Pour les amateurs de subtilités, j'ajouterai que cette dernière cause, relative aux occasions avantageuses de production, ne mettrait nullement nos deux théories en parfait accord matériel. Car, d'après ma théorie, même dans un état économique absolument stationnaire, même s'il manquait absolument de « *nouveaux* » modes d'emploi capitalistes, le rendement plus grand de la production à longue haleine serait à lui seul en état de maintenir l'intérêt (Voir là-dessus, en particulier, mon travail : *Einige streitige Fragen der Capitalstheorie*, Vienne 1900). D'autre part, le Pr. Marshall considère évidemment, dans le passage cité, l'apparition de nombreuses occasions nouvelles d'investissement comme pouvant empêcher la complète disparition de l'intérêt seulement sous l'hypothèse qu'il subsisterait cependant encore une certaine différence d'estimation entre des *jouissances* égales actuelles et futures. Comme le Pr. Marshall l'a expliqué lui-même avec une clarté insurpassable dans la note 1 de la page 197 de son ouvrage, on doit, en effet, distinguer entre la façon différente d'estimer des jouissances égales actuelles et futures, et la façon différente d'estimer des sommes égales de biens actuelles et futures. Dans l'estimation de ces dernières, le fait qu'une même somme de biens peut avoir une utilité limite objective très variable suivant les époques, peut en effet jouer un grand rôle. De ce fait, une personne, qui préfère une jouissance actuelle à une jouissance future égale, peut cependant se résoudre à épargner, même sans la perspective de toucher des intérêts. Tel sera le cas si, par exemple, la somme à épargner, reportée dans l'avenir, par exemple à l'époque de la vieillesse besogneuse, peut donner alors naissance à une utilité limite supérieure à celle qui aurait résulté de sa dépense immédiate. L'argument du Pr. Marshall tient évidemment compte de ce fait. Aussi longtemps que les nouveaux placements de capitaux n'exigent pas plus que n'ont épargné les gens pour lesquels la moindre valeur des jouissances futures est compensée par l'augmentation de l'utilité limite objective des sommes de biens reportés dans l'avenir, il n'y a, dans la balance, aucun sacrifice d'abstinence exigeant une indemnisation, et l'intérêt peut ne pas exister. Mais si le mais le phénomène lui-même continuerait à se produire, quoique, à vrai dire, avec moins d'intensité. Quand même, en effet, on ne mésestimerait pas l'avenir, le fait que la production à longue haleine est plus productive assurerait aux biens actuels — qui permettent de recourir à ce genre de production — un surcroît de valeur sur les biens futurs (1). Et cela n'aurait pas lieu seulement pour un moment, mais aussi pour des laps de temps qui, même strictement mesurés, devraient être comptés au nombre des « périodes séculaires » les plus longues (2).

Je voudrais enfin remarquer qu'on rencontre encore chez Marshall une série d'assertions dans lesquelles il relève avec passablement d'insistance une liaison existant entre l'intérêt et l'usage du capital. Si ces assertions étaient les seules concernant la théorie de l'intérêt, elles pourraient faire penser que Marshall s'est aussi approprié la façon de voir caractéristique de la théorie de l'utilisation (3). Mais Marshall met lui-même en doute que les

montant des capitaux exigés par les nouveaux placements dépasse ce niveau, la moindre estime accordée aux jouissances futures ne sera plus compensée par l'accroissement de l'utilité limite objective de la même quantité de biens ; elle doit alors être compensée par l'intérêt. Si telle est la véritable opinion du Pr. Marshall — et je n'en doute point —, alors l'existence continue d'une estimation différente des *jouissances* actuelles et futures — constituant la base du sacrifice d'abstinence à rémunérer par l'intérêt — est, à son sens, une condition *sine qua non* de l'existence de l'intérêt. D'après ma théorie, au contraire, elle ne l'est pas. Et cela parce que la différence de valeur entre les *biens* actuels et futurs — qui est nécessaire pour l'intérêt — pourrait provenir et proviendrait exclusivement du rendement plus grand de la production à longue haleine (Voir le passage de ma *Positive Theorie* indiqué dans la note suivante).

(1) Pour plus de détails, voir ma *Positive Theorie*, 1re édit. pp. 284-286.

(2) Voir Marshall, p. 450.

(3) P.p. 662, 663, 665, 666 et s., p. 666 en note. Dans ces différents passages, Marshall désigne, à maintes reprises, l'usage ou les services (use, services) du capital comme l'objet pour lequel on paye l'intérêt. Il expose en détail que, sous ce rapport, il n'existe pas de différence essentielle (no substantial difference) entre la location d'un bien

représentants les plus catégoriques de la théorie de l'utilisation aient voulu défendre dans toute leur rigueur les idées caractéristiques de cette dernière (1). Je ne puis donc, en conséquence, admettre que Marshall ait été tenté de le faire lui-même, et je dois bien plutôt attribuer l'emploi de ces façons de parler caractéristiques de la théorie de l'utilisation à une certaine liberté ou à une certaine négligence dans la forme. Marshall semble d'ailleurs s'y autoriser volontiers dans le domaine de la théorie de l'intérêt, qu'il s'agisse de lui ou des autres, et cela sans tenir compte de ce que les obscurités et les ambiguités du langage ont conduit, précisément sur ce terrain, à toutes sortes d'erreurs et de fautes. Cela est d'autant plus étonnant que ce remarquable savant attribue d'ordinaire — et non sans raison — une grande valeur à la clarté des expressions et au soin de la forme.

Comme je l'ai déjà dit, on doit encore signaler une intéressante tentative, faite dans ces derniers temps, et ayant pour but de donner une signification nouvelle à la vieille théorie de l'abstinence. Cette tentative a été entreprise avec beaucoup de sagacité et une remarquable faculté de coordination par l'Américain Carver (2). Cependant, elle me semble être fautive, à cause d'un malentendu sur le point principal.

durable (p. e. d'un cheval) et le prêt d'une somme d'argent consomptible, fongible. Il ajoute que la distinction faite par les anciens écrivains entre la location et le prêt est intéressante « from an analytical point of view », « mais possède une très faible signification pratique ». On retrouve chez Sidgwick, *Principles of Political Economy*, 2e édit (1887), p. 255 et s., p. 167 et s., puis, p. 264, un mélange tout à fait analogue — et qu'on doit juger de la même manière — d'assertions dans lesquelles la théorie de l'abstinence est traitée avec des façons de parler qui font penser à celle de l'utilisation.

(1) P. c. p. 142, note 1. Voir plus haut la préface à la seconde édition.

(2) *The place of abstinence in the theory of interest* (*Quarterly Journal of Economics*, Octobre 1893, pp. 40-61).

Le raisonnement de Carver, raisonnement un peu subtil qu'il a tâché d'objectiver par une série de diagrammes — est, en peu de mots, le suivant (1) : Carver part de cette conception très exacte que de grandes quantités de biens actuels seraient encore mises de côté pour l'avenir par leurs possesseurs dans le cas où ceux-ci n'auraient pas le moindre intérêt en perspective, et même s'ils devaient payer quelque chose pour leur conservation. Il détermine aussi d'une façon absolument exacte les limites de l'épargne sans intérêts. Un propriétaire avisé épargnera une fraction de ses biens actuels déterminée de telle sorte que l'utilité limite acquise dans l'avenir par la dernière particule mise de côté, par exemple, par le dernier franc économisé, soit exactement aussi grande que l'utilité possédée actuellement par le dernier franc destiné à être dépensé. Une personne avisée, possédant une fortune de 100000 francs, ne consacrera certainement pas, même si l'intérêt n'existe pas, soit la totalité, soit même une fraction considérable de cette somme à ses dépenses immédiates. Ce faisant, en effet, elle satisferait bien à des besoins de luxe sans importance, mais se dépouillerait des moyens de satisfaire, dans l'avenir, à des besoins importants. Elle agira bien plus raisonnablement en réduisant sa consommation actuelle à une certaine somme choisie de telle sorte que — en tenant compte des autres revenus qu'il peut prévoir pour l'avenir — l'utilité limite du dernier franc dépensé soit égale à l'utilité limite future du dernier franc mis de côté.

Et cela avec une clause très importante et très cor-

(1) Comme le lecteur le remarquera bientôt, le raisonnement de Carver reste d'abord parallèle à certaines considérations subtiles que nous avons déjà rencontrées chez le Pr. Marshall (Voir plus haut p. 217, Note 4). Je me permettrai même de supposer que Carver a puisé chez cet auteur la première idée de sa théorie. A vrai dire, cette dernière prend, à partir d'un certain point, une toute autre direction.

rectement enregistrée d'ailleurs par Carver dans ses diagrammes. La plupart des hommes ont en effet coutume de réduire la valeur des joies et des peines futures — et par suite aussi la valeur des utilités futures des biens — d'après leurs dispositions intellectuelles et leurs tempéraments. Un individu insouciant ou prodigue, par exemple, ne sera point enclin à estimer plus haut que 10 une jouissance ou une utilité qu'il doit attendre un an et qui, au moment de sa réalisation, aura une grandeur représentée par 15. Comme les résolutions économiques actuelles ne sont naturellement déterminées que par les estimations actuelles des satisfactions des besoins entre lesquelles on a à choisir, on doit modifier de la façon suivante la règle précédente relative à la limite de l'épargne sans intérêt : L'épargne sera pratiquée jusqu'au point où l'utilité limite du dernier franc destiné à être dépensé actuellement fera équilibre à l'*estimation actuelle* de l'utilité limite du dernier franc épargné. Dans notre exemple, cette limite sera atteinte quand l'utilité limite du dernier franc dépensé montera à 10 et l'utilité limite future du dernier franc épargné à 15. Cette utilité limite de 15 est en effet équivalente, dans l'estimation actuelle, à une utilité actuelle de 10.

Pour mieux mettre en lumière l'innovation de Carver, je veux dès maintenant intercaler une constatation. Tous les représentants antérieurs de la théorie de l'abstinence avaient, expressément ou tacitement, relié le sacrifice d'abstinence à la différence sus-mentionnée (1). C'est la préférence des jouissances actuelles qui est, à leurs yeux, le motif principal pour lequel on ressent comme un « sacrifice » l'abstention des jouissances actuelles ou l'attente des jouissances futures. Plus

(1) Très expressément, p. e. J. St. Mill, *Principles*, Livre II, Chap. XV, § 2 et Livre I, Chap XI.

grande est cette préférence — qu'on considère la progression depuis les tribus indiennes vendant la terre de leurs pères pour une ration « d'eau de feu », jusqu'aux classes sobres et prévoyantes des nations cultivées — plus grandes sont les difficultés qui en résultent pour l'épargne et la formation des capitaux. Ces résistances ne peuvent être surmontées que dans la mesure où le sacrifice nécessaire est convenablement rémunéré par l'intérêt. La hauteur de l'intérêt est ainsi reliée à la force de cette préférence. Au sens des anciennes théories de l'abstinence, c'est la grandeur qui, dans notre exemple exagéré à dessein, est représentée par la différence 15 — 10, qui constitue la véritable force motrice. Cette différence est la vraie grandeur d'une utilité future diminuée de son estimation actuelle.

A partir d'ici, Carver entre dans une toute autre voie. Comme je l'ai déjà dit plus haut, l'existence du fait psychologique en question est reconnue et expressément indiquée par lui. Cependant, ce n'est pas dans ce fait, mais dans quelque chose de tout différent, qu'il fait consister l'abstinence à rémunérer. Aussi longtemps que l'épargne a pour effet de faire rapporter aux biens actuels, transportés dans l'avenir, une utilité qui, estimée actuellement, est déjà supérieure à l'utilité que les biens épargnés pourraient faire naître par leur consommation immédiate, l'épargne n'est liée à aucun vrai sacrifice. Cette partie de la formation du capital a lieu « sans frais » et n'exige, par suite, aucun intérêt rémunérateur du sacrifice (p. 49). Le vrai sacrifice commence seulement quand l'épargne est étendue ou doit être étendue au delà de cette limite. Si, dans notre exemple, de nouveaux biens doivent être soustraits à la jouissance actuelle et reportés dans l'avenir, cela peut seulement arriver sous la condition que, dans le présent, la satisfaction des besoins soit limitée à ceux possédant une importance supérieure à 10, de façon, que, par exemple, ceux dont l'importance varie entre 10 et 11 soit encore satisfaits. Mais si de nouveaux biens sont soustraits au présent et sont ajoutés aux provisions faites pour l'avenir, — provisions provenant de l'épargne « gratuite » précédente et suffisant à couvrir les besoins futurs dont l'importance est actuellement estimée à 10 —, cet excédent ne peut naturellement être employé qu'à satisfaire des besoins d'une importance inférieure à 10, par exemple, la couche de ceux dont l'importance est comprise entre les chiffres 10 et 9. La continuation de l'épargne fait donc qu'un certain nombre de biens, qui employés immédiatement auraient eu une utilité limite de 10 à 11, produiront dans l'avenir une utilité limite actuellement estimée entre 10 et 9, c'est-à-dire plus petite. Cette différence représente une perte sèche causée par l'épargne, un véritable sacrifice résultant de l'abstinence de la jouissance actuelle. Ce sacrifice pourra être et sera seulement consenti s'il est convenablement indemnisé. Cette indemnisation aura lieu au moyen de l'intérêt du capital. « La perte de valeur subjective qui apparaît dans ces dernières parties de l'épargne, doit être compensée par un excédent de la masse des biens objectifs, c'est-à-dire par un intérêt » (1).

Si les besoins de la production pouvaient être couverts par une quantité de capitaux aussi petite que celle résultant de l'épargne sans sacrifice, alors il n'y aurait pas d'intérêt du capital (p. 49). Mais si l'on a besoin de plus de capitaux — c'est-à-dire si la mise en usage progressive de toutes les façons lucratives d'employer le capital permet d'utiliser une somme de capitaux supérieure à celle résultant de l'épargne gratuite, et cela sans que le rendement se réduise à zéro, alors l'intérêt

(1) « The loss in the subjective valuation of this last increment must be compensated for by an increase in objective goods or interest »; (*op. cit.*, p. 53).

doit apparaître (« if more is needed — i. e. if more can be used and still afford profit at the margin, etc. »). Dans ce cas, en effet, quelqu'un doit prendre sur lui le sacrifice en valeur subjective indiqué plus haut et nécessaire à l'épargne supplémentaire. Or, ce sacrifice exige une indemnisation. Quant à la hauteur de l'intérêt, elle est déterminée par « the *marginal* sacrifice of saving », c'est-à-dire par l'importance du sacrifice fait à la fin de l'épargne encore exigée par les besoins de la production, sacrifice qui est le plus coûteux, comme étant lié à la plus grande perte de valeur subjective (p. 53).

On voit très facilement que l'essence du sacrifice d'abstinence, exigeant l'intérêt comme indemnisation, est expliquée par Carver tout autrement que par les autres théoriciens de l'abstinence. Ces derniers insistent sur ce que les hommes, tels qu'ils sont constitués, supportent avec déplaisir l'attente des jouissances. Carver, par contre, ne fait pas dériver le sacrifice du retard dans la jouissance en lui-même, mais d'une circonstance liée d'une certaine façon à ce retard. Cette circonstance, c'est que l'épargne change tellement les rapports existant entre les besoins et leur satisfaction, que la même quantité de biens acquiert dans l'avenir une utilité limite et une valeur inférieures à celles du présent. Ce n'est pas le fait que la jouissance a lieu *plus tard*, mais le fait qu'elle est *inférieure* à la jouissance présente, rivalisant avec elle, qui constitue l'objet du sacrifice. La différence des deux conceptions peut être facilement mise en évidence par les chiffres de notre exemple. L'intensité du premier mobile était, comme nous l'avons vu, représentée par la différence 15 — 10 entre la vraie grandeur d'une jouissance future et son estimation actuelle. Par contre, l'intensité du sacrifice d'abstinence de Carver est représentée par la différence tout à fait autre et due à de toutes autres causes 11 — 9, c'est-à-dire par la différence entre la dernière utilité à réaliser dans le présent et l'estimation actuelle de la dernière à réaliser dans l'avenir.

Mais une chose est encore facile à constater : à savoir que Carver a pris à tort pour une *cause* de l'intérêt une circonstance qui en est seulement la *conséquence*. Tous les faits rapportés par Carver sont absolument exacts, tout comme ce qu'il dit de la diminution de l'utilité limite (1) dans le cas où l'on dote l'avenir mieux que le présent de moyens de satisfaire aux besoins. Mais Carver confond cause avec effet. Ce n'est point parce que l'on pourvoit mieux l'avenir que l'intérêt apparaît, et ce n'est pas dans la mesure où on le fait qu'il s'accroît de plus en plus. Tout au contraire. L'intérêt doit déjà exister en fait pour qu'on puisse être économiquement amené à mieux pourvoir l'avenir. Et plus l'intérêt est élevé, plus loin on pourra aller et on ira dans cette voie. Si l'intérêt est de 5 0/0, on pourra raisonablement doter l'avenir jusqu'au moment où 105 francs de l'année prochaine produiront seulement la même utilité que 100 francs actuellement. Si l'intérêt est de 20 0/0, on pourra doter l'avénir davantage encore, et jusqu'au moment où 120 francs de l'année prochaine produiront seulement la même utilité que 100 francs actuels (les utilités étant toujours réduites à leurs estimations actuelles), etc.

Par contre, l'autre moment psychologique dans lequel les autres théoriciens de l'abstinence voient l'essence du sacrifice d'abstinence contribue évidemment et sans aucun doute à faire naître l'intérêt. Si les gens préfèrent les jouissances actuelles aux satisfactions futures au point que dans leur estimation actuelle, une jouissance future d'intensité 15 est seulement égale à une jouissance actuelle d'intensité 10, cette disposition est certainement bien capable de devenir la vraie *cause* pour

(1) J'ai moi-même déjà attiré l'attention sur ce phénomène (Voir ma *Positive Theorie*, 1re édit., p. 446).

laquelle les produits créés en vue de l'avenir peuvent prétendre à une valeur surpassant leur coût de production et arriver à l'atteindre. Etant donnée cette disposition, les producteurs ne peuvent consentir à faire des frais dont le montant dépasse 10 pour obtenir un produit qui, en son temps, possédera bien une valeur 15, mais qui, dans leur estimation actuelle, a seulement la valeur 10. La réalisation de la production donnera donc, après un laps de temps d'une année, un produit ayant alors une valeur 15 et dont les frais de production sont de 10. Il en résultera naturellement un excédent de valeur ou un intérêt de 5. Remarquons bien d'ailleurs que cela aurait encore lieu en l'absence de tout sacrifice d'abstinence à la Carver, c'est-à-dire même dans le cas où l'on réserverait pour l'avenir une quantité de biens telle que l'unité de bien ait, d'après l'*estimation actuelle*, une même utilité limite de 10 dans le présent et dans l'avenir.

Et le nivellement de cet excédent par la concurrence serait évidemment empêché, dans les circonstances admises, par le motif même qui lui a donné naissance, et cela sans qu'il fût nécessaire d'introduire et de faire agir le sacrifice d'abstinence de Carver. Si, en effet, le renforcement momentané de la production réduisait la valeur objective d'un produit de 15 à 14, ce 14 aurait, dans l'estimation actuelle et aussi longtemps que le taux auquel on escompte l'avenir resterait le même, une valeur inférieure à 10, à savoir environ 9,3. Mais si la consommation actuelle est seulement assurée jusqu'à l'utilité limite 10, le fait de disposer de biens pour se procurer des jouissances ayant seulement une valeur de 9,3 apparaît évidemment comme non économique. Il est plus économique de satisfaire la couche des besoins actuels dont l'importance est inférieure à 10 mais supérieure à 9,3, que d'employer moins avantageusement ces biens pour l'avenir ; il vaut mieux disposer pour l'avenir de moins de moyens, et restreindre par suite la production des biens éloignés dans le temps. En conséquence, la valeur de ceux-ci montera de nouveau, et cela jusqu'au moment où le rapport précédent — le rapport de 15 à 10 dans lequel une valeur objective future et une utilité limite actuelle doivent être pour se faire équilibre dans l'estimation actuelle — et, en même temps, l'excédent de valeur 5 apparaîtront de nouveau. Une fois que cette force vraiment agissante aura fait naître l'intérêt, un phénomène consécutif se produira. Les gens doteront un peu plus l'avenir qu'ils ne l'eussent fait sans l'intérêt. Cela donnera naissance à la baisse remarquée par Carver de l'utilité limite future, estimée actuellement, au dessous de l'utilité limite actuelle de l'unité de bien. Cette baisse n'a d'ailleurs absolument pas le même sens qu'une baisse de la véritable utilité limite, laquelle est temporairement aussi estimée au dessous de sa valeur. Seulement, tout cela est purement et simplement un phénomène consécutif de l'intérêt. Il peut d'ailleurs se faire que ce phénomène consécutif exerce une réaction secondaire sur la hauteur de l'intérêt lui-même. Mais il faut bien observer que cette réaction aura lieu dans le sens d'une diminution de l'intérêt. Quant à la cause seconde active, ce sera ici, sans aucun doute, l'augmention de l'épargne, mais nullement le sacrifice d'abstinence de Carver, qui devrait agir dans un sens absolument opposé, c'est-à-dire qui devrait *s'accroître* par une augmentation de l'épargne dotant richement l'avenir et abaissant ainsi beaucoup l'utilité limite des biens épargnés !

Cela m'amène au point où l'erreur de Carver peut être le mieux mise en évidence. L'intérêt provient, sans aucun doute, de l'*insuffisance* du capital ou, ce qui revient au même, de l'insuffisance des moyens de satisfaction destinés à l'avenir. Carver, au contraire, arrive à le faire dériver de l'*abondance* de ceux-ci, à le faire provenir d'une espèce de pléthore de l'épargne ! La vraie place que les faits très exactement observés par Carver doivent prendre dans la chaîne causale ressortira nettement du parallèle suivant : Une augmentation de la valeur de l'argent, causée par sa rareté, fait généralement naître un courant secondaire tendant à diminuer cette augmentation. Cela a lieu, comme on le sait, du fait qu'une haute valeur marchande de l'argent fait se transformer en monnaie de fortes quantités de métaux précieux ayant servi jusque là sous forme d'objets de parure, d'argenterie, etc., et qu'il en résulte une augmentation de l'offre de l'argent. Exactement de la même manière, l'intérêt résultant de l'insuffisance du capital fait naître, par son existence même, un courant secondaire tendant à réduire son importance. Et cela du fait que l'existence de l'intérêt donne l'occasion d'étendre l'épargne au-delà du point auquel elle se serait arrêtée sans lui. Mais, de même qu'on ne peut ni ne doit voir la cause active de l'élévation de valeur de l'argent dans l'accroissement du monnayage des objets d'or et d'argent, de même, on ne peut ni ne doit voir la cause principale de l'apparition et de la hauteur de l'intérêt dans l'augmentation de l'épargne causée par son existence et dans l'abaissement, simplement corrélatif, de l'utilité limite des biens épargnés !

En résumé, et dans la mesure où le facteur « abstinence » entre dans l'explication de l'intérêt, je crois devoir accorder à la vieille conception de la théorie de l'abstinence une préférence relative sur la nouvelle interprétation de Carver. Car celle-là prend au moins en considération le phénomène fondamental coopérant en fait et en tant que force motrice originaire à l'apparition de l'intérêt. Il est vrai que la vieille théorie de l'abstinence comprend et représente mal la façon dont s'effectue cette coopération. Carver, au contraire, induit en erreur par une combinaison intelligente mais inexacte, est parti sur une voie absolument fausse en considérant comme cause véritable de l'intérêt un phénomène concomitant et corrélatif de celui-ci (1).

V

Dans mon « Histoire critique », j'ai distingué trois variantes de la théorie du travail différant l'une de l'autre par des traits essentiels. La première, représentée autrefois par James Mill et Mc. Culloch, n'a trouvé, à ma connaissance, aucun nouvel adepte dans ces derniers temps. De ce fait, elle doit être considérée comme une théorie morte (2).

La seconde variante, la variante « française », qui considère l'intérêt comme une indemnité pour le « travail

(1) Il est intéressant de constater que Carver, comme Macfarlane, considère lui aussi ma théorie de l'intérêt comme étant, au fond, une théorie de l'abstinence reliée à des éléments de celle de la productivité. Il l'approuve et est seulement d'avis de la présenter sous une forme partiellement rectifiée et plus facile à comprendre. « With certain corrections, which will be noticed later » dit-il en parlant de moi, « his theory may be regarded as correct ; but it is to be hoped that the interest problem can be explained upon principles more easily understood by the « average reader » (*op. cit.*, p. 44). L'exemple de Carver et celui de Macfarlane, ajoutés aux expositions extrêmement judicieuses et cependant encore insuffisantes de savants comme Jevons et Marshall, montrent combien nombreuses sont les ramifications possibles de la conception, en apparence si simple, du rapport du présent au futur. Ils montrent aussi qu'il n'y a aucune pédanterie superflue de ma part à ne point me contenter, au cours de ma critique et de ma théorie positive, de n'importe quelles allusions à la « prospectiveness » ou à la « productiveness » du capital, mais à insister à leur sujet de façon à leur faire acquérir cette signification unique avec laquelle elles peuvent fournir pour notre problème une explication vraiment concluante et correcte en fait comme devant la logique.

(2) La théorie de Giddings, dont j'ai dit quelques mots dans une occasion précédente serait encore la plus en mesure de présenter une certaine parenté avec cette variante de la théorie du travail. Cependant, elle se place, au point de vue des autres hypothèses théoriques, à un point de vue si différent et, à vrai dire, si supérieur, que j'ai cru devoir la faire entrer dans un autre groupe plus moderne.

d'épargne » moral, n'a reçu, autant que je sache, aucun renfort. Cependant, elle n'a pas encore perdu son influence sur le cercle très étroit dans lequel elle a jadis conquis son importance.

Reste la troisième variante, celle qui veut expliquer l'intérêt comme une sorte de traitement touché par les capitalistes pour la fonction sociale qu'ils exercent, fonction consistant à former des capitaux et à diriger la production. Au point de vue de la littérature, il est intéressant de signaler qu'Adolf Wagner, que j'avais considéré avec certaines réserves comme en étant un partisan, a depuis expressément déclaré ne pas s'en réclamer, dans la mesure où elle tend à une explication théorique propre de l'intérêt. Ses considérations ayant pour base le cercle d'idées de la théorie du travail auraient eu pour seul but de juger de l'intérêt au point de vue politico-social, de le fortifier. Sur le terrain vraiment théorique du problème de l'intérêt, Wagner a déclaré admettre dans le fond le mode d'explication que j'ai fourni (1).

Cette variante de la théorie du travail a été, par contre, reprise et longuement motivée par Stolzmann (2). Comme la doctrine de cet auteur présente beaucoup de traits originaux et constitue en même temps l'exposé le plus soigné et le plus homogène que la théorie du travail ait affecté jusqu'ici, je trouve qu'il a lieu de la soumettre ici à une exposition et à un examen un peu approfondis.

Stolzmann part de la théorie de la valeur. Il défend une théorie du travail modifiée d'une façon particulière qu'il nomme « théorie des frais de travail ». La valeur d'échange des biens est exclusivement déterminée par leurs frais de production. Seulement, cette valeur

(1) *Grundlegung*, 3e édit. II Partie, p. 289 et s. Voir aussi plus haut, tome I, p. 369, note I.

(2) *Die sociale Kategorie in der Volkswirthschaftslehre*, Berlin, 1896.

d'échange n'est pas déterminée, comme Ricardo et les socialistes l'enseignent, par la quantité de travail incorporé dans les produits. Elle n'est pas non plus déterminée, comme beaucoup d'autres théoriciens l'ont enseigné et l'enseignent encore, par la grandeur du déplaisir et de la peine liés au travail, mais par le travail « dans la mesure où il réclame indemnisation », « ainsi, point par le travail lui-même, mais par son salaire » (p. 335). Quant à ce dernier — et c'est là une seconde prémisse fondamentale du système de Stolzmann — il est déterminé, comme toute la répartition des biens en général, par des rapports de puissance sociale. Le travailleur doit vivre. Il a besoin pour chaque jour de sa vie d'une certaine somme de moyens de subsistance — cette expression étant prise dans son sens le plus large — que Stolzmann nomme son « unité de subsistance ». Il donne à cette notion une extraordinaire importance. Elle lui semble être un terme intermédiaire indispensable pour la formation et la détermination de la valeur des biens. Partant de l'opinion fort répandue que les différents besoins sont incommensurables (1), il croit que la valeur des biens ne peut, de ce fait, découler des besoins ou être déterminée par eux. Il croit bien plutôt qu'ici, « comme partout dans la science, on doit prendre l'homme tout entier et avec tous ses besoins, comme constituant la première unité de valeur commensurable » (p. 264). La formation de la valeur a alors lieu de la façon suivante : La grandeur de l'unité de subsistance que le travailleur peut exiger est déterminée tout d'abord par des rapports sociaux de puissance. Cette unité n'est pas une grandeur physiologique ou physique invariable, mais le résultat d'une lutte sociale dans laquelle, non seule-

(1) Je me suis exprimé d'une façon approfondie sur ce point en un autre endroit (*Jahrbücher* de Conrad. N. S. tome XIII, p. 46 et s.). Je veux ici, par principe, éviter toute contre-critique et, par conséquent, je n'aborde pas ce point.

ment les rapports purement économiques, mais encore des rapports de puissance, déterminent quelle portion des moyens de subsistance le travailleur peut obtenir, quel genre de vie il peut mener. De la grandeur de l'unité de subsistance, à recevoir sous forme de salaire, dérive alors la valeur d'échange des divers produits, et cela d'après cette règle simple qu'un produit est égal à autant d'unités de subsistance que sa production exige d'unités ou de parties aliquotes de l'unité de travail correspondante (p. e. de jours de travail).

Stolzmann développe d'abord cette loi des frais de travail pour un cas primitif typique imaginé par lui. Il admet qu'un groupe social de dix personnes se procurent leurs dix unités de subsistance en se partageant le travail d'après un plan économique commun. Chacun des dix compagnons — également zélés et adroits — s'adonne à la production d'une des dix espèces de biens composant l'unité de subsistance. Chacun d'eux produit 10 portions dans le même laps de temps. Dans ces conditions, explique alors Stolzmann, la seule répartition possible du produit du travail total consistera à attribuer à chaque compagnon, en échange de la pleine unité de travail consacrée par lui à la production, une unité entière de subsistance consistant en 10 portions, une de chaque espèce. Les différents objets produits à l'aide d'une fraction égale d'unité de travail représentent une fraction égale de l'unité de subsistance. Ils s'échangeront les uns contre les autres à égalité, si on procède bien entendu à un échange formel. Pourquoi ? Parce que, dans les circonstances imaginées, les dix compagnons étant également puissants et aucun d'eux n'étant réduit à la servitude, chacun d'eux est en état d'empêcher efficacement toute tentative faite par les autres dans le but de le réduire à une unité de subsistance moindre, ou d'indemniser les biens produits par lui d'une façon plus désavantageuse (1), et cela en menaçant de « s'en aller ».

Stolzmann transporte alors cette loi des frais de travail, plausible pour le « type » élémentaire, dans un régime économique développé, en lui faisant subir certaines modifications. Ici, en effet, la répartition est beaucoup plus compliquée. D'abord parce que les unités de subsistance ne sont pas si faciles à constituer à l'aide de leurs éléments, mais résultent d'échanges successifs. Ensuite, parce que les travailleurs ne sont plus les seuls participants, mais que les capitalistes et les propriétaires fonciers prennent aussi part à la répartition. Cependant, l'essence du procès de répartition reste le même. Quant à penser que chacun des facteurs coopérant à la production, pourrait prendre part au produit total dans le rapport où il a contribué à sa création, ou que des facteurs techniques ou économiques décident de l'importance des quote-parts, c'est une chose que Stolzmann se refuse à faire, à plusieurs reprises, et avec la plus grande insistance. Tout son ouvrage d'ailleurs — qui ne porte pas en vain le titre de : *Die Sociale Kategorie* est destiné à prouver que ce sont avant tout des rapports sociaux, et non de simples rapports économiques, qui dominent la répartition actuelle des biens. « *La puissance seule*, les lois seules de la répartition, déterminent l'importance de chaque part » (p. 41). « La part technique attribuable à chaque facteur est totalement différente de sa part sociale » (p. 341 et s.). « Ce n'est pas la part prise par un facteur à la production technique des produits, mais la portion du rendement qui peut et doit être donnée au propriétaire de ce facteur comme rémunération, qui décide de l'importance de sa rétribution » (p. 338). La valeur du produit total ne se répartit pas entre les propriétaires des trois

(1) *Op. cit.*, pp. 31-36 ; Voir aussi p. 304.

facteurs de la production d'après les rapports déterminés suivant lesquels ces facteurs ont pris part à la formation du produit total, mais « d'après d'autres principes, à savoir, d'après les rapports de puissance sociale existant entre les propriétaires de ces trois facteurs » (p. 61).

Et cela a lieu de la façon suivante : L'ouvrier veut son « unité de subsistance du travailleur » et en a besoin. Quant à l'importance de cette unité, elle ne dépend pas, comme d'autres théoriciens l'enseignent, de l'effet productif du travail, mais, au fond, des « rapports sociaux actuels entre les différentes classes ». La façon de vivre que les ouvriers ont eue jusque là, leur puissance, leurs exigences et le degré d'estime qu'on leur accorde d'après la conception actuelle de la dignité humaine et les prescriptions de l'éthique et de la religion, décident de la grandeur du salaire qu'ils obtiennent (p. 334). Mais le capitaliste veut aussi vivre. Lui aussi veut une « unité de subsistance du capitaliste » et en a besoin. La grandeur de celle-ci sera, comme celle de « l'unité de subsistance de l'ouvrier », déterminée par des rapports sociaux de culture et de puissance sociale. On peut mentionner, par exemple, le degré de civilisation, l'importance des besoins usuels, l'éducation de la classe capitaliste, sa tendance aux coalitions, aux syndicats, enfin, l'influence de l'État, etc., etc. (p. 371 et s.). Et, à vrai dire, c'est l'unité de subsistance du « plus petit capitaliste » qui, mesurée d'après ces considérations sociales, décide de la hauteur du gain du capital. En d'autres termes, le capital doit fournir un taux du profit assez grand pour qu'il en résulte une unité convenable de subsistance du capitaliste pour le plus petit des entrepreneurs capitalistes encore en mesure de prendre part à la concurrence dans les circonstances actuelles et encore indispensable pour qu'on puisse pourvoir d'une façon productive aux besoins sociaux.

Ainsi sont déterminés les éléments d'où provient, dans

un système économique développé, la valeur d'échange des produits. La valeur d'échange des marchandises se fixe au niveau nécessaire pour rémunérer, d'une part, le travail consacré à la production, d'après le taux du salaire exigé par les ouvriers, et, d'autre part, le capital coopérant, d'après le taux du profit nécessaire à la formation de l'unité de subsistance du capitaliste. Le propriétaire du sol joue, par contre, le rôle de « residual claimant ». Il reçoit, comme rente du sol, « la portion du rendement qui lui revient en considération du titre, qu'il fait valoir, de propriétaire foncier ; cette portion est ce qui reste du rendement total en valeur après prélèvement des deux premières portions fixes » (p. 411).

Mais, comment peut-on appeler *théorie des frais du travail* la théorie de la valeur précédente, qui voit dans les *services du capital*, à côté du travail et du salaire du travail, un élément donnant naissance à la valeur, et devant être rémunéré ? Du fait qu'elle présente la fonction des capitalistes comme une espèce de travail rémunéré par l'intérêt du capital. C'est ce que fait Stolzmann quand, tout à la fin de son exposition systématique, il explique qu'il considère le gain du capital comme « une indemnisation socialement nécessaire de la formation socialement nécessaire des capitaux et des fonctions ayant pour objet l'emploi du capital ». Il ajoute que cette conception n'est « pas nouvelle », et qu'elle coïncide, au fond, avec celle que j'ai désignée plus haut comme la variante allemande de la théorie du travail. Stolzmann cite, en l'approuvant, une idée émise par A. Wagner, d'après laquelle le « travail » que contient les produits doit aussi comprendre les prestations nécessaires des capitalistes et des entrepreneurs privés. Il explique expressément qu'il ne veut pas baser sur cette

(1) *Op. cit.*, p. 421 et s.

idée, comme A. Wagner, une simple justification politico-sociale de l'intérêt, mais en faire une explication spéciale de celui-ci (1). Il ne semble cependant pas qu'au cours de son travail Stolzmann ait eu constamment devant les yeux cette conclusion systématiquement nécessaire de sa théorie. On y trouve, en effet, des propositions où il limite les frais de travail — déterminant la valeur — à la quantité d' « unités de subsistance de l'ouvrier » à payer aux *ouvriers*, au sens restreint de ce mot (1).

Cependant, sa véritable opinion ne me semble pas être représentée par ces assertions en contradiction avec ses principes, mais par l'élévation de la fonction des capitalistes à la hauteur d'un genre de travail exigeant indemnisation.

Je crois que la doctrine de Stolzmann est sujette sur toute la ligne à de nombreuses objections. Ce que j'ai déjà reproché plus haut aux théories du travail en général, ne s'applique naturellement pas moins à la théorie du travail de Stolzmann qu'aux autres. Je ne veux pas renouveler tout au long mes objections d'alors, et je me contenterai de signaler quelques-uns des défauts les plus frappants spéciaux à son exposé.

(1) Par exemple, p. 330 où il dit : « Le capital coïncide dans sa valeur avec les frais de travail employés à sa formation ; les *frais de travail* sont identiques avec les *unités* de *subsistance* de l'*ouvrier* payés aux ouvriers comme salaires ». Semblablement, p. 372. Puis encore p. 378, où on trouve même un exposé arithmétique. Je remarque encore que ces affirmations n'ont pas comme base un état social primitif non capitaliste, mais admettent déjà l'existence du capital et d'un état social développé. De tels passages m'ont amené, au cours d'une discussion du livre de Stolzmann, dans la *Zeitschrift für Volksw. Socialpolitik u. Verwaltung*, Tome VII, p. 424, à lui reprocher d'ignorer l'influence de dépenses inégales de temps sur la formation de la valeur. En pesant de nouveau la chose, je crois que les propositions citées ci-dessus constituent un simple oubli de sa part, et que sa véritable opinion est celle exposée dans le texte.

Avant tout, la loi des frais de travail, qui sert de base à la valeur des biens dans toute sa doctrine, ne tient pas debout. Stolzmann s'efforce de rendre son évidence plausible, de faire croire qu'elle est, pour ainsi dire, la seule base possible de la formation de la valeur à l'aide d'un exemple inventé par lui et représentant le « type social primitif ». Il commet à cette occasion une faute intéressante par les circonstances connexes. Il vient avec raison de blâmer Ricardo — qui, par hasard, a fait dériver sa loi des *quantités de travail*, d'ailleurs différente, du même exemple arbitrairement imaginé — de n'avoir point vu que la coïncidence de la valeur avec les quantités de travail employées provient seulement des circonstances spéciales imaginées (p. 34 et s.). Mais Stolzmann commet immédiatement la même faute. Il fait la triple hypothèse que les dix compagnons du type primitif sont également zélés, également adroits, et travaillent exactement pendant le même laps de temps (1). Ce faisant, il élimine lui aussi de son exemple tous les facteurs susceptibles d'empêcher la valeur des produits de s'écarter, non seulement des quantités de travail de Ricardo, mais encore des frais de travail qu'il invoque pour la rapprocher d'un « standard » visiblement différent ces de deux-là. De ce fait, la loi de répartition de Stolzmann n'est « qu'une propriété occasionnelle de cette hypothèse spéciale » et pas du tout une règle théorique valable en général. Si Stolzmann avait introduit

(1) Stolzmann ne fait pas cette troisième hypothèse en termes tout à fait exprès : il la fait implicitement, mais cependant nettement. Il suppose en effet, d'une part, que chaque compagnon « fabrique complètement » les biens de son ressort, c'est-à-dire s'occupe pendant toute la période de production, et il admet, d'autre part, qu'il « existe autant de biens de chaque espèce disponibles pour l'usage au cours de chaque période de consommation (p. 31). Il en résulte évidemment que les périodes de consommation des différents biens sont égales à leur période de production et, par conséquent, égales entre elles. Une assertion confirmant cette interprétation se trouve p. 32.

dans son exemple des compagnons inégalement adroits ou inégalement zélés, il aurait pu se convaincre rapidement et sûrement que, même en l'absence de toute contrainte, on n'arrive pas toujours à obtenir des « unités de subsistance du travailleur » pleinement égales. Il aurait pu se convaincre également qu'une partie importante de ce qu'il appelle « puissance » dérive tout simplement de l'activité économique du facteur correspondant de la production (1). Un travailleur paresseux ou maladroit « contraindrait » évidemment beaucoup moins ses compagnons à lui accorder une grande unité de subsistance en les menaçant de s'en aller, que ne le ferait un travailleur adroit et zélé en proférant la même menace !

Et il en est de même pour la grandeur variable de l'intervalle de temps s'écoulant entre la dépense de travail et l'obtention de son fruit mûr, intervalle dont quelqu'un doit pâtir. Dans l'exemple primitif de Stolzmann, la considération de ces intervalles de temps ne peut pas, à la vérité, troubler la loi des frais de travail imaginée par lui. Car Stolzmann a soin de supposer ces intervalles rigoureusement égaux pour tous les travaux et tous les genres de produits, c'est-à-dire comme se compensant mutuellement. Mais Stolzmann ne peut pas admettre, et n'admet évidemment pas, que cette égalité se retrouve dans la vie réelle, et si bien qu'on puisse en faire sans plus la base de lois générales. Stolzmann ne peut pas davantage admettre sans preuves que la différence entre les intervalles de temps en question est, là où elle existe, sans influence sur la formation de la valeur. Cependant, il admet tout cela en fait.

Il aborde cette question dans la page 303 de son

(1) Certainement pas tout. Dans la discussion du livre de Stolzmann citée plus haut (*Op. cit.*, p. 425 et s.) je me suis expliqué sur les problèmes qui se posent à ce sujet.

livre, où il dit que le travail « préliminaire » et le travail « ultérieur » sont égaux « au fond ». Une différence existe seulement » au point de vue du temps. De ce fait, elle est sans « influence imaginable — dans son type primitif — sur la valeur et la répartition ». La « mise » de travail est la même dans les deux cas. Par suite, le travail préliminaire et le travail ultérieur doivent être considérés comme égaux au point de vue de la répartition. Le temps ne peut jouer un rôle dans la formation de la valeur et dans la répartition que sous forme de *temps de travail*. Et cela, du fait que « les valeurs à répartir entre les différents travailleurs sont, en tant que multiples ou fractions de l'unité de subsistance, en rapport avec *le laps de temps employé aux divers travaux*, et cela que ces travaux aient été fournis antérieurement ou ultérieurement. Je crois que tout cela constitue simplement une présomption contraire aux faits, et rappellant la même négation de l'influence du temps d'attente qu'on trouve aussi sans démonstration chez Marx (1). Cette négation constitue chez les deux auteurs une pétition de principe en faveur de la règle de la valeur invoquée par eux (2).

(1) Voir plus haut, tome II, p. 131 et s.

(2) Il est étrange de voir que Stolzmann veut intervertir les rôles et me reprocher comme une pétition de principe l'idée — que je crois avoir exposée en la basant avec assez de détails — que, non seulement le temps de travail, mais aussi le temps d'attente sont des facteurs non indifférents de l'indemnisation et de la formation de la valeur. Je ne veux pas faire ici une contre-critique, qui sera probablement plus à sa place dans la seconde partie de cet ouvrage. Je remarquerai seulement que je considère comme fausses et sans objet toutes les tentatives faites par Stolzmann pour démontrer que, même dans le cas de périodes de productions inégalement longues, il est possible d'éviter « l'attente » en groupant convenablement ensemble les stades de la production et du besoin (*Sociale Kategorie*, p. 304. et s. ; en particulier pp. 307, 308, 313). La plus habile subdivision ne peut point rendre une chose plus longue qu'elle ne l'est. Stolzmann pense tranquillement pouvoir admettre que « la société aurait alors en tout temps suffisamment de biens actuels prêts pour la consommation immédiate (p. 313) pour pouvoir se dispenser de cette attente désagréable ».

Après ce que j'ai dit sur les théories du travail en général, je n'ai pas besoin d'exposer ici la monstruosité renfermée par la conception de Stolzmann, et consistant en ce qu'elle présente un revenu évident de la propriété comme un salaire du travail.

Enfin, la tentative de Stolzmann ayant pour but d'attribuer à « l'unité de subsistance du capitaliste » un rôle déterminant ou causal dans la formation de la valeur et dans la répartition, me paraît franchement et complètement fausse. S'il est une chose qui n'est point la cause, mais l'effet de l'existence et de la hauteur de l'intérêt du capital c'est bien le genre de vie des capitalistes. Il n'existe pas un minimum de propriété tel que — de par des nécessités techniques ou d'économie sociale — ses revenus doivent suffire à l'entretien de son propriétaire sur un certain pied. L'économie nationale a besoin de capitaux ; elle a également besoin de capitalistes, aussi longtemps et dans la mesure où la formation du capital s'effectue surtout dans le domaine privé. Mais elle n'a absolument pas besoin qu'une certaine personne ou qu'une certaine classe de personnes vivent sur un certain pied, exclusivement au moyen du profit du capital. Celui qui possède trop peu de capital pour vivre de son revenu à la façon qu'il prétend convenable à son état, n'a absolument pas besoin pour cela de sortir de cet état. (Si l'on veut considérer le rentier paresseux comme ayant un état spécial, qui ne serait alors sûrement pas indispensable au point de vue économique !). Il peut en effet très bien gagner ce qui manque à la réalisation de ses prétentions en mettant en jeu ou en augmentant son activité personnelle. C'est ce que fait le propriétaire

Ces mots « suffisamment de biens actuels » jouent, à cet endroit de son développement, le rôle d'un *deus ex machina*. Son « prêts pour la consommation », résoudrait, à vraie dire, toutes les difficutés, mais il n'explique point comment cela aurait lieu et, pas davantage, son rassurant « suffisamment » !

d'un petit capital qui cherche en même temps à gagner quelque chose comme médecin, employé, domestique, etc. C'est ce que fait aussi l'entrepreneur, qui ne se borne pas à diriger sommairement son entreprise, mais met la main à l'ouvrage, fournit en fait les prestations d'un directeur, d'un chef de fabrication ou d'une simple ouvrier, et gagne ainsi un traitement ou un salaire dans sa propre entreprise.

Stolzmann s'est d'ailleurs dressé à lui-même toute une liste de difficultés contredisant sa doctrine du caractère déterminatif de l'unité de subsistance du dernier capitaliste : Que les capitalistes, et surtout les plus petits, peuvent être des gens n'ayant pas besoin de vivre du rendement de leurs capitaux, comme les petits artisans, les ouvriers et les employés ; que le capitaliste ne coïncide pas avec l'entrepreneur, que le capitaliste oisif n'est pas une nécessité sociale ; qu'en regardant, non point le capitaliste, mais l'entrepreneur qui emploie productivement le capital, comme la personnalité décisive — entrepreneur qui ne travaille pas, en général, seulement avec ses propres capitaux — on arrive à ce résultat que la propriété du plus petit entrepreneur ne coïncide pas avec le capital correspondant à la plus petite entreprise, etc. Il accompagne cette revue de difficultés indiquées par lui-même de l'aveu très net de leur importance. Il confesse que la considération de la réalité semble faire naître des « difficultés tout à fait insurmontables » pour sa conception et, en particulier, que la relation entre le facteur de fait et le facteur personnel, entre le facteur de production, le capital, et la personne du capitaliste ou propriétaire du capital, — relation formant la base de sa théorie — « parait ne pas exister du tout ou être une chose très accessoire et très lâche » (p. 380). Au cours de cette revue, il trouve qu'une de ces difficultés est « très sérieuse » et, au premier abord, « à peu près décisive » ; une autre est qualifiée « d'encore plus mauvaise » ; une troisième laisse, dit-il, « presque douter » de l'exactitude de sa conception ; une autre encore fait même paraître sa doctrine « absurde », etc. Cependant, malgré cette accumulation considérable de difficultés, Stolzmann croit pouvoir maintenir sa théorie au moyen de tout un système d'explications contournées et de déductions osées. A mon avis, il faudrait avoir pour les vues défendues par Stolzmann autant de prévention que cet auteur lui-même, pour pouvoir se déclarer satisfait de ces raisons. Je considère donc comme inutile d'en faire une critique détaillée, et me bornerai aux deux remarques suivantes :

Tout d'abord, Stolzmann ne s'est absolument pas rendu compte d'une certaine difficulté qui aurait pu lui démontrer plus catégoriquement que toutes les autres l'inconsistance de son point de vue. Elle réside dans le fait que, pour des raison techniques, la grandeur du capital d'entreprise est extraordinairement différente, non seulement quand on observe les diverses entreprises du même genre, mais, aussi, quand on considère les diverses branches de la production. Elle est, par exemple, incomparablement plus grande dans la fonderie des canons que dans le travail à façon ou le colportage. Il en résulte que l'importance minima du capital d'entreprise capable de prendre part à la concurrence — importance qui, d'après Stolzmann, sert cependant encore à déterminer l'unité d'entretien du capitaliste — est extraordinairement petite (1). Un tailleur à façon

(1) La notion du « dernier capitaliste » est en elle-même, tout comme chez Stolzmann, un peu trouble. Elle peut, au fond, aussi bien désigner le capitaliste tout juste en mesure de prendre part à la concurrence, c'est-à-dire le capitaliste se soutenant le plus difficilement, que le plus petit capitaliste, c'est-à-dire celui capable de vivre en faisant valoir le plus petit capital. Toute la constitution de la théorie de Stolzmann, tout comme de nombreux commentaires directs ou indirects (p. e. pp. 381, 383, 390 et s., 396 et s.), ne me laissent point douter que la seconde interprétation ne soit la sienne. Il est vrai que,

habitant une petite localité peut encore avoir une existence d'entrepreneur très supportable, s'il dispose d'un capital d'entreprise de 200 francs, lui appartenant ou emprunté en tout ou en partie. — Viendra-t-on sérieusement prétendre que le niveau du profit national ou du taux national de l'intérêt, par exemple, sa fixation à 4 1/2 au lieu de 4 0/0, provient, avant tout, de ce que cet homme et ses semblables doivent toucher un revenu annuel de 9 francs, et non de 8, pour que leur « unité de subsistance du capitaliste-entrepreneur » soit adéquate à leur état ?

Et pour couper immédiatement court à toute contre-objection, je ferai une seconde remarque. On pourrait se demander si, dans la théorie de Stolzmann, l'unité de subsistance du capitaliste-entrepreneur doit être exclusivement fournie, dans le sens étroit du mot, par le gain du capital revenant à l'entrepreneur ou si, au contraire, on ne doit pas faire entrer ici en ligne de compte le revenu total de l'entrepreneur. On pourrait, par exemple, se demander si dans le cas où l'unité de subsistance convenable comporte 2000 francs, le dernier capitaliste doit, d'après Stolzmann, retirer ces 2000 francs sous forme de profit *du capital seul*, ou s'il suffit que son revenu total d'entrepreneur atteigne ce chiffre. Pratiquement, cette distinction, très importante dans le cas des petits entrepreneurs, s'exprime par le fait que la portion du revenu que l'entrepreneur peut gagner par un travail personnel de la nature de ceux pouvant être fournis par un employé ou un ouvrier à gages doit, d'après la seconde conception, servir à couvrir l'unité de subsistance du capitaliste, tandis qu'elle ne le doit pas d'après la première.

d'autre part, il lui arrive une fois, par un mot mis entre parenthèses, de qualifier expressément la plus petite industrie comme étant aussi la « plus désavantageuse » (p. 396).

Dans sa définition finale formelle du « dernier capitaliste », Stolzmann ne résout pas cette question en termes très nets. Il définit le dernier capitaliste comme l'individu capable, à l'aide de son capital personnel et d'un capital emprunté, de fonder une très petite entreprise (très défavorable) et de la continuer de façon à reconstituer à l'aide du rendement le capital emprunté *y compris les salaires*, tout en en retirant en même temps le minimum nécessaire à la vie d'un entrepreneur dans les conditions historiques et sociales actuelles. Quant au capital emprunté, le capital personnel permet toujours de le trouver. Sa grandeur est à celle de ce dernier dans un rapport déterminé, en moyenne, par les conditions actuelles du crédit ». En face de cette définition, on peut toujours se demander si, par le terme soustratif « salaires du travail », Stolzmann entend seulement ceux qu'on doit payer aux ouvriers étrangers, ou si cette expression comprend aussi pour lui le salaire du travail dû à l'activité personnelle de l'entrepreneur. Je crois que tout le caractère de la doctrine de Stolzmann exige qu'on choisisse ici la signification la plus étroite de l'expression « salaires du travail ». En d'autres termes, que le salaire du travail gagné par l'entrepreneur lui-même ne doit pas être considéré comme une partie des frais à retrancher tout d'abord, mais comme une partie de « l'unité de subsistance du capitaliste », qui reste après payement des frais. Seulement, quelle que soit la signification que Stolzmann ait eue en vue, sa théorie n'en fait pas moins nettement naufrage.

Admettons en effet qu'il n'ait absolument pas voulu compter la valeur du travail personnel de l'entrepreneur dans l'unité de subsistance socialement nécessaire. Cela revient à dire — dans le cas certainement très possible d'un tailleur à façon travaillant avec 200 francs de capital et réalisant annuellement 8, 20 ou même 40 francs de « profit du capital » — que, dans les circonstances actuelles, le genre de vie convenable à un petit artisan indépendant peut-être assuré à l'aide de 8, 20 ou 40 francs par an. Cela revient évidemment à soutenir, en dépit des faits, qu'il ne peut pas exister d'entrepreneurs ayant un capital trop petit pour pouvoir se procurer le genre de vie convenable à leur état, sans travail personnel, et à l'aide du seul profit net de ce capital; en d'autres termes, que l'économie nationale a besoin, même dans le domaine des « plus petits » entrepreneurs, de capitalistes-entrepreneurs ne travaillant pas par eux-mêmes.

Ou bien Stolzmann veut faire entrer le salaire dû au travail personnel de l'entrepreneur dans l'unité de subsistance, seulement, non pas en tant que salaire du travail personnel, mais comme revenu, comme profit du capital. Dans ce cas, il arrive à cette conséquence monstrueuse qui consiste à attribuer à notre tailleur à façon — qui doit certainement retirer et retire annuellement en tout quelques centaines de francs au moins de l'exercice de sa profession — un « profit du capital », provenant de ses 200 francs, qui correspond à un taux de plusieurs fois cent pour cent ! Il en résulte d'ailleurs que ce taux monstrueux dominerait actuellement toute l'industrie, puisque le taux général du capital est déterminé par le genre de vie du dernier capitaliste !

Ou bien, enfin, Stolzmann veut compter le salaire du travail personnel dans l'unité de subsistance de l'entrepreneur socialement nécessaire et reconnaît en même temps que cette partie du revenu n'a pas le caractère d'un profit du capital, mais d'un salaire du travail. Je remarque, en passant, que je suis tenté de considérer cette dernière interprétation comme étant encore la plus près d'être celle de Stolzmann, quoiqu'il lui arrive d'émettre une fois, et, à vrai dire, dans une définition faite *ex professo*, une assertion dont les termes ne s'accordent pas avec elle (1). Mais si cela devait être l'opinion de Stolzmann, toute sa thèse et toute son explication seraient fautives. Il veut, en effet, déterminer le taux du profit du capital à l'aide de l'unité de subsistance du capitaliste. Or, supposons que cette unité de subsistance contienne ou doive contenir quelque chose de plus qu'un profit du capital, à savoir un salaire du travail. Alors, l'unité de subsistance du capitaliste, même si elle était elle-même fixe et en état de déterminer quelque chose, pourrait tout au plus déterminer combien le plus petit capitaliste-entrepreneur peut retirer en tout de deux sources différentes. Mais comme ces deux sources différentes peuvent se fondre ensemble dans tous les rapports possibles, la part du profit du capital attribuable à ce *mixtum compositum* — et, par suite, le véritable objet du problème — reste toujours complètement indéterminée. Stolzmann n'a même jamais tenté d'expliquer — ce qui serait d'ailleurs logiquement impossible — qu'il doit exister quelque rapport social nécessaire entre ces deux affluents, et que la part de l'affluent capital doit avoir une importance déterminée par une nécessité sociale tout en étant elle-même déterminante pour

(1) Page 396, on trouve en effet le passage suivant, encore relevé par les caractères d'impression employés. « Le taux du profit du capital retiré par le dernier entrepreneur est la fraction pour cent déterminée par le rapport entre la grandeur du capital propre et l'unité de subsistance socialement nécessaire de l'entrepreneur ». Ici, le *taux du profit du capital* dérive du rapport de l'unité toute entière de subsistance de l'entrepreneur au capital personnel et, en même temps, l'unité toute entière de subsistance de l'entrepreneur est considérée comme profit du capital. Mais, inversement, la remarque de Stolzmann consistant à dire que l'intérêt de prêt comporte à chaque moment une *fraction déterminée* du profit du capital (p. 397), et que « les gros et les petits capitalistes retirent le même taux du profit du capital (p. 380), laisse conclure qu'il ne voulait point concevoir le revenu total de l'entrepreneur comme constituant le profit du capital, mais voulait considérer le salaire du travail personnel, contenu dans celui-ci, commse sun revenu hétérogène. Sur ce point, comme sur beaucoup d'autre décisifs pour sa doctrine, Stolzmann est obscur.

l'ensemble du marché capitaliste. Si l'on essayait de le faire, on se heurterait, abtraction faite de toutes les autres difficultés, au fait déjà mis en relief dans l'exemple du tailleur à façon, à savoir que, précisément chez les plus petits entrepreneurs, la part du revenu total de l'entrepreneur fournie par le capital est, proportionnellement, très petite, et constitue une véritable quantité négligeable. On ne pourrait donc pas pousser l'absurdité jusqu'à attribuer aux variations de cette quantité négligeable un rôle décisif dans le monde capitaliste !

Je ne veux pas omettre de dire, pour finir, que les détails de l'exposition de Stolzmann me plaisent souvent par leur tour vif et original, comme par l'énergie manifeste de l'effort qu'ils révèlent. Etant donné cependant ce que j'ai dit plus haut, les résultats théoriques positifs de ces recherches sont, pour moi, si peu satisfaisants qu'ils ne peuvent guère prétendre à jouer un rôle important dans l'histoire des théories de l'intérêt du capital.

VI

Un nombre assez important de théoriciens se sont, dans ces derniers temps, déclarés partisans d'une *théorie motivée de la productivité*, pure ou éclectique. Sans prétendre à être complet, je citerai : dans la littérature latine, Maurice Block (1) et Maffeo Pantaleoni (2) ; dans la littérature anglo-américaine, Francis Walker (3) ; dans la littérature allemande, de nouveau

(1) *Progrès de la science économique depuis Adam Smith*, Paris, 1890, II, pp. 319 et s., 328, 335 et s.

(2) *Principii di Economia pura*, Florence, 1889. (2e édit non modifiée en 1894) p. 301. La conception brièvement indiquée de Pantaleoni me semble se mouvoir tout à fait dans le sens de là théorie de Wieser, théorie exposée en détail plus loin.

(3) *Quarterly Journal of Economics*. Juillet 1892. Voir aussi ma réplique, *op. cit.*, Avril 1895.

Dietzel qui, à l'aide d'un éclectisme particulier, essaye d'expliquer une partie du phénomène de l'intérêt par la théorie de l'exploitation, et une autre partie par celle de la productivité (1) ; enfin, Philippovich (2), Diehl (3), Julius Wolf (4) et Wieser (5).

La plupart de ces exposés restent dans le cadre de la théorie type de la productivité, ou en sortent trop peu pour que leur exposition et leur critique approfondies puissent être faites sans ennuyer le lecteur par la répétition de raisonnements déjà connus (6). Il me semble

(1) Voir plus loin, VIII.

(2) *Grundriss der polit. Œkonomie*, 2e édit., § 121.

(3) *P. J. Proudhon, Seine Lehre und sein Leben.* 2e partie (Iéna, 1890), pp. 216-225.

(4) *Socialismus und capitalistische Gesellschaftsordnung*, Stuttgart, 1892.

(5) *Der natürliche Wert*, Vienne, 1889.

(6) Cela est également vrai pour les développements très étendus mais, d'après moi, très peu clairs aussi de Wolf. Cet auteur défend une « productivité en valeur du capital » mais, dans la justification citée plus haut de cette opinion, il se contente de considérations que je dois envisager, non comme constituant un véritable exposé de motifs ou d'explications, mais bien plutôt comme une paraphrase du problème. Il définit la productivité en valeur qu'il défend, comme étant « la propriété du capital de fournir un rendement supérieur : 1° à ses propres frais ; 2° aux frais des facteurs de production éventuellement capables de remplacer le capital. » Il veut démontrer cette thèse à l'aide « d'une constatation accessible à tous ». Celle-ci consiste à remarquer qu'il se produit des excédents de ce genre quand, par le moyen du capital, on arrive à obtenir les avantages de la division du travail, de la grande industrie, de l'usage des machines et des forces naturelles exigeant « une mise ». Le capital est ainsi indubitablement un intermédiaire objectif de la productivité » (*loc. cit.*, p. 461 et s.) — Il est indubitable que l'usage du capital « facilite » l'apparition d'excédents de valeur. C'est même la raison pour laquelle on conçoit théoriquement et pratiquement ces excédents de valeur comme rendement du *capital* ou *intérêt du capital* et non, par exemple, comme salaire du travail ou profit d'entreprise. Mais ce fait est précisément l'objet du problème de l'intérêt, le sujet de l'explication de toutes les théories de l'intérêt ; ce n'est nullement une preuve ou un argument en faveur de l'exactitude d'une théorie déterminée, par exemple, d'une théorie affirmant la « productivité en valeur » du capital. Dans la partie polémique de ses développements, Wolf

que la théorie toute spéciale de Wieser a seule besoin d'être étudiée à part.

Wieser a mérité la reconnaissance durable de la science pour ses études approfondies sur les rapports généraux existant entre la valeur des biens servant à la production et celle de leurs produits (1). Il l'a méritée aussi en montrant avec une clarté insurpassable qu'il y a un problème de répartition économique différent de celui de la répartition physique du produit dû à la coopération de plusieurs facteurs, problème qui n'est, ni pratiquement, ni théoriquement insoluble (2). Wieser me semble avoir eu la main un peu moins heureuse dans son essai de solution et, en particulier, en employant sa théo-

éprouve lui-même le besoin d'ajouter un complément à « l'explication » précédente. Pour que « le producteur ait un motif de se servir d'un capital », il trouve nécessaire que le consommateur *estime* le *quantum* de produits, quadruplé par exemple par l'emploi du capital, plus que la portion usée du capital lui-même. Et le consommateur sera en effet disposé à l'estimer davantage, « parce que, ce faisant, il participe aux prestations du capital, sans lesquelles il devrait payer quatre fois plus le produit quadruplé, et non point deux ou trois fois plus seulement. Ainsi, celui qui décide de la valeur des marchandises (le consommateur) est obligé, pour tirer profit de l'emploi du capital — et, à la vérité, à la suite d'un raisonnement logique — de laisser au capitaliste plus que le simple équivalent de ses dépenses, de l'aider, en d'autres termes, à réaliser un intérêt du capital ». De cette façon, la simple productivité technique du capital se transforme en une productivité en valeur (p. 466). — Cependant, dans le cas d'une concurrence active, le « raisonnement logique » a coutume de diriger si bien les actes des deux parties en présence sur le marché que le prix des produits est ramené au montant de leur coût ; la diminution du coût se transforme en une diminution du prix des produits. Pourquoi cela n'a-t-il pas lieu jusqu'au bout ? Wolf aurait dû cependant l'expliquer un peu plus clairement que par le motif patriarchal déjà invoqué par Adam Smith, et consistant à dire que le capitaliste doit toucher un intérêt parce qu'il n'aurait sans cela aucune raison d'employer un capital à la production !

(1) *Ueber den Ursprung und die Hauptgesetze des wirthschaftlichen Wertes*, Vienne, 1884, p. 139 et s. ; *Der natürliche Wert*, Vienne, 1889, p. 67 et s., p. 164 et s.

(2) *Der natürliche Wert*, § 20.

rie de la répartition pour expliquer l'intérêt du capital. Cela est dû en grande partie, comme je le crois, à ce qu'il n'est pas resté complètement fidèle à ses hypothèses théoriques propres, à ce qu'il a introduit dans son explication une idée incapable par elle-même de fournir une solution et, de plus, en désaccord avec les autres prémisses de sa théorie de la rétribution.

Dans l'exposé modèle qu'il fait du problème de la répartition, Wieser admet que la part économique prise à la production d'un produit commun par chacun des facteurs coopérants (Wieser appelle cette part « contribution technique ») se laisse isoler et déterminer, et que la valeur des biens productifs dérive de la grandeur de cette portion du rendement qu'on doit « leur attribuer ». Cela a lieu de la façon suivante : La valeur totale du produit est partagée entre la totalité des biens productifs ayant coopéré à sa production, et la portion de valeur de chaque facteur pris à part est basée sur la grandeur de sa « contribution productive », la somme de toutes ces « contributions productives » égalant d'ailleurs exactement la valeur du produit (1).

Je n'ai pas besoin d'exposer ici comment, d'après les vues de Wieser, la grandeur de la contribution productive de chaque facteur peut être déterminée. Si importante en effet que soit cette question pour d'autres problèmes, elle ne joue cependant aucun rôle dans la solution du problème de l'intérêt donnée par cet auteur. Il suffit de dire que, au sens de Wieser, les produits proviennent, en règle générale, de la coopération de la terre, du capital et du travail, et qu'on doit attribuer à chacun de ces trois facteurs, au facteur capital en particulier, une certaine part du rendement, qui constitue sa contribution productive. Qu'il en ressorte un intérêt net du

(1) *Natürlicher Wert*, p. 85 et s. ; en particulier, pp. 87, 90, 91, 92.

capital, cela ne résulte pas, d'après la conception en cela fort exacte de Wieser, de ce que la contribution productive du capital est mesurée au-dessus ou au-dessous de celle de la terre et du travail. Cela dépend exclusivement de phénomènes ayant lieu, en quelque sorte, à l'intérieur de la portion du rendement attribuable au capital. Et cela de la façon suivante :

« Tout capital ne donne d'abord et immédiatement qu'un rendement *brut*, c'est-à-dire un rendement obtenu à l'aide d'une diminution de sa substance (1) ». Wieser formule alors les conditions sous lesquelles ce rendement brut peut devenir la source d'un rendement net. Il faut, dit-il, qu'on retrouve dans le rendement brut toutes les parties usées du capital, et qu'il reste encore un excédent. Et, à vrai dire, on doit, au sujet de cet excédent, comme au sujet de la « productivité du capital » basée sur son obtention, bien distinguer entre un *excédent physique* et une *productivité physique* du capital, d'une part, entre un *excédent de valeur* et une *productivité en valeur* du capital, d'autre part. Celui qui veut résoudre le problème de l'intérêt du capital doit, en dernière analyse, démontrer l'existence d'une *productivité en valeur du capital* et l'expliquer. Mais, pour prouver cette existence, la démonstration préliminaire d'une productivité physique du capital constitue un pont nécessaire (2). En conséquence, Wieser partage son explication en deux parties : Dans la première, il veut démontrer et expliquer la productivité physique du

(1) *Der natürliche Wert*, p. 123.

(2) « La tâche de la théorie est, en fin de compte, de prouver la productivité en valeur du capital. Mais, pour y arriver, il faut d'abord démontrer l'existence de sa productivité physique, qui constitue la base de la productivité en valeur. La productivité en valeur suppose déjà déterminée la valeur du capital. Or, on ne peut arriver à cette détermination qu'après avoir résolu tout d'abord la question de l'évaluation du rendement physique. La valeur du capital dépend en effet de la portion du rendement ainsi calculée » *Op. cit*, p. 124.

capital dans ce sens que « la *masse* des biens constituant le rendement brut est plus grande que *celle* des biens constituant le capital détruit par la production ». Dans la seconde partie, il lui reste alors à expliquer que « la valeur du rendement brut est plus grande que celle de l'usure du capital ».

Wieser consacre ce qui suit à la démonstration de sa première thèse :

« Il est indubitable que le rendement total des trois facteurs de la production, la terre, le capital et le travail pris ensemble, est suffisamment grand pour compenser l'usure du capital et pour donner un rendement net. C'est là un fait notoire de la science économique ayant aussi peu besoin d'être démontré que, par exemple, l'existence des biens et de la production. A vrai dire, il y a çà et là une entreprise productive qui ne réussit point et ne couvre pas les dépenses faites ; il y a même des entreprises qui ne fournissent aucun produit utile. Mais ce sont là des exceptions. En règle générale, on obtient un rendement net, et même un rendement net de très grande importance, si grand que non seulement plus d'un milliard d'hommes en vivent, mais que l'excédent conduit encore à une augmentation continue du capital. On ne peut alors se poser qu'une question, à savoir si l'on doit attribuer au facteur capital une partie de ce rendement net indubitable. Mais cela ne peut pas non plus être sérieusement mis en question. Pourquoi une telle portion ne reviendrait-elle pas au capital ? Une fois compris et admis que le capital est un facteur économique de la production, auquel le rendement productif doit être en partie attribué, il est aussi compris et admis qu'une partie du rendement net, incarnant le résultat productif, doit aussi lui revenir. Le capital doit-il régulièrement produire un peu moins qu'il ne faut pour le remplacer ? Cette hypothèse serait évidemment arbitraire. Doit-il toujours, et quelle que soit la façon dont la production réussisse, produire seulement et exactement de quoi se renouveler? Cette hypothèse ne serait pas moins arbitraire. Il n'est possible de refuser un revenu net au capital qu'en lui refusant toute espèce de rendement (1).

Wieser a fait ici, je crois, le premier pas en dehors du bon chemin. En admettant qu'on peut, par le calcul, attribuer immédiatement à un facteur un rendement net ou une portion de rendement net, Wieser exige de ce calcul plus qu'il n'est en état de fournir de par sa nature. Faisons abstraction de tous les mots capables d'induire en erreur et serrons le sens de très près : Quel est, d'après Wieser lui-même, l'objet, le rôle du calcul d'attribution ?

Il doit répartir le *rendement productif total* entre les facteurs ayant pris part à sa production, c'est-à-dire déterminer la part prise par ces facteurs à l'obtention du *rendement brut*. C'est ainsi que Wieser a posé le problème de la répartition à plusieurs reprises et très nettement ; c'est ainsi qu'il l'a expliqué par des exemples concrets ; c'est donc ainsi qu'il doit être compris, si l'on doit employer le procédé donné par Wieser pour déterminer les parts attribuables aux différents facteurs (2). Wieser attribue, par exemple, la valeur d'un vase d'étain au travail de l'artiste et à la matière dont le vase est fait (3) ; ailleurs, il recherche les parts du rendement attribuables à la terre et au sol en partant de la valeur totale des fruits du sol (4) ; ailleurs encore, il considère la somme de toutes les contributions productives comme étant exactement égale au rendement total (5), et la valeur de chaque facteur comme

(1) *Op. cit.*, p. 124 et s.
(2) *Op. cit.*, p. 87.
(3) *Op. cit.*, p. 86.
(4) *Op. cit.*, p. 113.
(5) *Op. cit.*, p. 87.

découlant de sa contribution productive. Il est donc absolument clair que l'objet du calcul d'attribution est et ne peut être que le rendement brut de la production et que, en particulier, la contribution productive du facteur capital est et ne peut être qu'une fraction du rendement brut. Un cultivateur, par exemple, avec l'aide d'ouvriers et d'un capital consistant en semences, en instruments agricoles, en engrais, en bétail, etc., retire de ses terres un rendement total de 330 mesure de grains. Dans ce cas, le calcul d'attribution doit indiquer combien de ces 330 mesures le cultivateur doit à sa terre, combien aux ouvriers et, enfin, combien au capital agricole employé, lequel s'est de ce fait en partie usé. Admettons que les considérations faites à cet effet indiquent, par exemple, que chacun des trois facteurs a contribué de la même façon à la production de ce rendement. Dans ce cas, la contribution productive de chacun d'eux sera de 110 mesures de grain, et il est absolument clair que les 110 mesures constituant la fraction du rendement attribuée à la collaboration du capital constituent une part du rendement brut. Trouvera-t-on aussi dans cette fraction du rendement brut une fraction du rendement net ; les fractions du rendement brut attribuées à la terre et au travail peuvent-elles être considérées, à un certain point de vue, comme des rendements nets ? Ce sont là des questions qui sortent du problème de l'attribution. L'importance des fractions du rendement brut qu'on vient de calculer est peut-être un des éléments importants, ou même un élément d'une importance capitale pour la solution de ces questions ; mais elle n'en forme qu'un élément, à côté duquel d'autres faits et d'autres considérations, n'ayant rien à faire avec le calcul d'attribution, viennent aussi exercer une influence. Dans notre exemple, le calcul s'arrête au moment où le producteur apprend qu'il doit 110 mesures du rendement total au sol, 110 au travail, et 110 aux biens constituant son capital. Au delà de ce point, le calcul ne dit absolument plus rien.

Cependant Wieser croit pouvoir établir qu'on doit déjà, au cours du calcul, attribuer une partie du *rendement net* au capital. Mais — chose aussi intéressante que caractéristique, — il n'arrive à relier la démonstration de ce fait à ce qui précède qu'en employant, naturellement sans s'en douter, l'expression « rendement net » dans un sens conduisant à l'équivoque. « Il est indubitable, dit-il dans le passage cité plus haut, que le rendement total des trois facteurs de la production, la terre, le capital et le travail pris ensemble, est suffisamment grand pour *compenser l'usure du capital et pour donner un rendement net.* » Certainement, et d'une façon très compréhensible. Car, ce qui est ici désigné par l'expression « rendement net », c'est seulement l'excédent du rendement total de la terre, du capital et du travail sur la valeur du capital employé ou, en d'autres termes, l'excédent de valeur du produit de trois facteurs sur celle d'un seul d'entre eux. Mais que trois facteurs, pris ensemble, puissent produire plus que ne vaut l'un d'entre eux, c'est une chose, non seulement très plausible en elle-même, mais encore évidente dans une doctrine qui, comme celle de Wieser, fait coïncider en principe la valeur du produit avec celle de la somme de ses facteurs. Au point de vue d'une telle doctrine, l'existence de ce « rendement net » est évidente. Et cela exactement dans la mesure où il est évident que le tout est supérieur à la partie, ou que le poids d'une caisse pleine dépasse le poids de la même caisse vide, non seulement d'un « poids brut », mais encore d'un « poids net ».

De tout ceci résulte manifestement qu'en calculant le rendement net dû à la production toute entière, en soustrayant du rendement brut la valeur du capital usé, mais point celle de l'utilisation du sol également employée, ni celle du travail consommé, on obéit à des raisons n'ayant plus rien à voir avec la question de l'attribution. Ces raisons doivent être bien plutôt cherchées, comme on le sait, dans la nature du point de vue auquel on se place pour juger du succès de la production. Si ce point de vue vient à changer, les raisons qu'on a d'introduire ou de ne pas introduire la valeur des autres facteurs dans le calcul précédent changent aussi. L'entrepreneur, par exemple, qui achète et paye du travail étranger, et qui se place à son point de vue économique personnel, devra certainement soustraire la valeur du travail consommé du rendement brut (1). Si l'on se place, au contraire, au point de vue de l'économie politique — comme Wieser le fait en disant que plus d'un milliard d'hommes vivent de « ce rendement net considérable » —, alors on doit cesser de compter le prix du travail. Mais il est bien clair que le calcul d'attribution précédent n'a pas la moindre chose à faire avec le choix entre ces différents points de vue possibles et les diverses manières correspondantes de calculer le rendement net. Combien du rendement brut doit-on attribuer au facteur travail, c'est *une* question et, à vrai dire, la question de l'attribution ; mais savoir si l'on doit ou ne doit pas ensuite soustraire du rendement brut la valeur du travail résultant de ce calcul, c'est une seconde question complètement distincte et indépendante de la première.

Wieser n'en veut pas moins employer l'existence

(1) Il est aussi possible de se demander — surtout pour les producteurs travaillant à leur compte — si le rendement du travail atteint ou dépasse la *peine due au travail*. Si l'utilité que le travail leur retire du produit du travail est plus petite que la peine liée au travail, on peut dire, en se plaçant à un certain point de vue également admissible et important, que le travail n'a pas été rémunérateur. Inversement, on peut concevoir l'excédent de l'utilité obtenue sur la peine subie pour l'acquérir comme une « utilité nette » (« producer's surplus de Marshall », *Principles*, 3e édit., p. 217).

d'un rendement net, ayant l'origine et la nature indiquées, comme chaînon explicatif du fait qu'on doit attribuer un rendement net au capital lui-même en particulier. « On ne peut alors se poser qu'une question — ainsi s'exprime-t-il dans le passage cité plus haut — à savoir, si l'on doit attribuer au facteur capital une partie de ce rendement net indubitable. Mais cela ne peut pas non plus être sérieusement mis en question, car, « pourquoi une telle portion ne reviendrait-elle pas au capital » ?

La réponse est très simple : Parce qu'on appelle rendement net du capital une chose qui n'est pas un « rendement net », mais une grandeur toute différente, dont l'existence est liée à des conditions toutes autres et, à la vérité, beaucoup plus strictes. *Un rendement net de la production* a déjà lieu, au point de vue indiqué précédemment, quand le rendement brut total, fourni par les trois facteurs coopérants, est plus grand que la valeur du capital usé. Par contre, il y a *rendement net du capital* dans le cas seulement où la *fraction* du rendement brut attribuée au facteur capital est plus grande que le capital employé. Et, par suite de la complète divergence des hypothèses, le fait que le premier rendement net existe ne donne pas le moins du monde le droit de conclure à l'existence du second, ni même de considérer cette existence comme probable. Que trois hommes, pris ensemble, soient capables de soulever plus que le poids de l'un d'entre eux, c'est très possible et très admissible. Mais, de ce que trois hommes sont capables de soulever ensemble un poids supérieur au poids de l'un d'eux, il ne suit pas le moins du monde que ce dernier soit capable, à lui tout seul, de soulever plus que son propre poids. Il se peut qu'il le puisse, mais il faut, pour le soutenir et le prouver, pouvoir indiquer quelque raison spéciale à cet individu *seul*. Et cette raison ne peut ni dériver ni être renforcée du fait que trois hommes sont capables, à eux trois, de soulever plus que le poids de l'un d'entre eux !

Mais si l'on supprime le chaînon explicatif trompeur que Wieser introduit en passant du rendement net, pris dans un sens, au rendement net pris dans un autre sens, alors, il ne reste plus rien dans son argumentation sur quoi il puisse encore baser une explication du rendement net du capital. Quand il répond à la question : « Le capital doit-il, régulièrement, rapporter un peu moins qu'il ne faut pour le remplacer ? » en disant : « Cette hypothèse serait évidemment arbitraire », il a parfaitement raison. Mais quand il répond à cette nouvelle question : « Ne doit-il, régulièrement, rapporter que ce qu'il faut pour le remplacer, quel que soit le succès de la production ? » en disant de nouveau : « Cette hypothèse ne serait évidemment pas moins arbitraire », il laisse déjà place pour un doute. Car il pourrait très bien se faire que, suivant le degré de réussite, le rendement du capital fût tantôt supérieur et tantôt inférieur au montant du capital employé, et cela de telle façon qu'on pût constater une tendance du rendement du capital à ne fournir, en *moyenne*, que de quoi remplacer celui-ci. Dans une doctrine qui, comme celle de Wieser, laisse, en principe, la valeur du produit surpasser celle des facteurs de sa production, une telle hypothèse apparaîtrait à peine comme arbitraire. Mais supposons qu'elle le fût. De l'arbitraire des deux premières hypothèses faites, on ne pourrait pas encore conclure que la troisième hypothèse — à savoir que le capital fournit régulièrement plus que ce qu'il faut pour le remplacer — est exacte, prouvée, ou même expliquée. Il serait certainement arbitraire d'admettre qu'un homme soulève toujours *moins* que son propre poids. Il est certainement tout aussi arbitraire d'admettre qu'il peut seulement soulever son propre poids, ni plus ni moins. Mais, tant qu'on n'introduit pas une raison positive, il n'est certainement pas moins arbitraire d'admettre que tout homme est en état de soulever plus que son propre poids. Quand trois *propositions* possibles sont en présence, et quand on n'arrive pas à démontrer les deux premières, il n'en résulte nullement que la troisième soit exacte ; il se peut très bien que la question reste en suspens. Dans le cas qui nous occupe, nous savons autrement que par la voie déductive, à savoir, par l'expérience, que la portion du rendement attribuée au capital surpasse régulièrement l'usure du capital. Mais les syllogismes précédents, déjà non concluants en eux-mêmes, n'en fournissent certainement pas davantage la moindre parcelle d'une *explication*, comme une théorie de l'intérêt du capital est tenue d'en fournir une.

Et dans la suite, en effet, rien de ce genre ne se produit. Wieser essaye de rendre sa proposition générale évidente dans un cas concret, et il choisit pour cela l'exemple d'une machine remplaçant le travail manuel. « Chaque fois, dit-il, que le capital remplace le travail, chaque fois, par exemple, qu'une machine vient faire ce que la main humaine avait effectué jusque là, on doit attribuer au capital, c'est-à-dire à la machine, au moins le rendement antérieur du travail. Mais ce dernier rendement était un rendement net ; en conséquence, on doit aussi attribuer au capital un rendement net ». (1). J'ai à peine besoin d'expliquer au lecteur maintenant sur ses gardes, que ce syllogisme, lui aussi, a pour toute base le double sens du mot rendement net indiqué plus haut. L'erreur commise est encore plus frappante ici. Car un rendement net, au premier sens du mot — c'est-à-dire pour lequel on ne soustrait pas du rendement du travail la valeur de ce dernier — résulte encore de l'emploi du travail dans le cas même où cet emploi est improductif, non économique, insuffisant à couvrir les frais

(1) p. 125.

nécessaires et constitue, par suite, une perte pour l'entrepreneur. Tel est le cas, par exemple quand la consommation de 100 francs de travail ne donne aux matières premières traitées qu'un supplément de valeur de 50 francs. Mais qui pourrait bien admettre, conformément aux conclusions de Wieser, qu'on doit nécessairement attribuer à un capital capable de remplacer un tel travail, avec autant, ou même avec un peu plus de succès, non seulement un rendement brut, mais encore un rendement net? Et cela parce qu'on doit lui attribuer au moins le rendement correspondant au travail remplacé, lequel était un « rendement net » ?

Plus loin, Wieser essaye de rendre plausible au point de vue technique, et à l'aide de longs raisonnements se reliant à ceux de Thünen (1); que l'emploi d'un capital doit conduire à l'obtention d'un produit dépassant sa propre substance. Ce faisant, il se heurte exactement à l'écueil contre lequel Thünen a lui-même échoué en son temps. Un capital ne se reproduit pas littéralement lui-même en donnant encore quelque chose de plus. Il donne naissance, au contraire, à des produits d'un autre genre et comparables avec lui au seul point de vue de la valeur. Un arc et des flèches ne fournissent pas leur produit sous forme d'arcs et de flèches, mais sous celle de gibier abattu. Que ce gibier abattu ait plus de valeur que l'arc et les flèches employés à l'abattre, ce n'est pas un fait technique à l'aide duquel on pourrait expliquer le rendement net du capital, c'est-à-dire l'objet du problème de l'intérêt : c'est, au contraire, le fait formant l'objet de ce problème, le fait à expliquer lui-même (2). Wieser voit lui-même très bien l'écueil. Il remarque expressément que le rendement de l'arc et des flèches est un rendement brut consistant en choses

(1) §§ 36 et 37.
(2) Voir plus haut, Tome I, p. 213. et s.

d'un autre genre, qui ne remplacent point cet arc et ces flèches, mais qu'on peut cependant leur comparer, non au point de vue de la quantité, mais à celui de la valeur ». (1) Cependant, il croit pouvoir surmonter la difficulté en parlant d'une vague « activité *médiate* du capital ». « La possession une fois acquise de flèches, d'arcs et de filets facilite les conditions de la reproduction du capital, tout en n'y contribuant pas elle-même. Elle la facilite par l'augmentation extraordinaire du rendement brut en gibier et en poissons, augmentation laissant beaucoup plus de travail qu'avant pour la création du capital. De là vient qu'on doit, en fin de compte, attribuer un rendement net aux biens constituant le capital, exactement comme si ces biens s'étaient reproduits eux-mêmes immédiatement en donnant un excédent ».

Je crois que certains doutes seraient déjà possibles au sujet de cette connexion « médiate ». Est-elle assez solide et assez intime pour pouvoir servir de base à un calcul de rétribution exact ? On pourrait, en particulier, se demander si la commensurabilité technique entre les produits que l'ouvrier consomme et ceux qu'il reconstitue, n'est pas plus interrompue que facilitée par l'introduction du terme intermédiaire « personne de l'ouvrier ». Car — si l'on fait exception du cas de l'esclavage considéré au point de vue esclavagiste le plus dur — le sujet économique travaillant représente, d'une part, et en tant que facteur de la production, une force productive indubitable et originaire. D'autre part, en tant que consommateur, il représente le destinataire, le but final et le terme des efforts de la production antérieure. Il en résulte que l'introduction du sujet économique travaillant semble signifier une interruption du procès technique de la production — la fin d'une production aboutissant à la consommation et le commencement

(1) Voir p. 130.

d'une autre — bien plutôt que la continuation d'un seul et même procès de production.

Je veux laisser complètement de côté cette question aussi épineuse que difficile. Mais, même si l'on évite de s'arrêter aux doutes nombreux qu'elle engendre, l'explication tentée par Wieser n'en fait pas moins naufrage au cours de sa seconde partie, celle ayant pour objet de déduire une productivité en valeur du capital de la productivité physique de celui-ci. En supposant qu'on soit arrivé à démontrer qu'il y a lieu d'attribuer au capital une quantité physique de produits supérieure à la masse représentée par le capital employé, il reste encore à montrer et à expliquer que cette masse plus considérable de produits a aussi une valeur supérieure à celle du capital dont elle provient. Or, non seulement cela n'est pas du tout évident, mais c'est encore contraire aux hypothèses générales de la théorie de l'attribution de Wieser. Toute la théorie de la valeur et de l'attribution de cet auteur repose, en effet, sur l'idée que la valeur des biens provient de l'utilité (limite) qu'on doit leur attribuer. Cela a lieu pour les biens productifs exactement comme pour les biens de jouissance. Or, les biens productifs fournissent leur utilité à l'aide de leurs produits. Il en résulte que l'utilité fournie par un bien productif est, au fond, la même que celle fournie par ses produits. Le bien productif tirant sa valeur de la grandeur de l'utilité de ses produits, il doit, de ce fait, avoir exactement la même valeur que le produit qu'on lui attribue. En conséquence — et tant qu'une autre influence, ayant une toute autre origine ne s'exerce pas — il est absolument impossible d'admettre l'existence d'un excédent de valeur du produit sur le bien productif correspondant ou une productivité en valeur du capital.

Wieser voit encore cet écueil, sur lequel j'ai déjà attiré l'attention à l'occasion de la vieille théorie de la productivité (1), et il le met expressément sous les yeux du lecteur. « Le capital, dit-il, tire sa valeur de ses fruits. Par conséquent..., si l'on déduit de la valeur de ces fruits celle de l'usage du capital..., la différence obtenue doit être égale à zéro. On doit toujours soustraire autant que comporte la valeur des fruits, valeur qui constitue la mesure par laquelle on estime la grandeur à soustraire. Par suite, la soustraction ne laisse aucun rendement nét et, non seulement l'intérêt du capital n'est pas expliqué, mais il est exclu ». (2). Cependant Wieser croit pouvoir « résoudre » cette difficulté grâce au secours que lui offrent les résultats de ses recherches sur l'attribution. Sa théorie de l'attribution lui permet d'attribuer au capital, non seulement un rendement brut, mais aussi un rendement physique net. « Le capital se reproduit dans le rendement brut avec un excédent physique, le rendement net ; il en résulte que la valeur du capital ne peut *pas*.... être estimée à l'aide de toute la valeur du rendement brut. Dans la reconstitution, le capital ne se présente que comme une partie de son rendement brut. En conséquence, il ne peut prendre pour lui qu' « une partie de la valeur de ce dernier ». Si le rendement brut vaut 105, et si la fraction 5 de cette valeur revient à des fruits qu'on peut consommer sans empêcher la complète reconstitution du capital, « alors, le reste 100 seul peut être considéré comme étant la valeur du capital (3) ».

Je crois qu'on peut doublement réfuter ce raisonnement. On peut d'abord, comme je me suis efforcé de l'expliquer plus haut, en contester les prémisses, c'est-à-dire mettre en doute que le calcul d'attribution conduise, en général, à reconnaître un rendement physique net au

(1) Voir plus haut, tome I, p. 241.
(2) *Op. cit.*, p. 134 et s.
(3) *Op. cit.*, p. 136 ; voir aussi p. 134 et s.

capital (1). Mais même si cette prémisse était vraie, la conclusion que Wieser en tire ne le serait pas. Admettons qu'il soit possible d'attribuer à un capital composé de 100 parties un revenu brut de 105 parties de la même espèce, c'est-à-dire un « rendement physique net » de 5 parties. Dans ce cas, et si l'on ne veut point cesser d'admettre le principe général de l'identité de la valeur des moyens de production et de celle de leurs produits, une seule conclusion correcte est possible. Elle consiste à dire que la valeur de chaque terme ne peut pas être la même au cours des deux existences du capital, mais que 100 parties de l'existence antérieure ont autant de valeur que 105 parties de la suivante. C'est seulement ainsi, en effet, que le capital peut conserver une valeur égale à celle de tout son rendement brut.

Wieser ne peut d'ailleurs arriver au résultat opposé, à savoir que la valeur du capital doit être estimée à l'aide d'une fraction seulement de celle de son rendement brut, qu'au moyen d'une nouvelle erreur de logique consistant en une captation. Ce faisant, il renouvelle une faute devenue depuis longtemps célèbre dans l'histoire des théories de l'intérêt. Exactement comme les anciens canonistes et leurs adversaires d'alors (2), et comme, récemment encore, Knies (3), Wieser introduit en effet l'identité fictive du capital primitif et d'un nombre égal de biens égaux d'une période ultérieure.

(1) Pour éviter un malentendu, je remarquerai expressément que Wieser soutient l'existence d'une productivité physique du capital dans un sens différent de toutes les significations de l'expression « productivité du capital » que j'ai énumérées et expliquées dans le chapitre VII de cet ouvrage, (p. 136 et s.). Ce sens diffère également de celui dans lequel j'ai reconnu, dans ma théorie positive, l'existence d'une telle productivité physique pour en faire la base d'une partie de mon exposition. Voir *Positive Theorie*, 1re édit., pp. 92, 93, remarque 1.

(2) Voir plus haut, Tome I, p. 324 et s., en particulier, p. 331.

(3) Voir plus haut, tome I, p. 311 et s., puis dans la *Positive Theorie*, 1re édit., p. 304.

Il introduit cette fiction par voie dialectique. Il exprime le fait admis — à tort ou à raison — qu'on attribue à un capital un nombre plus considérable de parties du produit qu'il n'en renfermé lui-même, à l'aide des termes captieux suivants : « Le capital se reproduit avec un excédent physique dans le rendement brut ». Partant ensuite de cette base, il en déduit « que le *capital* se présente, lors de la reproduction, comme une partie seulement de son rendement brut ». En conséquence. « il » (le capital) ne peut prendre qu'une partie de la valeur du rendement brut. Pour rester correct, Wieser aurait dû modifier ainsi sa première proposition : « Le capital produit dans le rendement brut un *nombre égal de parties de la même espèce* placées dans d'autres circonstances de temps, et, par surcroît, quelque chose de plus ». La seconde proposition aurait alors dû se borner à dire : « Ce *nombre égal* constitue une partie seulement du rendement brut », et la conclusion aurait alors été tout simplement que ce *nombre égal* ne peut prétendre qu'à une partie de la valeur du rendement brut. En un mot, il est démontré que 100 parties ou 100 unités de la *seconde existence du capital* ont moins de valeur que 105 parties de cette seconde *existence*. Mais comme le capital primitif, composé de 100 parties, n'est absolument pas identique à 100 parties du capital reconstitué, on n'est nullement autorisé à assimiler cette fraction de valeur du rendement brut à celle du capital primitif.

La vérité consiste bien plutôt à dire — comme le supposent d'ailleurs les fondements généraux de la théorie de Wieser, auxquels l'auteur n'est pas resté complètement fidèle — que le capital a la même valeur que son rendement brut, et cela dans le cas même où ce dernier se composerait de plus de parties que le capital lui-même. Comment un accroissement de valeur — fournissant la matière de l'intérêt du capital — peut-il se former en dépit de cette égalité initiale, c'est le point saillant de la théorie de l'intérêt. On peut l'expliquer (1), je le crois, par l'influence du temps sur l'estimation de la valeur des biens, c'est-à-dire par le fait que la valeur des biens futurs, d'abord inférieure à celle des biens actuels, mûrit peu à peu jusqu'à devenir égale à cette dernière. Mais on ne peut arriver à aucune explication satisfaisante en partant de l'hypothèse contraire aux principes fondamentaux admis et consistant à dire que, à l'inverse de tous les autres, les biens constituant le capital ne tirent leur valeur que d'une fraction de l'utilité qu'ils font naître !

Au cours de ses recherches ultérieures, Wieser arrive lui aussi, d'une façon toute spéciale, à reconnaître la proposition constituant le centre de ma théorie de l'intérêt, à savoir que les biens actuels ont, en règle générale, plus de valeur que les biens futurs. Seulement, il présente cette proposition, non comme un point de départ, mais comme une conséquence des relations démontrées par lui ; non comme une cause, mais comme un effet de l'apparition de l'intérêt (2). Cependant, si je ne me trompe pas absolument, cette proposition ne peut pas être déduite des vues de Wieser, car elle est tout simplement incompatible avec elles. Si un capital composé de 100 parties fournit en une année un rendement brut de 105 parties, il ne peut pas être vrai à la fois : que le capital consistant en 100 parties actuelles ait une valeur de 5 0/0 *inférieure* à celle de son rendement brut, composé de 105 parties, et que, cependant, ces 100 parties actuelles aient *autant* de valeur que 105 parties de

(1) Pour plus de détails, voir la *Positive Theorie*.

(2) *Op. cit.*, p. 138. « Cependant, il n'est pas indifférent qu'on le possède (un capital) à partir d'aujourd'hui ou seulement dans un an, *parce que la possession actuelle entraîne de plus le montant de l'intérêt... Une somme actuelle a toujours plus de valeur qu'une somme égale future.* »

l'année prochaine ! Wieser ne pouvait arriver à ce dernier énoncé (1) — parfaitement exact — qu'en abandonnant la fiction inadmissible de l'identité du capital actuel et d'une fraction égale de son rendement. Seulement, il aurait dû ne pas exposer précisément cette même fiction dans ses raisonnements préliminaires !

La théorie de Wieser, présentée avec une grande éloquence et des tournures attrayantes, éveille un intérêt particulier parce qu'elle constitue une tentative spéciale ayant pour but d'introduire de vieilles idées dans un système absolument moderne. Ces vieilles idées consistent dans la « productivité du capital » — qui a déjà paru sur la scène de façons si différentes — et dans la vénérable fiction de l'identité du capital primitif avec le « principal » servant à « le restituer » à une époque ultérieure. A mon sens, la tentative n'a pas été heureuse. Les vieilles et les nouvelles idées luttent les unes contre les autres. Grâce à la condescendance dialectique de l'auteur, l'opposition des éléments nouveaux avec les anciens — éléments nouveaux dont la détermination constitue le mérite inoubliable de Wieser — se laisse plus ou moins dissimuler aux endroits critiques. Cependant, ces éléments contradictoires n'arrivent pas à s'unir intimement. Le fait qu'une tentative, ayant pour but de ressusciter la théorie de la productivité a échoué, quoiqu'elle ait été entreprise par un homme en possession de telles qualités théoriques, cela me parait bien établir que la solution du problème de l'intérêt ne sera jamais trouvée dans l'ordre d'idées spécial à la théorie de la productivité.

(1) On le trouve *op. cit.*, p. 138, sous la forme matériellement identique : « 100 que je recevrai seulement dans une année, n'ont aujourd'hui qu'une valeur d'environ 95 ».

VII

Pendant toute la période considérée ici, *la théorie de l'exploitation* a pris une place brillante dans la littérature. La discussion a même été particulièrement animée et stimulée par le caractère personnel qu'elle a pris, et, en même temps, par une sorte d'intrigue dramatique. De tous les écrivains socialistes, Karl Marx est certainement celui qui a acquis la plus grande influence sur ses coréligionnaires politiques, et cela probablement par suite d'une mésestime injustifiée de certains autres et surtout du très scientifique Rodbertus. Son ouvrage représentait à l'époque en question l'opinion officielle du socialisme. Il fut donc le point principal de l'attaque et de la défense ; la littérature de cette époque a eu Marx pour objet.

Et, à vrai dire, dans des circonstances particulièrement passionnantes. Marx était mort avant d'avoir terminé son ouvrage sur le capital. Cependant, le manuscrit des parties encore inachevées se retrouva à peu près tout entier dans sa succession. Ces parties avaient en particulier pour but d'expliquer un thème qui constituait le point de mire des attaques dirigées contre la théorie de l'exploitation et dans lequel les deux partis en présence avaient l'espoir de trouver la preuve décisive, les uns de l'excellence, les autres de l'erreur du système de Marx. Il s'agissait de savoir si l'égalité des profits du capital indiquée par l'expérience cadrerait, dans le système de Marx, avec la loi de la valeur et la théorie de l'exploitation, développées dans le premier volume (1). Or, la publication du troisième volume n'eût lieu que 11 ans après la mort de Marx, en 1894. L'attente de ce que Marx lui-même devait dire sur ce point épineux de

(1) Voir plus haut., Tome II, Chap. XII, p. 106 et s.

sa doctrine donna naissance à une sorte de littérature prophétique, ayant pour but de déduire des prémisses contenues dans le premier volume l'opinion probable de Marx sur le thème du « profit moyen ». Cette littérature remplit la période comprise entre 1885 et 1894 et consiste en une très importante série de grands et de petits écrits (1). La publication du troisième volume, faite en 1894 par Engels, constitue le second acte et marque l'apogée de ce développement dramatique. Il s'en suivit alors, comme troisième acte, une discussion littéraire excessivement vive ayant pour objet l'évaluation critique du troisième volume, ses rapports avec le point de départ du système et les autres aperçus du Marxisme, discussion qui devait durer longtemps (2).

(1) J'en ai déjà dressé la liste dans une autre occasion (Voir mon écrit : *Zum Abschluss des Marx'schen Systems*, dans les *Festgaben für Carl Knies*, 1896, p. 6). Elle comprend : Lexis, *Jahrbücher für Nationalökonomie*, 1885 N. S. Tome XI, pp. 452 465 ; Schmidt, *Die Durchschnittsprofitrate auf Grund des Marx'schen Wertgesetzes*, Stuttgart 1889 ; une discussion de cet écrit que j'ai fait paraître dans la *Tübinger Zeitschrift f. d. ges. Staatsw.*, 1890, p. 590 et s. ; une autre de Loria dans les *Jahrbücher für Nationalökonomie* N. S., tome 20, 1890, p. 227 et s. ; Stiebeling, *Das Wertgesetz und die Profitrate*, New-York 1890 ; Wolf, *Das Räthsel der Durchnittsprofitrate bei Marx*. *Jahrb. f. Nationalök*, III S. tome 2, 1891, p. 352 et s. ; de nouveau Schmidt. *Neue Zeit*, 1892-93, n. 4 et 5 ; Landé, même revue nos 19 et 20 ; Fireman, *Kritik der Marx'schen Werttheorien* (*Jahr. f. Nationalök*. III. S. Tome III 1892, p. 793 et s. ; enfin Lafargue, Soldi, Coletti et Grazindei dans la *Critica Sociale* de juillet jusqu'à novembre 1894. Il faut encore relever dans cette période : Georg Adler, *Die Grundlagen der Karl Marx'schen Kritik der bestehenden Volkswirtsschaft*, Tübingen, 1887.

(2) Parmi les écrits de ce genre parus jusqu'ici, il faut citer : De nombreux articles de la *Neue Zeit*, surtout d'Engels (XIVe année, tome I, nos 1 et 2), de Bernstein et de Kautsky ; puis Loria, l'*Opera postuma di Carlo Marx* (*Nuova Antologia*, février 1895) ; Sombart, *Zur Kritik des ökonomischen Systems von K. Marx* (*Archiv. für soz. Gesetzgebung u. Statistik*, tome VII, 4e cahier) ; l'article de l'auteur cité plus haut, *Zum Abschluss des Marx'schen Systems* 1896 ; Komorzynski, *Das dritte Band von Karl Marx*, « *Das Capital* » (*Zeitschr. für Volksw.*, *Socialpol. u. Verwaltung*,

Je puis ici me borner à enregistrer ces publications parce que j'ai déjà exposé et critiqué leur contenu scientifique en un autre endroit de cet ouvrage. Je ne me suis pas gêné pour dire à cette occasion que la grande épreuve s'est nettement tournée contre la théorie de la valeur et de la plus-value de Marx, et qu'elle semble constituer pour celle-ci le commencement de la fin.

Mais l'époque que nous étudions contient encore une tentative théorique toute particulière que je dois indiquer ici et que j'ai désignée ailleurs comme étant un « simple essaimage de la théorie socialiste de l'exploitation » (1). On peut en effet constater un phénomène tout particulier, à savoir que des théoriciens éminents, n'appartenant pas à l'école socialiste et n'admettant pas les prémisses relatives à la valeur de la théorie de l'exploitation, se sont ralliés à une conception générale de l'intérêt qui se distingue bien de la théorie socialiste de l'exploitation par une forme beaucoup plus modérée, beaucoup plus retenue, ou moins logique, mais qui ne s'en sépare pas dans son essence.

Les développements les plus marquants de ce genre remontent à Dietzel et Lexis. Dietzel est d'avis que « le fond de la théorie de l'exploitation est indéniable ». Il croit que « le prélèvement de l'intérêt est une catégorie historique » ayant sa racine dans le droit

tome VI, p. 242 et s.) ; Wenckstern, *Marx*, Leipzig, 1896 ; Diehl, *Ueber das Verhältnis von Wert und Preis im ökonomischen System von Carl Marx* (dans la *Festschrift zur Feier des 25 jährigen Bestehens des staatsw. Seminars in Halle*, Iena, 1898) ; Labriola, *La teoria del valore di C. Marx*. Milan 1899 ; Graziadei, *La produzione capitalistica*, Turin 1899; Bernstein, *Die Voraussetzungen des Socialismus und die Aufgaben der Socialdemokratie*, Stuttgart 1899 ; Masaryk, *Die philosophischen und sociologischen Grundlagen des Marxismus*, Vienne 1899 ; Weisengrün, *Das Ende des Marxismus*, Leipzig 1899.

(1) *Einige strittige Fragen der Capitalstheorie*, Vienne 1900, p. 111 et s., imprimé également dans le tome VIII de la *Zeitschrift für Volkswirthschaft, Socialpolititik und Verwaltung*.

actuel et constituant un des revenus contre l'existence desquels on peut « crier » avec raison. Dans l'ordre social actuel, cette existence heurte nécessairement, en effet, le principe du *suum cuique* (1). Lexis déclare, de son côté, que le gain normal du capital « dépend » des rapports de puissance économique déterminés par la possession du capital et la non propriété. De même qu'on ne peut point méconnaître la source du gain du propriétaire d'esclaves, de même on ne doit point se méprendre au sujet du « sweater ». Dans les rapports normaux entre l'entrepreneur et l'ouvrier, il n'existe, il est vrai, aucune « exploitation de ce genre », mais une dépendance économique de l'ouvrier qui agit indubitablement sur la répartition du rendement du travail. La part prise par l'ouvrier au rendement de la production est influencée par cette circonstance désavantageuse pour lui, qu'il ne peut utiliser lui-même sa force de travail et est contraint de la vendre, en renonçant à son produit, en échange d'un entretien plus ou moins suffisant (2). Dans une autre circonstance, Lexis expliqué encore plus exactement son opinion sur l'origine du profit du capital en disant : « Les vendeurs capitalistes, le producteur de matières premières, le fabricant, le marchand en gros, le marchand en détail, font des bénéfices dans leurs entreprises respectives en vendant plus cher qu'ils n'achètent. En d'autres termes, chacun d'eux augmente d'un certain tantième le prix que ses marchandises lui coûtent. L'ouvrier seul n'est pas en état de procéder à une telle augmentation de valeur. Etant donnée sa position désavantageuse vis-à-vis du capitaliste, il est obligé de vendre son travail pour le prix qu'il lui a coûté, c'est-à-dire pour ce qui est nécessaire à l'entretien de sa vie. Il se peut que les capitalistes, en

(1) *Göttinger Gelehrte Anzeigen*, n° 23, 1891, pp. 935 et 943.
(2) *Jahrbücher* de Schmoller, Tome XIX, p. 335 et s.

achetant leurs marchandises à des prix surélevés, perdent une partie de ce qu'ils gagnent en revendant ces marchandises à un prix supérieur. Par contre, ces augmentations de prix conservent leur plein effet vis-à-vis de l'ouvrier salarié, et entraînent le passage d'une partie de la valeur du produit total dans la classe capitaliste (1).

Dans toutes ces propositions, il est impossible de ne point voir apparaître cette idée que le profit du capital — et, remarquons-le bien, non pas seulement le profit excessif pouvant être réalisé dans certaines circonstances, mais le profit « normal » du capital en tant que tel — provient de la pression que les classes possédantes exercent sur les classes non-possédantes dans le domaine de la lutte des prix, et cela grâce aux avantages de leur position. C'est là, en somme, la pensée fondamentale de la théorie de l'exploitation.

Pour caractériser objectivement ces développements, je dois encore faire remarquer deux circonstances pouvant d'ailleurs avoir un certain rapport l'une avec l'autre. D'abord, que ces assertions n'ont été présentées jusqu'ici qu'occasionnellement et, à vrai dire, dans des circonstances où leurs auteurs étaient bien obligés de donner leur propre opinion sur le problème de l'intérêt, mais sans être astreints à la baser d'une façon systématique, à savoir, au cours de critiques faites par ces auteurs de certaines théories de l'intérêt (celle de Marx et la mienne). Il faut ensuite remarquer que ces assertions se sont présentées jusqu'ici comme de simples opinions, comme de simples articles de foi pour lesquels leurs auteurs n'ont ni donné ni cherché une justification théorique systématique. Dietzel n'ajoute pas un mot de démonstration à son assertion. Quant aux

(1) *Jahrbücher* de Conrad, N. F. tome XI, 1885, p. 453.

courtes remarques dont Lexis (1) accompagne l'expression de son opinion, elles sont si vagues et laissent le cœur du problème si évidemment inexpliqué que cet auteur peut à peine présenter cette opinion comme contenant, même simplement esquissée, une véritable explication de l'intérêt répondant aux conditions théoriques imposées à celles-ci.

Etant donné le fait que la base théorique sur laquelle s'appuyent, en général, les théories de l'exploitation — à savoir, la théorie socialiste de la valeur et de la plus-value — manque aux théories voisines de l'intérêt dont il est ici question, et que, jusqu'ici, on ne les a point fait reposer sur quelque chose d'autre, je dois simplement, en tant qu'historien, enregistrer que ces opinions existent en fait et, provisoirement du moins, à l'état d'affirmations non démontrées et pour ainsi dire non théoriques. L'avenir seul montrera si une tentative sérieuse sera faite pour élever ces actes de foi au rang de véritables théories motivées, ou s'ils expireront peu à peu comme un simple écho de tendances particulières à notre époque et impossibles à relier à des prémisses scientifiques résistantes (2).

(1) La chose qu'il faudrait en somme expliquer c'est que, même *sous le plein régime de la concurrence*, — nécessaire au nivellement du profit du capital au taux normal — les vendeurs capitalistes peuvent obtenir pour leurs marchandises, d'une façon permanente, un prix « supérieur » au prix coûtant. L'explication de ce fait devrait d'ailleurs s'accorder avec les lois de la valeur et du prix, ou s'en déduire d'une façon plausible. Mais on ne voit absolument rien qui puisse y conduire dans les assertions de Lexis. Voir ma discussion approfondie de ce point dans mon écrit : *Einige strittige Fragen der Capitalstheorie*. Vienne 1900, p. 110 et s.

(2) Je me suis exprimé plus longuement sur cet essaim spécial de la théorie de l'exploitation dans mon article souvent cité : *Einige strittige Fragen der Capitalstheorie*. On trouve une tentative un peu plus ancienne, ayant pour but de présenter la théorie de l'exploitation en la reliant à une théorie de la valeur différente de la théorie socialiste, dans les *Untersuchungen über das Capital* de Wittels-

VIII

Un nombre assez important d'écrivains de valeur ont tenté, dans ces derniers temps, de baser leurs explications de l'intérêt du capital sur des combinaisons éclectiques d'éléments appartenant à des théories différentes. Comme je l'ai fait remarquer dans une autre circonstance, cela n'est pas fait pour étonner (1). Il est difficile de méconnaître — et les dernières recherches faites dans le domaine qui nous occupe ont rendu le fait de plus en plus évident — que le phénomène de l'intérêt du capital est causé par plus d'une série de faits fondamentaux. On peut citer, en particulier, d'une part, le rendement plus grand de la production capitaliste et, d'autre part, le retard dans la jouissance des biens lié au placement des capitaux. Des théories particulières ont été basées sur chacun de ces faits et, en l'absence d'une conception unitaire permettant de comprendre la pénétration mutuelle de ces causes hétérogènes partielles, les auteurs circonspects décidés à ne méconnaître aucun fait expérimental doivent être tentés de procéder à des combinaisons éclectiques.

J'ai déjà mentionné plus haut Loria, qui combine des éléments de la théorie de l'abstinence avec des éléments de la théorie de l'exploitation (2). Diehl relie à une sorte de théorie motivée de la productivité des considérations et des expressions appartenant à celle de l'utilisation (3). Des façons de parler caractéristiques de cette dernière théorie se trouvent aussi chez Sidgwick à côté

höfer, (Tübingen, 1890). Cependant cette tentative n'approfondit précisément pas non plus, à mon sens, le point critique.

(1) Voir plus haut, Chap. XIII, tome II, p. 137.

(2) Voir l'appendice § IV, p. 200.

(3) *P. J. Proudhon, Seine Lehre und sein Leben*, II Partie, Iéna, 1890, pp. 217-225 et 201.

de développements qui exposent et défendent la théorie de l'abstinence (1). Je considère d'ailleurs comme très possible que ces façons de parler propre à la théorie de l'utilisation soient plutôt simplement accidentelles, et que la véritable opinion de ce remarquable écrivain soit au fond celle représentée par la théorie de l'abstinence. Les explications un peu embrouillées de Neurath n'ont aucune base bien définie et constituent plutôt un ensemble d'approbations ou de désapprobations partielles relatives à toute une série d'explications connues (2).

Je ne crois pas non plus me tromper en comptant Maurice Block, le savant et intelligent auteur des *Progrès de la science économique depuis Adam Smith*, au nombre des éclectiques. Partisan convaincu de la pleine légitimité de l'intérêt du capital, il n'a point su se décider entre plusieurs conceptions favorables à cet intérêt qui lui semblent également plausibles. Dans ses explications relatives à la matière qui nous occupe, les théories de la productivité, de l'abstinence et de l'utilisation sont toutes trois représentées (3). Que cet éminent auteur ne trouve, quant à lui, rien d'effrayant à passer pour éclectique, c'est ce que prouve son plaidoyer formel en faveur de l'éclectisme, plaidoyer constituant en même temps une sorte d'*oratio pro domo* (4).

Les explications de Ch. Gide me semblent s'appuyer en partie sur la théorie de l'utilisation et, en partie, sur celle de l'agio (5). Quant à celles de Nicholson, elles me paraissent s'appuyer, pour une part, sur la théorie de

(1) *Principles of Pol. Economy*, 2e édit. Londres, 1887, pp. 167, 168, 264, puis p. 255.

(2) *Elemente der Volkswirthschaftlehre*, 2e édit. Vienne 1892, p. 232 et s., 313 et s., 324 et s.

(3) Voir *Progrès*, etc. (Paris 1890), tome II, pp. 319, 320, 328, 335 et s., puis 321, 326, 339; enfin, pp. 320-322, 348.

(4) *Op. cit.*, p. 344; voir aussi p. 349.

(5) *Principes d'Economie politique*, 5me édit., p. 451 dans la note.

l'agio et, pour l'autre, sur celle de l'abstinence (1). Cette dernière combinaison se rencontre d'ailleurs assez souvent à l'époque actuelle, comme j'ai déjà eu l'occasion de le montrer dans les §§ II et IV de cet appendice.

Enfin, Dietzel prend une place toute spéciale parmi les auteurs enclins à l'éclectisme. Cet écrivain toujours remarquable, mais point toujours assez réfléchi, s'est déclaré éclectique par principe dans une discussion approfondie de ma théorie de l'intérêt du capital. Et cela en ce sens qu'il considère les différentes théories courantes de l'intérêt, en particulier celles de l'exploitation et de la productivité, comme exactes et employables chacune pour une partie des phénomènes relatifs à l'intérêt. « Pour ce qui est de la théorie de l'intérêt, dit-il, il y a lieu de donner des motifs explicatifs différents pour les différentes catégories de phénomènes économico-sociaux. Cette différence dans les motifs provient de la diversité des situations et des circonstances économiques spéciales aux divers individus ». Supposons, par exemple, que le locataire d'un piano ou d'une maison d'habitation possède un capital suffisant pour acheter le piano ou la maison, mais qu'il préfère placer cet argent dans une entreprise productive ou le mettre de côté. Dans ce cas, on expliquera très bien le prélèvement de l'intérêt par le propriétaire du piano ou de la maison en invoquant la productivité du capital. Si, au contraire, le locataire ne possède pas un capital suffisant à l'achat de l'objet loué par lui, on ne peut expliquer le prélèvement d'un intérêt que par une exploitation du locataire. « Dans ce cas, la théorie de l'exploitation — indéniable dans son principe — s'impose pour expliquer l'intérêt » (2). A côté de cela, Dietzel défend aussi la théorie

(1) *Principles of Pol. Economy*. Londres, 1893-1897. Voir en particulier, I, p. 388 et II, pp. 217, 219.

(2) *Göttinger Gelehrte Anzeigen*, 1891, n° 23, p. 930 et s.; en particulier, pp. 932-935.

de l'utilisation (1) et avoue enfin, si je le comprends bien, qu'on peut tirer de ma théorie de l'intérêt du capital une justification de certains groupes de phénomènes de l'intérêt, en particulier, pour expliquer celui-ci dans le cas du crédit à la consommation (2).

Comme je l'ai exposé, il y a peu de temps tout au long en un autre endroit (3), je considère le point de départ de Dietzel comme excessivement malheureux et absolument insoutenable. On peut, il est vrai, toujours reprocher quelque chose à n'importe quel éclectisme, mais il y a cependant une grande différence entre ce que font les éclectiques, en général, et ce que fait Dietzel. Les éclectiques imaginent *une* théorie explicative d'un phénomène en réunissant des éléments de diverses théories, qui ne sont pas en contradiction intime les uns avec les autres, de façon à en faire un tout extérieurement homogène. Dietzel, au contraire, emploie ou admet par principe des théories différentes jusque dans leurs racines pour chaque groupe de cas d'un seul et même phénomène. Si la forme de revenu que les économistes désignent sous le nom d'intérêt du capital ou de rente du capital — par opposition à la rente du sol, au salaire du travail et au profit de l'entrepreneur, — possède quelque chose de caractéristique, reliant entre eux les cas où il apparaît et le distinguant des autres formes de revenus, ce trait caractéristique ne peut cependant pas être, dans chaque cas, quelque chose de nouveau, de profondément différent et même d'opposé. Cependant, si l'on cherche, comme Dietzel, à expliquer des cas du même phénomène fondamental à l'aide de théories contrastant les unes avec les autres, on ne peut point éviter d'arriver à des conséquences absurdes ou

(1) *Op. cit.*, p. 933.
(2) *Op. cit.*, p. 932 et s.
(3) *Einige strittige Fragen der Capitalstheorie*, Vienne 1900, p. 84 et s.

d'aboutir à des résultats manifestement contradictoires. Qui, par exemple, pourrait soutenir, comme le fait Dietzel, que le propriétaire d'une maison qui loue un appartement de luxe, pendant un an, pour 2000 francs à un directeur de banque touchant 15000 francs de traitement et, l'année suivante, pour le même prix au propriétaire d'une fabrique ayant 15000 francs de rentes, doit l'intérêt de location : dans le premier cas, à une exploitation ; dans le second, à la productivité du capital ? Quant aux contradictions, elles proviennent de ce que chaque théorie contient des prémisses qu'on doit admettre même pour expliquer un seul fait dans l'esprit de cette théorie. Or, ces prémisses sont en contradiction absolue avec celles des autres théories qu'on doit aussi admettre, d'après Dietzel, pour pouvoir expliquer d'autres faits. Si l'on déclare la théorie de l'exploitation vraie dans son essence, peut-on encore expliquer n'importe quel autre cas du prélèvement de l'intérêt dans l'esprit de la théorie de la productivité, et réciproquement ? Si Dietzel a pu échapper à ces grossières difficultés, c'est, comme je le crois, parce qu'il emploie la méthode proposée par lui un peu trop à la légère, en faisant œuvre de critique, et non en établissant un système. Il n'a donc pas eu besoin de mettre pratiquement la valeur de sa méthode à l'épreuve.

IX

Telles sont les théories nombreuses et diverses qui luttent aujourd'hui encore les unes contre les autres. L'issue de ce combat n'est certainement pas encore évidente. La lutte n'a plus lieu aujourd'hui sur un seul point du champ de bataille. Il y a eu sur l'étendue de ce dernier des succès indubitables et des défaites non moins sûres. Certaines vues sont certainement en progrès, d'autres en regrès, ou en train de défendre péniblement une position désavantageuse dont les travaux avancés les plus importants sont déjà tombés aux mains de l'assaillant. S'il m'était permis d'esquisser une image de l'état actuel de la lutte, telle qu'elle m'apparaît, je le ferais de la façon suivante.

Sur l'une des lignes principales du champ de bataille, la lutte a lieu entre la *théorie de l'exploitation*, d'une part, et les diverses théories favorables à l'intérêt, d'autre part. Il me semble que l'issue du combat est ici devenue indubitable ; la défaite de la théorie de l'exploitation me semble être une chose décidée. Depuis qu'elle a dû abandonner sa base théorique relative à la valeur, elle se trouve serrée dans une position intenable. Ses partisans continueront certainement la lutte pendant un certain temps encore, et le dogme de l'exploitation ne disparaîtra ni facilement ni de sitôt de la partie du programme ayant pour objet l'agitation politique. Cependant, il sera bientôt et pour toujours mis par la science dans la série des erreurs définitivement écartées. Quant à « l'essaim économique » de la théorie de l'exploitation dont nous avons parlé plus haut, il n'a guère assez de force vitale pour qu'on puisse s'attendre à lui voir redonner à la doctrine-mère actuellement mourante une nouvelle jeunesse et un développement ultérieur fructueux.

Mais la lutte qui a lieu en même temps entre les théories « favorables à l'intérêt » — si je puis me servir de cette désignation courte, mais ne convenant cependant pas à certaines théories sans opinion définie — n'est point sans avoir déjà fourni des résultats définitifs. Je crois qu'on peut considérer comme nettement admis aujourd'hui que le phénomène de l'intérêt a, en dernière analyse, quelque chose à faire avec certains faits techniques de la production, d'une part, et, d'autre part, avec le fait d'un délai dans la jouissance. Et cela absolument, ou du moins à peu près, comme le professeur Marchall l'a exprimé à l'aide de ses deux expressions populaires :

« productiveness » et « prospectiveness » du capital. Les théories qui n'admettent point ce fait, ou qui ne semblent pas en subir l'influence au cours de leur explication, me semblent ne plus posséder aucune chance de voir le développement revenir en arrière dans leurs voies aujourd'hui délaissées. Cela est vrai, à mon sens, d'une part, pour certaines variantes des *théories du travail* et, d'autre part, pour les *théories* véritables *de la productivité*. Ces dernières surtout, qui ont jadis occupé tant de place dans la science économique, possèdent, à notre point de vue moderne, deux défauts capitaux qu'on reconnaît de plus en plus comme tels. C'est d'abord le fait qu'elles ne peuvent aller de leurs prémisses à leur explication positive en suivant simplement les lois de la logique et sans faire la culbute. C'est ensuite cet autre fait qu'elles négligent une bonne moitié des causes réelles de l'apparition de l'intérêt. Un symptôme très caractéristique de la situation désespérée de ces véritables théories de la productivité me semble résider dans le fait qu'on a commencé, dans ces derniers temps, à mettre en doute l'existence des vraies théories de la productivité — ce en quoi on a agi, d'après moi, contrairement à l'état des choses et à la vérité historique — et qu'on a été jusqu'à attribuer à leurs représentants une conception du problème se rapprochant de celles aujourd'hui dominantes (1).

Par contre, la partie vivace du développement théorique poursuit un but dont très peu doutent qu'il ne soit exactement choisi, du moins en tant que but des efforts explicatifs, et qui sera atteint tôt ou tard en dépit des hésitations qu'on peut encore avoir aujourd'hui au sujet de la voie la plus apte à y conduire. Ce but, c'est une explication réunissant le groupe fondamental des faits *techniques de la production* avec le groupe également

(1) Voir plus haut, tome I, ma préface à la seconde édition.

fondamental des faits *psychologiques* liés à la remise de la jouissance. Et une explication telle que non seulement chacune de ses parties soit en elle-même irréfutable, tant au point de vue logique qu'à celui des faits, mais encore telle que ces deux moitiés de l'explication se fondent en un tout unique irréprochable.

Parmi les diverses théories rivalisant vers ce but, on doit reconnaître que la *théorie de l'utilisation* se base exactement et consciemment sur ces deux groupes de faits, c'est-à-dire qu'elle est suffisamment large. Mais, au cours de son explication, elle se heurte à de graves difficultés de logique et de fait qui, comme il me semble, sont ressenties et jugées comme telles dans un cercle scientifique de plus en plus grand.

La théorie de l'abstinence rencontre aussi, sur la voie explicative qu'elle a choisie, des difficultés de fait et de logique que je me suis efforcé, dans les pages précédentes, d'indiquer plus clairement que je ne l'avais fait jusqu'alors. D'ailleurs, la façon dont elle cherche à tenir compte de la « productiveness » à côté de la « prospectiveness » — laquelle constitue la caractéristique de son explication — ne me semble pas conduire à une véritable théorie unitaire heureusement fondue.

Quant aux éclectiques, ils ont naturellement à combattre les difficultés spéciales à chacune des théories entrant dans leurs combinaisons et, en même temps, la résistance qu'opposent ces éléments disparates à la formation d'un tout harmonique.

Depuis Rae, le fait de la *remise de la jouissance* a été considéré d'une façon libérée des interprétations douteuses de la théorie de l'abstinence. Par contre, Rae a commis dans la seconde partie de son explication les fautes de pensée et d'exposition propres aux théoriciens de la productivité. Jevons a été un peu plus heureux dans cette seconde partie, mais il l'a été moins en traitant la « prospectiveness » de la façon propre à la théorie de l'abstinence. Il laisse en tous cas regretter l'absence d'une synthèse harmonique des divers motifs de son explication.

Par contre, la dernière venue au milieu des théories rivales, celle de l'*agio*, a fait une tentative dont le succès peut être diversement apprécié, mais ayant au moins nettement et clairement notion du but à atteindre. Elle a tenté de déduire une explication unitaire et homogène du phénomène de l'intérêt de la considération complète de toutes les causes fondamentales déterminantes.

Qu'elle ait été fidèle à la première partie de ce programme au cours de son développement, c'est une chose qu'on ne met guère en doute. Qu'elle ait aussi bien considéré la « productiveness », que la « prospectiveness », c'est nettement établi par le fait que certains de ses amis l'ont approuvée en remarquant qu'elle était, au fond, une théorie de la productivité, tandis que d'autres ont motivé leur adhésion en la considérant comme étant, au fond, une théorie de l'abstinence (1). Et le fait est peut-être encore plus nettement reconnu dans une objection de l'un de mes plus éminents adversaires. Quand le Prof. Marshall me reproche d'avoir donné trop d'importance aux différences d'opinion existant entre mes prédécesseurs et moi, et quand, pour renforcer ce reproche, il montre qu'on peut également trouver dans les opinions de mes prédécesseurs la double considération de la « productiveness » et de la « prospectiveness », cette double considération est évidemment considérée par lui comme un élément commun des deux doctrines, qu'il ne refuse point, par suite, à ma théorie de l'agio.

(1) Dans sa discussion détaillée de ma *Positive Theorie*, dans *De Economist*, mars 1889, p. 217, Pierson dit : « Notre auteur se tient en plein sur le terrain de la théorie de la productivité » ; Macfarlane, par contre, consacre un paragraphe spécial (107) de son ouvrage, *Value and distribution*, à démontrer que « abstinence is recognised in the exchange theory ».

Que la théorie de l'agio ait été heureuse ou même plus heureuse que ses rivales dans la seconde partie du programme, c'est une chose que la suite de la discussion établiera. Plus les résultats des recherches et de la critique auront resserré le terrain sur lequel les voies explicatives conduisant au but doivent être situées et recherchées, plus les investigations et les critiques se concentreront à l'intérieur de ce domaine. Nous connaissons à peu près la direction à suivre, ou bien, comme J.-B. Clark l'a dit d'une façon peut-être un peu optimiste, mais à peine inexacte, en jetant un coup d'œil ingénieux sur l' « avenir de la théorie économique » : « Explanations of interest *that cannot be far from the truth* have been offered » (1). A partir de maintenant il s'agira d'éprouver pas à pas la praticabilité des différents sentiers qui nous sont proposés pour arriver au but par les diverses théories rivales. Quel que soit d'ailleurs le résultat final de ces développements critiques et dogmatiques futurs, une chose me paraît dès à présent certaine. L'esprit critique une fois éveillé ne se déclarera plus maintenant satisfait que par une solution répondant aux plus rigoureuses exigences de la science. Il me semble de plus que nous sommes maintenant — et pour toujours — délivrés du danger de voir considérer comme satisfaisante quelqu'une de ces solutions apparentes faciles à résumer en termes frappants, mais incapables d'être logiquement développées jusqu'au bout.

(1) *Quarterly Journal of Economics*, octobre 1898, p. 1.

FIN DU TOME II.

TABLE GÉNÉRALE DES MATIÈRES

TOME I

CHAPITRE VI

THÉORIES INCOLORES.

CHAPITRE VII

THÉORIES DE LA PRODUCTIVITÉ.

1) *Remarques préliminaires.*

2) *Les théories naïves de la productivité.*

Pages

TOME II

CHAPITRE XII

THÉORIES DE L'EXPLOITATION.

1) *Coup d'œil historique.*

2) *Critique.*

CHAPITRE XIII

LES ECLECTIQUES.

CHAPITRE XIV

DEUX NOUVELLES TENTATIVES.

Pages

VII

VIII

LES THÉORIES ÉCLECTIQUES.

IX

ÉTAT ACTUEL DES OPINIONS.

TABLE DES AUTEURS CITÉS

LAVAL. — IMPRIMERIE PARISIENNE, L. BARNÉOUD & Cie.

www.ingramcontent.com/pod-product-compliance
Ingram Content Group UK Ltd.
Pitfield, Milton Keynes, MK11 3LW, UK
UKHW021849190726
13855UKWH00001B/236